간략목차

세 부 목 차

What is Film Theory?

영화이론 이란 무엇인가?

/

Richard Rushton & Gary Bettinson 지음
이형식 옮김

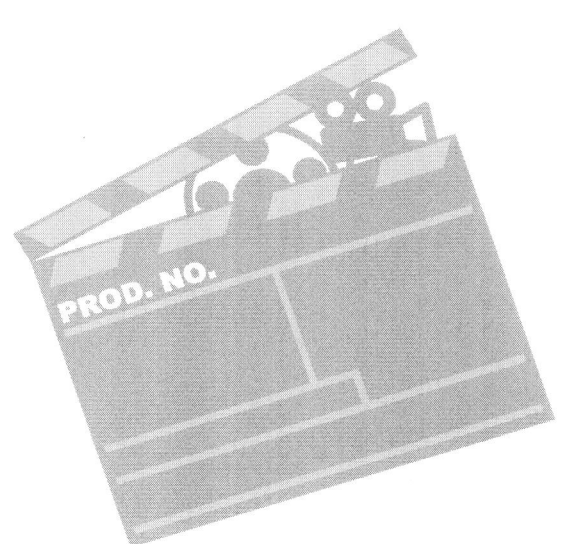

명인문화사

영화이론이란 무엇인가?

제1쇄 펴낸 날 2013년 8월 14일
제3쇄 펴낸 날 2016년 3월 10일

지은이 Richard Rushton, Gary Bettinson
옮긴이 이형식
펴낸이 박선영
펴낸곳 명인문화사

표지 및 내지 디자인 엄수정
교 정 김유경

등 록 제2005-77호(2005. 11. 10)
주 소 서울시 송파구 석촌동 58-24 미주빌딩. 202호
이메일 myunginbooks@hanmail.net
전 화 02-416-3059
팩 스 02-417-3095

ISBN 978-89-92803-51-9
가 격 15,000원
ⓒ 명인문화사

What is Film Theory?

Richard Rushton and Gary Bettinson

그 림 목 차

역자 서문

‘영화이론’은 손에 잡힐 듯 하면서 손가락 사이를 미끄러지며 빠져 나가는 모래처럼 정의하기 힘든 개념이다. 또한 그 범위가 너무나 방대하고 막연하여서 ‘영화이론’을 동시에 이야기하면서도 각각 다른 그림을 그리고 있을 가능성도 많다. 영화가 발명된 이래 이 새로운 매체를 설명하고 이론적으로 정의하며, 다른 예술형태와의 차이를 이야기하는 글들이 수없이 발표되었으며, 1960년대 이후에 와서는 그것이 정신분석, 기호학, 페미니즘 등의 다른 문학적 철학적 개념과 합쳐져서 더욱 풍성한 논의가 벌어졌다.

『영화이론이란 무엇인가』는 이처럼 파악하기 힘든 개념을 먹기 쉽게 발라서 입에 넣어줄 것 같은 매력적인 제목을 가지고 있다. 또한 원문 자체도 200쪽 남짓의 얇은 분량이어서 그러한 인상은 더욱 강화된다. 더들리 앤드류, 로버트 스탬의 책을 비롯하여 기존에도 여러 영화이론서들이 나와 있고 역자 자신도 벨라 발라즈의『영화의 이론』을 번역하였지만『영화이론이란 무엇인가』는 기존의 책이 갖지 못한 장점을 분명히 가지고 있다.

이 책은 서론에서 초기 영화의 형성기에 나온 고전 이론가들의 작업들을 소개한 후 1960년대 이후에 나온 이론으로 논의의 한계를 정하면서 시작한다. 1960년대는 각종 정치적 혁명과 반항이 분출되면서 그것이 대학에서의 영화학의 학문적 진입과 영화학교 설립으로 이어진 시기이다. 이와 함께 구조주의, 페미니즘 이론, 정신분석 이론의 영화적 적용, 그리고『스크린』과 같은 전문 영화 저널들의 창간으로 연결되던 시기이다. 이처럼 논의를 현대영화이론에 한정하면서도 고전이론가들의 생각을 꾸준히 참조하고 연결시키는 것이 이 책의 장점이다.

　　각 장은 주요 이론가와 개념을 소개한 후 그 이론을 대표할 수 있는 저작, 논문을 구체적으로 논의하고 그 이론을 실제 영화에 적용하여 분석하는 식으로 구성되어 있다. 이 책에는 각 이론을 대표하는 중요한 논문이나 책의 쟁점들이 일목요연하게 정리되어 있어 독자들의 이해를 돕고 있으며 추가적인 연구가 필요한 경우를 위해 관련 서지사항들이 제시되어 있다. 가령 존 포드의 〈영 미스터 링컨〉을 분석한 『카이예 뒤 시네마』의 유명한 논문, 크리스티앙 메츠의 「상상적 기표」, 로라 멀비의 「시각적 즐거움과 서사영화」 등 영화이론에서는 빠지지 않고 등장하는 글들에 대한 명쾌한 요약과 소개가 제시되어 있다.

　　이 책의 진가는 후반부로 가면서 더욱 빛을 발한다. 타자의 영화를 다루면서 탈식민주의, 인종과 퀴어 이론을 소개하고, 그 후에는 질 들뢰즈의 이론, 역사적 시학과 신형식주의, 인지주의적 접근, 그리고 현상학, 어트랙션 영화, 관객 연구에 이르기까지 최근의 영화연구의 동향을 알 수 있는 계기를 제공한다. 기존의 많은 영화이론서들이 구조주의와 『스크린 이론』, 들뢰즈 정도에서 머물렀던 것을 보면 인지주의와 어트랙션 영화, 관객 연구에 대한 장은 비록 짧기는 하지만 그 분야에 대한 연구의욕을 불러일으킬 만큼 참신하다. 이 책의 또 하나의 매력은 사례로 분석하고 있는 영화들의 색다른 특징들이다. 〈새〉, 〈수색자〉, 〈사랑은 비를 타고〉와 같은 영화는 이론서와 영화 분석 사례에서 흔히 접할 수 있는 영화들이지만 〈알제리 전투〉, 〈13인의 무사〉, 〈구교구〉, 〈스위니 토드〉와 같은 영화의 선택은 예기치 않은 참신함으로 지적 호기심을 자극한다. 〈와호장룡〉의 한 장면을 원본 표지의 그림으로 선택한 이 책은 그만큼 시대와 문화를 넘나들면서 적용할 수 있는 도구로서의 영화이론에 접근한다.

　　번역을 하는 과정에서 기존에 알고 있던 이론에 대해서는 다시 기억을 되살리고, 새로운 이론적 접근에 대해서는 호기심을 자극받는 즐거운 경험을 하게 되었다. 영화이론을 일목요연하게 정리하고 싶은 독자들 뿐 아니라 그것을 바탕으로 더 깊은 공부를 하고 싶은 연구자들에게도 이 책은 "영화이론이란 무엇인가?"라는 질문에 대한 답변을 제공하리라 믿는다. 영화 용어들 가운데 우리나라에서 아직 번역이 통일되어 있지 않은 개념들에 대해서는 이미 많이 알려진 용어를 선택했으며 생소한 개념에 대해서는 적절한 용어를 찾으려고 노력했다. 영화 제목 또한 원제의 번역보다는 우리나라에 소개된 제목을 선택했다. 좋은 책을 선정하여 번역할 기회를 주신 명인문화사 박선영 대표님과 편집진에게 감사드린다.

2013년 7월

옮긴이

서 론

영화이론이란 무엇인가?

'영화이론'은 수많은 개별적인 영화의 이론들이 모인 실질적 연구 분야라고 우선 생각할 수 있다. 전체 분야를 관장하는 하나의 명제적 시스템이 없다. 다시 말하면 영화 학자들이 만장일치로 지지하는 단일한, 획일적인 '영화이론'이 없다는 말이다. 이 분야의 초보자들에게는 영화 이론의 결정판이 없다는 사실이 혼란스러울 수 있다. 그러나 문학, 회화, 연극, 음악과 같은 전통 예술 분야도 다양한 이론적 시각을 수용한다는 사실을 우리는 명심해야 하며, 접근의 다양성이 각 예술을 풍부하게 한다. 1960년대 이래, 영화이론은 다양한 패러다임들을 양성해왔다. 그러나 이것은 짜증이 날 일이 아니다. 이론적 접근방법들의 각축, 이론가들 사이에서의 싸움, 어떤 이론의 상승과 다른 이론의 몰락과 같은 기복들은 영화이론을 계몽적이고 생산적인 발견의 장으로 발전시켜왔다. 그렇다면 영화의 '마스터 이론'의 부재는 영화이론에 해가 되는 것이 아니다. 지식은 논쟁으로부터 연유한다. 영화이론을 그토록 매력적으로 만드는 요인 자체가 — 패러다임 자체의 구체적 중요성 외에 — 바로 그것이 포용하는 이론들의 다양성이며, 거기서 터져 나오는 지적인 싸움이다. 『영화이론이란 무엇인가?』는 현대 영화이론의 유쾌한 이질성을 증언하고 있다.

이 책의 제목이 제기하는 수수께끼는 또 다른 질문을 하고 있다. 도대체 영화이론을 왜 공부하는가? 영화이론은 무슨 소용이 있는가? 일차적으로, 영화의 이론들은 영화라는 매체를 더 잘 이해하는데 도움을 준다. 영화적 현상에 대한 일반적 질문들을 형성함으로써 이론가들은 영화가 작동하는 방식, 의미를 전달하는 방식, 그것이 제공하는 기능, 우리에게 감동을 주는 수단 등을 밝히려고 한다. 매체에 대한 이론적 의문을 탐색하는 것은 영화의 현상, 영화의 광범위한 체계, 구조, 용법, 효과를 파악하는데 도움을 준다. 그리고 이런 원형적 특징들은 나아가서 개별 영화의 작동을 우리가 더 잘 이해할 수 있도록 해준다.

더구나, 영화이론을 읽는 것은 이 세대와 다른 세대에 있어 영화의 중요성을 깨닫게 되는 방법이다. 영화 논평자들은 어떤 각도에서 영화의 이론을 세웠나? 각각 다른 역사적 시점에서 이론가들에게 가장 다급한 질문은 무엇이었나? 영화의 테크놀로지와 소비의 조건이 변함에 따라 영화에 대한 이론적 접근은 어떻게 변화해왔나? 영화이론이 매력적인 것은 그것이 역사와 문화 속에서 영화의 역할을 밝혀줄 수 있기 때문이다. 문화적 포스를 고려의 중심에 두는 이론가들은 영화의 사회적 존재이유에 대해 설명을 제공해왔다. 그들은 다양한 관객들이 특별한 목적을 위해 어떻게 영화를 전용하는지 연구해왔다. 그리고 그들은 영화가 사회를 '반영'하는 정도를 추적해왔다. 그렇다면 영화이론의 하나의 주요한 장점은 다른 문화와 역사적 시기에서뿐 아니라 우리 자신의 문화적 삶에 있어서 영화의 중요성을 드러내는 능력에 있다고 하겠다.

영화이론은 영화의 진화과정에서의 중요한 변화들에 대해 대화적으로 반응하고 그것을 드러낸다는 점에서 주의를 받을 가치가 있다. 어떤 의미에서도 영화이론은 실제 영화제작의 영역과 완전히 분리될 수는 없다. 오히려 이론은 영화제작의 과정을 밀접하게 투영하며 동시대의 현상들, 가령 잘나가는 장르의 추이, 기술적 혁신, 새로운 소비양식 등에 관해 일반적인 질문을 종종 던진다. 역으로 영화 이론이 영화제작에, 가끔은 목적을 가지고, 영향을 미친 적도 있다. 영화제작과 나란히 발전하면서 영화이론은 새로운 문제에 대해 우리의 주의를 환기시키고, 설명을 제공하며, 영화가 복잡하고 가끔은 수수께끼 같은 매체라는 것을 우리에게 상기시킨다. 영화이론은 간단한 이유, 즉 영화는 우리가 **생각**하게 만든다는 이유에서 여전히 필요하다.

현대 영화이론의 도래

『영화이론은 무엇인가?』는 1960년대 이후의 영화이론 분야를 개괄한다. 출발점으로 왜 이 시기를 택하는가? 개괄적으로 말하자면 1960년대는 '현대 영화이론'이라 불리는 것의 발판을 제공한다. 좀 더 구체적으로 말하자면 이 분야의 진화에 있어서 새로운 전기는 일련의 역사적으로 우발적인 원인들에 의해 시작되었다고 할 수 있다. 그렇다면 다음에 나올 장들을 위해 필요한 콘텍스트를 제공하는 것이 좋을 것 같다. 1960년대 후반에 영화이론이 극적인 선회를 했다면 이런 전진을 유발시킨 주요 요인들은 무엇이었을까?

영화학의 학문화

영화학은 하나의 학문 분야로서 대학의 학과에 자리를 잡았다. 영화학의 학문화는 1960년대 후반에 인문학자들이 전통적인 인문학 프로그램에 영화분석을 도입하면서 뿌리를 내리기 시작했다. 미국 문화 내의 더 광범위한 영화애호 르네상스에 자극을 받아 젊은 교수들과 학생들은 영화 연구를 하나의 지적 추구로 진지하게 받아들였다. 문학 강의실의 학생들은 〈수색자(*The Searchers*)〉(1956)와 〈사이코(*Psycho*)〉(1960)에 해석학적인 열정으로 달려들었다. 소장 철학자들은 베리만과 안토니오니의 실존적 세계관을 논했다. 아카데미 내 보수 세력으로부터의 반박이 있기는 했지만 1970년대 초까지는 영화학과가 북미 대학 전역에서 생겨났다. 영화학을 지적으로 믿을만한 작업으로 본 적이 없는 이들은 영화학의 도래를 오만하고 조롱 섞인 시선으로 바라보면서 영화학이 우여곡절 끝에 대학사회에 진입하는 것을 허용했다. 따라서 대학에 영화학 프로그램을 허용한다는 것은 본격적인 영화학과 설립의 개척자가 되는 것뿐 아니라 '영화'를 하나의 지적인 연구 분야로 인정한다는 것을 의미했다.

대학 영화강좌는 빠른 시간에 우후죽순으로 늘어났지만 영화학이 대학에서 자리를 잡는 것은 좀 더 복합적인 역사적 상황의 결과였다. 우선, 1960년대 초에 미국문화에서 전에 볼 수 없을 정도로 영화애호의 풍조가 만연하면서 젊은 관객들은 다양한 사조, 배경, 시대의 영화들을 열정적으로 소비하였다. 이 새로운 세대의 미국 영화관객들 ― 전후 '베이비붐'의 풍요와 교외화의 상속자들 ― 은 네트워크 텔레비전 방송들이 고전 할리우드 영화를 방송하게 된 덕분에 스튜디오 시절 영화들을 새롭게 이해하게 되었다.

1960년대의 영화광들은 곧 비평 제도권으로부터 지지를 얻을 수 있게 되었다. 미국 영화 비평가 앤드류 새리스(Andrew Sarris)는 프랑스 작가주의(auteurism)를 미국 문화에 접목시켜 히치콕, 혹스, 그리고 포드의 예술적 가치를 주창했다. 폴린 카엘(Pauline Kael), 매니 파버(Manny Farber), 그리고 다른 저널리스트 평론가들은 옛 스튜디오 영화제작자들의 업적을 치하하고 신예 감독들의 풋내기 작품들을 옹호했다. 할리우드의 풍부한 유산을 재발견하는 것은 1960년대 영화 문화를 결집하는데 도움을 주었지만 그에 못지않게 중요한 것은 유럽에서의 예술영화 전통이 번성한 것이었다. 브레송, 고다르, 그리고 펠리니는 곧 미국 영화학회와 캠퍼스 시네

클럽의 애호물이 되었다. 1960년대 말까지는 유럽식 감수성이 할리우드 영화제작에 스며들어 〈이지 라이더(*Easy Rider*)〉(1969), 〈미드나잇 카우보이(*Midnight Cowboy*)〉(1969), 〈육체의 지식(*Carnal Knowledge*)〉(1971), 〈마빈 가든스의 왕(*The King of Marvin Gardens*)〉(1972), 그리고 〈대화(*The Conversation*)〉(1974) 등 일련의 음울한 반문화 영화들을 탄생시켰다. 이러한 소위 뉴할리우드 시네마 — 할리우드 주류 내에서, 혹은 주변에서 제작된 유럽의 영향을 받은 영화제작 풍조 — 는 새로운 세대의 자의식적인 작가들을 선보였고, '영화 세대'라는 적절한 이름이 붙은 젊은 관객들의 영화 열풍에 불을 질렀다.

일단 미국 영화문화가 확립되자 영화의 학문화를 위한 시장이 형성되었다. 캠퍼스 영화 클럽을 시작했던 학생들은 이제 영화학의 공식적인 학문화를 위해 로비를 했다. 물론 영화학이 대학에 입성하기 위해서는 영화에 대한 열광만으로는 충분치 않았다. 영화 프로그램이 돈이 될 수 있다는 사실을 일단 인식하고 나자 대학 행정가들은 영화학을 학문 영역에 몰래 받아들였다. 영화학이 대학으로서는 경제적인 매력이 있었지만, 영화를 옹호하는 사람들은 영화의 학문적인 가치를 여전히 입증해야만 했다. 이러한 합법화를 향한 첫 번째 발걸음이 작가 이론(auteur theory)이었는데, 그것이 문학에서 작가의 개념과 비슷하게 보였기 때문이다. 감독-작가에 대해서 영화학자들은 하나의 작품세계, 스타일상의 특징, 독특한 세계관을 상정할 수 있었다. 문학과의 이러한 유사성은 전략적인 이점이 있었다. 왜냐하면 만약 영화학이 문학 이론과 같은 개념적 틀을 사용하는 것으로 비칠 수 있다면 그 자체로서 인정받는 학문 분야로서 위상을 세울 수 있기 때문이었다. 문학 연구의 다른 기준들도 영화학에 적용되었다. 1960년대의 영화 비평가들은 예술가 — 찰스 채플린(Charles Chaplin)으로부터 로만 폴란스키(Roman Polanski)에 이르는 감독들 — 의 정전을 만들어냈는데, 그것의 한 가지 목적은 '영화 학도를 위한 우선순위의 체계를 확립'(Sarris 1996:27)하기 위한 것이었다. 영문과에서 학생들이 위대한 문학의 작품들을 연구하는 것처럼 교수와 학생들은 이같이 학문적 토론을 하기에 충분한 감독들의 목록을 갖게 된 것이었다.

비평적 **작업**의 정전도 문학 연구에서 원용되었다. 교실에서의 자세한 분석에 대한 강조 ― 영국 저널 『무비(*Movie*)』에서 실행되는 비평의 방법을 반영하는 ― 는 영화학이 실용 비평이라는 문학적 전통과 접목하게 만들었다. 영화 학도는 문학 학도들이 소설과 시에서 형식, 스타일, 주제를 연구하는 것처럼 영화 작품에서 그런 현상들을 분석할 수 있었다. 그리고 만약 '읽기'가 신비평을 지배했다면, 마찬가지로 해석이 영화 연구에는 중심이 될 수 있었다. 그러니까 영화학은 다른 학문 분야에서 굳건히 자리 잡은 일상적 절차들을 복사함으로써 합법화를 얻으려고 노력했다.

이러한 추이가 영화이론에 어떤 의미가 있는가? 구체적인 효과들은 후속 장에서 검토되겠지만 일반적으로 주장될 수 있는 바는 1970년대의 영화이론이 학문적인 영화학의 계보를 입증하려는 시도에 의해 강하게 형성되었다는 사실이다. 1960년대 후반부터 영화학자들 ― 하나의 학문 분야로 영화학을 정당화하는데 관심이 있는 ― 은 패러다임을 합법화하고, 언어학, 문화이론, 정신분석으로부터 이론을 도입하기 위해 동분서주했다. 이 패러다임들은 순전히 이론적인 연구들을 촉진시켰고 ― 대학에 있는 비평가들은 영화 매체에 대한 일반적 질문들을 상정하기 위해 학제적인 이론들을 원용했다 ― 영화학을 학문으로 성립시키려는 목적은 비평가들의 지식 추구에 무임승차할 수 있었다. 따라서 영화적 장치에 대한 마르크스주의적 논의는 영화학 내에서 이론적인 논란을 불붙였을 뿐 아니라, 문화와 이데올로기에 관한 오늘날의 사상의 흐름에 영화를 연관시킴으로써 영화의 학문적 연구의 효용성과 적절성을 부각시켰다. 정신분석 이론도 영화를 합법화하는데 가치를 지니고 있었다. 히치콕, 랭, 혹은 프레밍거의 영화에 정신분석의 템플릿을 붙이게 되면 신선하고 세련된 '읽기'를 생산할 수 있었고, 이런 논의의 설득력이 회의론자들에게 영화학의 연구 대상이 지닌 지적 무게를 납득시킬 수 있었다. 더구나, 영화이론은 작가이론과 해석의 지지를 계속 받고 있었으며, 이러한 문학적인 지도법과 방법들이 1960년대 후반에 영화학을 옹호하는데 도움을 주었다. 전반적으로, 1970년대 영화이론의 특징이 되었던 개별적인 흐름들은 영화학을 학문으로 정립하려는 지속적인 노력의 흔적을 ─ 다소 투명하게 ─ 지니고 있다.

이론적 글쓰기의 재부상

대학 출판부는 학문적인 영화 서적 출판을 시작하고 비영어권 이론들이 번역되다. 영화학이 대학의 학문으로 편입되는 것과 같은 시기에 영화에 관한 이론적 글들이 재부상하기 시작했다. 1970년대 초에는 새로운 미국 영화 저널들이 창간되었고, 저널은 이제 대학 영화과에 자리를 잡은 새롭게 임명된 영화학자들의 글로 채워질 수 있었다. 1970년대 중반까지는 많은 학문적 정기간행물들이 시장에 넘쳐나면서 비평적이고 이론적인 담론의 장을 제공했다. 학술 단행본들도 전성기를 구가했다. 대학들은 르누아르 (Renoir), 포드(Ford), 웰즈(Welles)와 같은 감독들을 존경하여, 작가 중심의 비평서들을 출판함으로써 영화학과를 홍보하고 유지했다. 마찬가지로, 영화이론만을 다룬 본격적인 저서들이 개론적 텍스트와 앤솔로지 형태로 출판되었다. 1970년대에는 영화 연구의 새로운 붐이 일어났는데, 이처럼 왕성한 활동이 활력을 얻은 것은 영화학이 대학이라는 기반에 통합되었을 뿐 아니라 이 분야를 공고히 해야 한다는 필요가 있었기 때문이었다.

　　미국에서 영화 관련 출판이 급격하게 늘어나면서 영국에서도 비슷한 시장의 증가가 발생했다. 『시각과 음향(*Sight and Sound*)』과 같은 에세이식의 잡지는 알게 모르게 프랑스 작가주의의 확산에 기여를 한 반면, 『무비』와 『스크린(*Screen*)』과 같은 새로운 학술 저널들은 영화 비평과 이론을 새로운 영역으로 등장시켰다. 『무비』의 비평가들이 텍스트 분석에 새롭게 치중하는 동안 『스크린』의 비평가들은 영화이론 쪽으로 기울었다. 실제로 『스크린』은 1970년대에 영화이론을 정의했던 주요 경향들 — 페미니즘, 정신분석, 기호학 — 과 동의어가 되었다. 『스크린』은 매력적인 새로운 이론들만 주도한 것이 아니라 오래 된 이론들도 다시 출판하고 선보였다. 가령 1970년대 초에 『스크린』은 20세기 초에 형식주의자, 구성주의자, 미래주의자들이 작성했던 몇몇 (선별한) 선언문들을 출판했다. 당면한 목적과 관심에 의해 중재되긴 했지만 그처럼 과거 이론을 되돌아보는 것은 예술과 문화에 대한 초기 이론화를 점점 의식한다는 것을 의미했다. 현대의 영화학자들은 자신들만의 이론을 구체화하는 한편 이전에 있었던 이론들을 알고 싶어했다. 중요한 글들을 다시 출판하는 것은 이 목표를 이루는 한 가지 방법을 제공했다. 그리고 그것은 1970년대 이론들이 현대의 흐름뿐 아니라 초기 이론들의 재고와 재발견에 의해서도 정의되도록 만들었다.

영화이론가들이 역사적 선행물들을 발굴하도록 도움을 준 또 다른 요인이 있었다. 1960년대 후반부터 전에 구할 수 없는 글들을 영어 번역문으로 구하는 것이 가능해지면서 영어권 영화이론의 비교적 편협했던 경계가 확장되었다. 전에는 번역이 되지 않았던 에이젠슈테인(Eisenstein)의 글을 현대적인 연관성을 위해 발굴하여 당면한 이론적 관심(예를 들어 구성주의, 정신분석, 장치 이론, 기호학)에 적용할 수 있었다. 영화적 리얼리즘에 관한 바쟁(Bazin)의 주장 전체가 아른하임(Arnheim)과 크라카우어(Kracauer)의 견해와 견주어 평가될 수 있었다면, 작가이론에 대한 그의 수정은 새리스가 보편화시킨 작가주의 버전을 강력하게 지지하는 역할을 했다. 그리고 현대 이론가들은 체계적인 '영화의 시학'에 대해 러시아 형식주의자들이 가진 매력을 발견할 수 있었고, 그것은 또한 크리스틴 톰슨(Kristin Thompson)과 데이비드 보드웰(David Bordwell)의 신형식주의 시각을 위한 길을 닦아주었다.

한층 더 새로운 이론들도 영어권에서 다시 각광을 받았다. 『스크린』은 크리스티앙 메츠(Christian Metz)의 매우 영향력 있는 글들을 번역 출판했고, 영화에 대한 그의 정신분석적 기호학은 몇 년 동안 지배력을 행사했다. 영화에 대한 이론적 접근의 유산과 다양성을 밝힘으로써 영화학자들은 영화학 분야를 계속해서 정의하면서 정전이 되는 영화 비평들을 육성할 수 있었다. 더구나 1970년대에 부상한 풍부하고 다양한 개념들은 현대에 맞게 적용하기에 적절했다. 다양한 영향력들이 당대의 영어권 관심에 접목되었고 넘쳐나는 새로운 영화 저널과 출판물을 통해 확산되었다.

정치화된 문화이론들

정치화된 문화이론들이 영화의 학문적 이론들과 맞물리다. 1960년대 이후의 영화이론은 다른 이유에서 우리의 흥미를 끈다. 미국과 영국에서 일어나는 정치적 격변은 그 시대에 영화가 이론화되는 방식에 큰 변화가 있을 것을 예고했다. 어떤 영화이론(가령 바쟁과 아른하임)의 이론적 중심이 너무 편협하게 형식주의적으로 보였다면, 이제 영화이론은 영화작업에 도움을 주려는 구체적 목적을 가진 참신한 정치적 개입으로 활기를 띠게 되었다. 영국에서는 새로운 정치적 감수성의 예를 '『스크린』 이론'에서 볼 수 있지만, 이 저널의 좌익 기조는 대학사회 내에서 마르크스주의 문화 이론을 더 폭넓게 수용하고 있음을 반영한다. 이론가들은 정치적 색채를 띤 비평과 정치화된 영화제작 방식에 힘을 실어주기 위해 알튀세르, 브레히트, 에이젠슈테인의 이념적이고 미학적인 개념들을 이용했다. 말할 필요도 없이 현대 영화이론을 정치화하는 것은 영화학을 합법화하려는 또 하나의 전략이 되었다. 영화이론이 광범위한 사회적 중요성을 지니는 무거운 이론을 감당할 수 있음을 보여줌으로써 학문적인 계급장을 과시하려고 한 것이다.

　이러한 정치적 각성의 동기가 된 구체적 요인은 무엇이었나? 1960년대 미국에서는 정치적 참여가 일련의 사회적 운동이 활성화되면서 격화되었다. 미국의 진보주의자들은 반군국주의와 인종차별 반대 시위를 하였다. 베트남에서의 전쟁을 반대하는 시위도 벌어졌다. 이처럼 증가하는 정치의식은 미국의 영화문화와는 완전히 동떨어진 것 같았으나 많은 영화이론가들은 정치적으로 활발했고, 현대 사회 내에서의 불만이 만연했다. 이러한 역사적 맥락에서 문화 비평에 대한 수용성이 생겨났다. 미국 지식인들은 1960년대 후반에 영화학으로 밀려들어온 알튀세르식 마르크스주의를 포용할 태세가 되었다.

이 시기에 파리 사회도 정치적 불안에 시달리고 있었다. 1968년 5월의 학생 시위는 반자본주의 태도를 확산시켰고 격변적인 급진주의를 고취했다. 곧 정치적 분노의 논쟁주의가 프랑스 영화 제도권에 스며들었다.『카이예 뒤 시네마(*Cahier du Cinema*)』는 작가주의적 전통을 경시하고 정치 비평 쪽으로 헌신을 하면서 엄중한 마르크스주의적 시각을 갖게 되었다. 프랑스 영화감독들도 미학적 거리를 가동함으로써 작품을 급진적으로 만들도록 압력을 받았다. 어떤 감독들(가령 트뤼포, 로메르)은 보수적인 스타일을 고집했으나 고다르는 소위 카운터 시네마를 추구하여 정통 테크닉을 버리고 도발적이고 반환상적인 미학을 선호했다. 이론이 실제에 영향을 주어야 한다는 마르크스주의 영화이론의 한 원칙은 시간이 가면서 점차 시들해졌다 ― 후속 장에서 이러한 시각이 다른 관심을 높이는데 어떻게 다시 사용되었는지 살펴볼 것이다. 그러나 마르크스주의 영화이론가들은 고다르에게서 자기들의 대표 주자를 발견했는데, 그는 영화 매체를 좌파적으로 이용하고 그 가능성을 찾는데 헌신한 감독이었다.

1970년대 초까지는 좌파의 프랑스 영화이론이 주로『스크린』이론이라는 수로를 통해 수용성이 높은 영국 영화 문화에 스며들었다. 알튀세르의「이데올로기와 이데올로기적 국가 장치」는 이 저널의 기고가들에게는 중심적인 참조 지점이 되었다. 1970년대가 진행되면서『스크린』은 프랑스 구조주의(메츠, 바르트, 라캉, 레비스트로스)의 주창자들을 포용하면서 대륙 이론을 소개하는 역할을 계속했다. 각종 이론들이 연합 집산하면서 마르크스주의의 전제를 강화하는 이론의 하이브리드를 생산했다. 전체적으로 역사적 유물론이 현대 영화이론에 미친 영향은 절대로 과소평가할 수 없다.

이미 지적한 것처럼 1960년 이후의 영화이론은 노골적으로, 그리고 어쩌면 전적으로 정치적이고 사회적인 편향을 가진 탐구 쪽으로 방향을 바꾸기 때문에 우리의 주의를 끈다. 그러나 1960년대와 1970년대에 등장한 패러다임이 영화이론의 역사에서 중요한 방향전환의 신호가 되기는 했지만 영화에 대한 이전의 생각과의 완전한 단절을 의미하는 것은 아니었다. 초기와 고전 영화이론에서 강조하는 것을 잠깐 살펴보면 각각 다른 역사적 전기마다 등장했던 일탈과 연속성을 알 수 있을 것이다.

1960년 이전의 영화이론

고전 영화이론의 역사를 살펴보는 것은 잘못된 오해를 나을 수 있다. 1960년 이전의 영화학은 여러 나라, 기관, 역사적 순간을 예고 없이 여기 저기 뛰어다니는 것처럼 보이기 때문이다. 영화의 이론들은 고립된 상태에서 분출된다. 소비에트 이론가들은 지리적으로, 제도적으로 서로 연관을 맺고 있지만 서로 대화를 하고 있는 전지구적인 이론가들의 커뮤니티는 없다. 우선 보기에 고전 영화이론은 산만하고 이리저리 끼워 맞춰 놓은 사건처럼 보일 수 있다. 그러나 이러한 인상이 잘못되었다는 사실은 20세기 초에 세계의 많은 지역에서 끊임없이 등장한 엄청난 수의 영화에 관한 글들을 통해 알 수 있다. 새롭게 등장한 이 매체에 대해 많은 잉크가 사용된 것이다. 형성기의 영화이론은 이 시기의 중요한 이론가들 ─ 루돌프 아른하임, 세르게이 에이젠슈테인, 휴고 뮌스터버그(Hugo Munsterberg), 앙드레 바쟁 등 ― 을 영화 문학이 융성했던 역사적 맥락에서 따로 떼내어 버릴 때 엉터리처럼 보일 수 있다. 그리고 이론 자체가 서로 별개인 것처럼 보일지라도 ― 실제로 많은 면에서 이론들은 놀라울 정도로 서로 다르다 ― 공동의 관심과 목표에서는 일치를 보인다. 초기 영화이론가들의 작품집(1925년까지의 저작)과 고전적인 후대 이론가들(1925~60)의 작품은 다양하고 상반된 주장들을 모아 놓은 것 같지만 각 이론들은 공동의 목표, 즉 영화를 고유하고 정당한 예술 방식으로 정의한다는 목표에서는 합쳐진다.

영화의 예술적 자격을 어떻게 주장할 것인가? 한 가지 이론적 전략은 영화를 예술의 전통적 범주에 견주어 측정하는 것이었다. 가령 이 전략은 영화에서 유기적 통일성 ― 형식과 내용의 완벽한 통합 ― 의 목표를 추구하려는 뮌스터버그의 시도의 밑바탕이었다. 그리고 이것은 회화, 문학, 연극과 같은 전통적인 예술의 미학적 표준으로 자리잡고 있는 것이었다. 더 일반적으로 이론가들이 추구한 것은 영화를 하나의 독특한 표현 양식으로 특징짓기 위해서 영화의 근본적인 특징들을 열거하는 것이었다. 영화의 기본적인 특징은 무엇인가? 영화는 의미를 어떻게 창조하는가? 영화는 어떤 구체적인 목적을 수행해야 하는가? 이런 질문들이 영화의 구체성을 정의하도록 압박했지만 이들의 이론적 탐구는 방어적 관심에 의해서도 조정되었다. 무성영화 이론가들이 영화를 예술로 입증하기를 원할 경우 그들은 당시의 지배적인 편견, 즉 영화와 같은 사진 매체는 기록하는 대상을 예술적으로 형상화하는 능력이 없이 단지 복사하는 과정이라는 편견을 반박해야만 했다. 이런 견해에 따르면 영화는 세상에 대한 단순한 복사본, 창조적 개입이 없는 기계적인 재생에 불과했다. 입증을 해야 하는 부담이 발 앞에 놓여 있다고 믿은 고전 영화이론가들은 영화가 재료를 예술적으로 형상화할 수 있음을 보여주려고 했다.

이 점에서 대표적인 인물이 루돌프 아른하임인데 무성 흑백영화에 대한 연구서 『예술로서의 영화(*Film as Art*)』(1957)는 영화가 단순한 모방에서 어떻게 벗어나는지 그 방법을 나열했다. 아른하임은 무성영화가 영화 고유의 특성을 통해 단지 기록만 하는 능력을 넘어선다고 생각했다. 아른하임의 유명한 표현대로 "예술은 기계적 재생산이 끝날 때 시작된다"(Arnheim 1957: 57). 무성영화는 스크린에 재현되는 것은 무엇이나 변형시키는 형식적이고 기술적인 제한점이 있었다. 기술자들은 이 제한점을 한계로 보았지만 아른하임은 그것이 바로 예술 형식으로서 영화의 중심적인 특징이라고 인식했다. 우선, 영화의 명백한 한계는 현실을 불완전하게 기록한다는 점이다. 영화적 과정은 삼차원인 세계를 평면적으로 만든다. 또 소리, 색깔, 그리고 다른 감각적 현상을 배제시켜버린다. 그리고 프레이밍이 부과하는 경계로 인해 리얼리티를 공간의 수평적인 덩어리로 파편화한다. 영화 매체의 특수한 사용은 영화적 재현과 현실의 거리를 더욱 더 동떨어지게 만들 수 있다. 아른하임은 〈칼리가리 박사의 밀실(*Das Cabinet der Dr Caligari*)〉(로베르트 비네[Robert Wiene], 1920)에서의 초현실적인 미장센의 사용, 〈잔다르크의 수난(*La Passion de Jeanne d'Arc*)〉(칼 드레이어[Carl Dreyer], 1928)에서의 인물들의 비스듬한 위치와 기울어진 각도, 소비에트 몽타주 감독들의 극단적으로 재구성된 시공간 리얼리티를 옹호했다. 이런 방법을 통해 초기 영화는 현상적인 세계를 변형시키고 조작했다. 고전 이론가들은 바로 그러한 것 때문에 영화가 다른 전통 예술에 적용되는 예술적 범주를 만족시킨다고 주장했다.

  형성기의 다른 이론가들처럼 아른하임은 영화의 한계를 소중히 여겼고, 이런 입장 때문에 그는 최근의 기술적 혁신(특히 동시 사운드, 와이드 스크린, 3-D)을 매도했다. 아른하임에게 있어서 그러한 발전은 영화의 한계를 보상하려는 굴욕적인 시도이며, 그런 시도는 영화의 존재론적인 본질(그는 그것이 영화의 회화적 차원에 있다고 생각했다)로부터 영화를 멀어지게 하는 것이었다. 현대적 관점에서 볼 때 원형적 한계에 그토록 집착하는 것은 기술적 보수주의를 보여주는 것이지만 영화의 한계에 대한 아른하임의 존중은 독특한 영화형식으로 영화를 변호하는데 가장 중심적인

것이었다. 컬러는 영화를 회화와 무용과 같은 다른 전통에 가까이 다가가
게 할 것이다. 동시녹음 사운드는 무대로부터 대사와 음향효과를 옮겨와
서 '녹음된 극장'으로 만들어 버릴 것이다. 더구나 두 기술은 아른하임이
예술로서의 영화를 변호하는데 있어서 너무나 중요하게 생각한 낯설게 하
는 능력을 축소할 것이었다.

　　고전 이론가들이 하나 같이 이러한 혁신에 저항했던 것은 아니었다. 가
령, 에이젠슈테인은 영화 음향과 컬러의 전망을 대체로 수용하는 편이었
다. 그러나 아른하임의 접근의 다른 양상들은 동시대 사람들과 선배들 사
이에서도 반향되었다. 아른하임을 예견하면서 휴고 뮌스터버그는 '어떤
예술의 한계는 그것의 장점이며 그 경계를 넘어서려는 것은 그것을 약화
시키는 것을 의미한다'고 경고한다 (Munsterberg 1970: 89). 그리고 전반
적으로 아른하임의 본질주의, 즉 영화의 특수성을 구체적으로 표현하려
는 관심은 영화가 존재하기 시작한 처음 몇십년 간 영화이론의 존재론적
요지를 대표했다.

　　영화의 예술적 성향을 현시하려는 시도는 2차 대전 후에도 꾸준히 지
속되었지만 전후 영화이론은 아른하임이 제창한 전제를 완전히 반박하는
주장을 발전시켰다. 그 중 가장 으뜸가는 사람이 앙드레 바쟁이었는데 그에
게 있어서 영화의 가치는 사진으로 찍은 리얼리티와의 지표적(indexical)
관계에 있었다. 중요한 것은 바쟁이 영화가 지금까지 예술형식으로 평가
를 받아 온 범주 자체를 뒤바꾸어 버렸다는 사실이다. 영화가 사진적 요소
에도 불구하고 예술적일 수 있다는 주장을 아른하임이 했다면 바쟁은 사
진이 예술과 배치된다는 가정 자체를 부정했다. 실제로 바쟁에게 있어서
영화예술의 정수는 바로 영화의 사진적 차원에서 발견할 수 있었다. 영화
는 다른 예술 형식이 공유하지 못하는 특별한 능력, 즉 현실을 전사할 수
있는 능력이 있었고, 바쟁, 크라카우어, 그리고 다른 전후 이론가 덕분에
영화 리얼리즘은 새로운 예술적 표준이 되었다.

　　바쟁의 주장은 아른하임이 강조하는 것과 완전히 달랐다. 아른하임이

영화의 사진적 본질을 폄하했다면 바쟁은 '리얼리티를 드러내는' 영화의 능력을 찬양했다 (Bazin 1967: 15). 영화 예술은 리얼리티의 변신으로부터 유래하거나 세계의 '부활'로부터 탄생했다. 아른하임이 독일 표현주의의 교란된 리얼리티를 존경했다면, 바쟁의 취향은 네오리얼리즘의 일상적 짜임을 선호했다. 그러나 아른하임 못지않게 바쟁도 영화의 본질주의적 이해를 옹호했다. 아른하임에게 영화가 본질적으로 회화와 같은 매체였던 반면 소비에트 이론가들은 영화의 본질이 편집, 혹은 몽타주에 있다고 믿었다. 그와 대조적으로 바쟁에게 있어서 영화의 존재 이유는 사진적 리얼리티의 흔적을 새겨 넣는 능력, 복잡성과 모호성을 가진 세상을 보여주는 능력에 있었다. 바쟁에게 있어서는 영화가 예술의 탁월성을 성취할 수 있는 가장 높은 가능성을 부여하는 것은 오브제와 이미지 간의 이러한 직접적인 존재론적 연관성이었다.

영화예술이 본질적인 리얼리즘에서 연유한다고 확신한 바쟁은 몇몇 영화 스타일의 사용을 옹호하고 다른 것들을 비난했다. 그는 특히 실제 세계의 경험을 충실하게 더 잘 살리기 위해 시공간적 연속성을 보존하는 장치들을 극찬했다. 시공간적 연속성은 딥 포커스, 심도 연출, 이동 카메라 워크, 롱 테이크와 같은 구도적 장치에서 표현될 수 있었다. 이것은 모두 바쟁이 웰즈, 와일러, 르누아르, 로셀리니, 무르나우의 작품에서 찬양하던 특징들이었다. 딥 포커스와 같은 도구들은 모호성을 생산하는 것으로 평가되었다. 그것은 실제 현실에서 관객이 중요한 항목을 발견하기 위해 시각적으로 진열된 것을 훑어볼 때와 같은 것이다. 연속성의 기법에 충성을 맹세한 바쟁은 몽타주에는 대체로 반감을 표시했다. 그가 가끔 오해를 받는 것처럼 그가 데쿠파주를 완전히 반대한 것은 아니었지만 다른 스타일을 선호한 것을 사실이었다. 그는 자신이 가진 영화적 리얼리즘의 개념에 일치하지 않는 몽타주와 같은 도구는 평가절하했다. 몽타주는 잘게 쪼개고 분리함으로써 연속성을 파괴할 뿐 아니라 분명한 정보로 관객의 시선을 향하게 함으로써 세계의 모호성을 떨어뜨리고 따라서 축소시켰다.

몽타주 그 자체는 리얼리즘의 장치로 성공할 수 없었고 따라서 예술로서의 영화 표현에는 맞지 않는 것으로 간주되어야만 했다.

　1960년대에 ─ 이 책의 시작 시점 ─ 등장한 영화이론은 영화 분야의 프로젝트와 관심에 전환점이 되었다. 영화는 영화매체의 합법성을 알리는 운동을 더 이상 하지 않았다. 작가 이론은 영화에 신빙성을 부여하는데 도움을 주었고, 영화 매체 자체도 몇몇 용인된 걸작들을 산출했다. 전통예술에 걸맞는 예술형식으로 영화를 받아들이는 일은 어느 정도 자리를 잡았다. 이제 이론가들은 사회적이고 상징적인 의미의 체계로서 영화를 분석하는 일에 눈을 돌렸다. 이 작업과 그에 수반된 다양한 이론적 접근들이 이 책의 논의 대상이다. 그러나 후속 장에서 논의되는 이론들은 영화이론의 초기와 고전 전통으로부터 절대 분리된 것이 아니다. 현대 영화이론은 자주 초기와 고전 발견에 빚을 지고 있음을 밝힌다. 바쟁의 존재론적 탐구는 V.F. 퍼킨스(Perkins)와 스탠리 카벨(Stanley Cavell)의 글과 연결된다. 에이젠슈테인의 정치 편향적 이론은 1970년대에 알튀세르─마르크스주의자들이 흡수하기에 안성맞춤이었다. 텍스트─관객 인터페이스를 묘사한 뮌스터버그의 초기 글은 1980년대 후반의 인지주의적 전환을 예견한다. 가끔은 초기나 고전 이론가들이 몇몇 서로 다른 현대적 접근에 동시에 영향을 주었다. 1960년 이후의 영화이론은 영화에 대한 이전 접근으로부터의 완벽한 단절이 아니라 방향전환을 알렸다. 더구나 많은 현대 이론가들은 아른하임, 바쟁, 에이젠슈테인과 같은 초기 이론가들을 재촉했던 일반적 이론적 질문에 유의했다. 영화란 무엇인가? 영화는 어떻게 의미를 구축하는가? 영화는 어떤 기능을 수행해야 하는가? 이 책을 통하여 우리는 현대 이론가들이 이런 질문들을 천착했던 다양한 방식들을 살펴볼 것이다.

이 책의 사용법

『영화란 무엇인가?』는 1960년 이후 영화이론 내에서 벌어진 주요 쟁점들을 개관하고 설명하려는 용도로 계획되었다. 1차적으로 이 책은 그 후 이 분야의 특징이 된 놀라울 정도의 다양한 접근들을 독자들에게 소개하는 데 목적을 둔다. 영화이론은 다양한 이론적 입장을 담고 있지만 그것은 또한 하나의 별도의 학문 분야이기도 하다. 이론은 무에서 솟아나지 않는다. 그것은 기존의 그보다 못한 명제에 의해 진통을 겪고 태어나게 된다. 그것은 케케묵은 잊혀진 가정들을 되돌아보며, 그것이 보완하고, 처리하고, 제한하려고 하는 동종의 이론들과의 대화도 시도한다. 현대 영화이론은 특히 반동적이다. 새로운 전제를 정의하는 과정에서 기존의 전제를 개정하거나, 확장하거나, 전복한다. 이 책은 현대 영화이론의 진화과정을 추적함으로써 그러한 역동적인 상호작용을 전달하려고 한다. 각 장들은 시간적 순서대로 구성되어 있으며, 역사적으로 연속적, 혹은 동시적으로 등장한 주요 체계들을 다룬다.

각 장은 영화이론 내의 주요 전통들을 자세하게 설명한다. 우리가 부각시키는 많은 이론들은 풍부한 논의들을 촉발시켜왔지만, 다루는 이론과 연관된 모든 텍스트를 여기서 섭렵하는 것은 생산적이지도 가능하지도 않을 것이다. 모든 전통에는 표본들이 있다. 우리는 이처럼 중요한 원형의 논의에만 주로 머물 것이다. 따라서 각 장은 주요 저작과 인물들을 설명하고, 인식론적 틀을 상술하며, 주요 주장들을 요약하고 통합하며, 가끔 특정 사례들을 자세히 다룰 것이다. 대표적인 저작들은 이 책에서 계속 부각할 것이며 독자들은 현 시대의 영화이론을 형성하는데 도움을 준 이 주요 텍스트들을 찾아서 읽는 것이 좋을 것이다.

이 책은 단순히 설명하는 데 그치지 않을 것이다. 독창적인 영화 분석도 제공하고 특정한 영화들을 검토하는 것을 통해 주요 이론적 가닥들을 예시한다. 모든 영화이론서들이 개별 영화를 다루는 것은 아니다. 영화의 이론은 연구의 대상이 되는 매체에 대한 일반적인 가정들을 진전시키기만 하면 되는 것이다. 그러나 어떤 이론의 강점은 그것을 구체적인 사례에 적용할 수 있는 정도에 달려 있다. 우리가 제시하는 분석은 특정 이론적 접근이 개별 영화를 어떻게 조명할 수 있을지 보여주는데 목적을 둘 것이다.

우리는 어떤 근거에서 영화의 사례를 선정했는가? 가끔은 특정 이론적 갈래 내에서 원형적인 사례 연구로 여겨지는 것을 선택했다. 가령 퀴어 이론 내에서 논쟁의 초점이 된 〈브로크백 마운틴(*Brokeback Mountain*〉, 이안[Ang Lee], 2005), 혹은 인종적 타자를 둘러싼 이론의 시금석으로서 〈똑바로 살아라(*Do the Right Thing*)〉(스파이크 리[Spike Lee], 1989)와 같은 영화를 들 수 있다. 다른 경우에는 덜 알려지고 좀 더 개성 있는 사례를 선택했다. 변치 않는 하나의 목표는 영화의 일반적 이론의 유용성과 유연성을 더 잘 예시하기 위해 다양한 장르, 환경, 시대에 속한 영화를 다루는 것이었다. 또한 우리는 정전에 속한 영화와 정전 밖의 영화 모두를 포괄하려 했지만 몇 가지 강력한 사례를 위해 많은 수의 영화를 언급하는 것은 피했다. 제한된 범위의 픽션과 논픽션 영화를 면밀하게 분석함으로써 현대 영화이론의 다양한 방법과 접근의 장점들을 더 뚜렷하게 드러내는 것을 목적으로 했다.

『영화이론이란 무엇인가?』의 중심적인 관심은 현대 영화이론가들 사이에서 계속해서 진행되고 있는 대화를 전경화시키는 것이다. 이 분야에서 개념들이 역동적으로 상호교환되고 있음을 생각할 때 어떤 이론적 개념이 이 책에서 계속 재부상하는 것을 발견하는 것은 놀랄 일이 아니다. 어떤 개념들은 여러 개의 다른 연구 프로그램에 걸쳐있다. 가령, 기호학에서 정신분석학으로 이동하는 비평가들은 실행방법, 전제, 가정들을 함께 가지고 왔다. 영화의 '동일시'라는 구조는 정신분석 이론가들과 인지주의자들을 모두 매료시켰다. 반 전통적인 스토리텔링은 마르크스주의자들과 시학자의 관심을 공히 사로잡았다. 이미 지적한 대로 더 광범위한 매크로 질문들이 다양한 이론적 전통들에 걸쳐서 이론가들의 질문을 인도해왔다.

이 책 전체에 걸쳐서 우리가 그러한 연관성들을 추적하겠지만 각 장은 그 자체로 특정 이론적 접근에 대한 개괄로서의 기능을 할 수 있다. 이렇게 한 이유는 강의실에서의 학습을 용이하게 할 뿐 아니라 학자들과 일반 독자들의 특별한 관심을 인정하기 위해서였다. 따라서『스크린』이론에만 관심이 있는 독자는 관련된 장에서 그 주제에 대한 그 자체로 충분한 설명을 읽을 수 있을 것이다. 현대 영화이론의 더 넓은 그림에 관심이 있는 독자들에게는 이 책 전체가 철저하고, 광범위하고, 분석적인 개론서가 될 것이다.

마지막으로, 영화이론가들은 특수한 용어를 가지고 작업을 하며 가끔 그들이 사용하는 용어들이 모호할 수가 있다. 이러한 이유에서 각 장의 끝에 용어 해설을 붙였다. 특정 용어들은 처음 나올 때 볼드체로 표시했다.

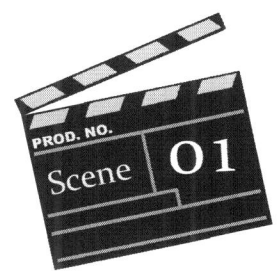

구조주의와 기호학
_ 현대 영화이론의 기초

1910년대에서 1960년대 사이에 영화에 대해 활발하게 글을 쓰던 사람들을 영화이론가라고 부를 수 있다. 그러나 영화학에서 주요한 전환점은 **구조주의**라고 널리 알려진 지적 운동의 영향 하에서 1960년대에 일어났다. 구조주의는 문화적 생산물과 방식의 심층 구조 논리를 분석하는 방법이었다. 구조주의자들에게는 원시 부족의 친족구조(Levi-Strauss 1977)에서 의류 패션과 광고(Barthes 1972; 1983)에 이르기까지 모든 것이 구조주의적 분석의 대상이었다. 구조주의자들은 표면적 외양의 자체적 의미를 발견하기보다 그 속에 숨겨진 관계를 풀어내는 데 몰두했다. 그들의 주장에 의하면 이 숨겨진 관계들이 문화적 생산품과 방식들이 의미를 생산하는 더 실질적이고 과학적인 이해를 제공할 수 있다는 것이다.

　이 장(그리고 이 책의 대부분)이 영화의 구체적 분석에 집중하기 때문에 공간상의 이유로 자세하게 다룰 수 없는 영화 기호학의 많은 연구들이 있다. 1960년대에 구조주의의 영감을 받아 영화의 기호학 — 혹은 영화의 언어—을 새로 만들고 싶은 욕구가 있었다는 것을 알아야 할 것이다. 이 점에서 가장 영향력 있는 학자는 크리스티앙 메츠였다. 1964년에 나온 그의 글「시네마: 랑그 혹은 언어?」(Metz 1974)는 영화가 의미와 메시지를 전달하는 방법을 적힌 글 혹은 발화된 언어가 전달하는 방법과 비교한 논문이었다 (메츠에 대한 자세한 내용은 2장을 볼 것).

구조조의는 페르디낭 드 소쉬르(Ferdinand du Saussure, 1857~1913)의 이론에 많은 영향을 받았다. 1916년에 처음 출판된 소쉬르의『일반 언어학 강의(*Course in General Linguistics*)』(1966)는 어떤 단어의 의미는 다른 단어들과의 차이에 의해서만 확인될 수 있기 때문에 그 자체로는 표면적인 의미가 없다고 주장했다. 따라서 어떤 단어의 의미는 그 단어가 위치한 심층구조—전체 언어 시스템—와의 관계에 의해서만 결정될 수 있다. 소쉬르의 기초적인 연구에 바탕을 두고 영화 연구와 영화이론에 주요한 영향을 미친 사람은 네 명이다 (흥미롭게도 이 이론가들은 모두 프랑스 사람이었다).

- 클로드 레비스트로스(Claude Levi-Strauss, 1908~2009)는 신화에 대한 구조주의적 연구로 명성을 얻은 인류학자이다. 그는 소쉬르가 단어를 취급했던 것과 비슷한 방식으로 신화를 취급했다. 표면적인 스토리로서의 신화는 그 자체로는 내재적인 의미가 없고 사회구조를 구성하고 있는 더 깊은 신념과의 관계를 통해서만 이해될 수 있다. 의미심장하게도 그는 타협할 수 없는 사회적 차이에 해결책을 제공하는 방법으로 신화가 탄생한다는 이론을 내놓았다.

- 롤랑 바르트(Roland Barthes, 1915~80)는 주로 문학에 주요 저작이 집중되어 있다. 그도 또한 옷, 광고, 라이프스타일 선택 등 문화적 산물들에는 심층구조 체계가 존재하며 이것을 통해 사회적 의미를 분류할 수 있다고 주장했다. 레비스트로스처럼 신화의 개념은 바르트에게 중요하다. 왜냐하면 그가 문화적 생산품을 신화의 공급자로 간주하기 때문이다. 이런 상품들은 신화의 공급자로서 문화의 심층구조를 표면적 차원에서 드러내준다.

- 자크 라캉 (1901~81)은 지그문드 프로이드의 기본적인 정신분석 원리 몇 개를 취해서 그것을 구조주의의 영향 하에 변형을 시켰다. 그가 가장 강하게 주장한 것은 "무의식은 언어처럼 구조화되어 있다"(Lacan 2006a를 보라)라는 것이었다. 따라서 라캉에게 있어서 무의식은 그 자체의 의미를 지닌 요소들로 구성되어 있는 것이 아니다. 오히려 어떠한 무의식적인 의미도 무의식의 전체적인 구조에 의해 예시된 차이에 의해서만 확인될 수 있다 (잘 알려진 대로 라캉은 무의식을 상상계, 상징계, 실제계의 영역으로 분류했는데, 이것은 프로이드의 자아, 초자아, 이드에 해당된다).

- 루이 알튀세르(Louis Althusser, 1918~1990)는 구조주의 방식에 영향을 받은 마르크스주의 철학자였다. 아래에서 진행되는 분석을 이해하기 위한 알튀세르의 가장 영향력 있는 개념은 **징후적 읽기(symptomatic reading)**이다. 텍스트의 분석은 텍스트가 명시적으로 선언하는 것뿐만 아니라 그것이 빼놓거나 심지어 고의적으로 은폐하는 것에 근거해야 한다. 표면 구조에서 빠진 것을 파헤침으로써 우리는 어떤 작품의 심층구조적 특성, 소위 알튀세르가 '구조적 부재'(Althusser 1971; Althusser and Balibar 1970를 보라)라고 부른 것에 대한 통찰을 얻을 수 있다.

레이몬드 벨러, 「파편의 시스템 (〈새〉에 관하여) (System of a Fragment [on *The Birds*])」

(1969년에 『카이예 뒤 시네마』 216쪽에 처음 발표됨. 『영화의 분석(*The Analysis of Film*)[Bellour 2000a: 28–68]』에 번역되어 수록됨. 본문에 참조된 모든 인용문은 번역본에서 따옴.)

앨프레드 히치콕의 1963년 작 〈새(*The Birds*)〉의 한 장면에 대한 레이몬드 벨러(Raymond Bellour)의 면밀한 **텍스트 분석**은 영화의 구조적 분석의 최고의 사례이다. 벨러는 지속시간이 대략 6분 정도 되는 신(scene)의 모든 숏을 설명하려고 하고 있다. 그는 그 정도로 디테일한 분석을 함으로써 어떤 시각적 구조가 작용하는지 — 그 신에는 대사가 거의 없으므로 — 추측하려고 한다. 이것은 초당 24 프레임의 표준 속도로 〈새〉를 감상하는 관객이 쉽게 식별할 수 있는 구조가 아니다. 오히려 이것은 의식적이거나 명시적인 관람으로부터 어느 정도 숨겨진 구조이다. 그럼에도 불구하고 벨러는 이 신의 복잡한 구조가 여기에 담겨진 의식적이고 명시적인 스토리 밑에 깔린 또 다른 이해의 차원을 보여준다고 주장한다. 정신분석이 이론화한 **오이디푸스 콤플렉스**의 논리에 들어맞게 로맨틱한 커플이 형성되고 있음을 이 분석을 통해 알 수 있다는 것이다.

이 신의 82개의 숏을 하나하나 설명해야 한다는 벨러의 주장이 독자들에게는 때로 속임수처럼 보일지 모르지만, 철저함을 추구하는 그의 정신은 레비스트로스의 방법론적 연구나 도상에 대한 선호를 되돌아보며 발자크의 단편소설을 완전히 분해한 롤랑 바르트(Barthes 1975를 보라)를 내다보는 것이다. 겉보기에 어수선한 것 같지만 벨러가 사용한 분류(A1–B3)는 이 신을 더 잘 이해할 수 있게 하며 그것을 통해 가장 중요한 구분들이 드러난다.

이 신에서 일어나는 일은 낭만적인 커플이 만나는 일이며 이들은 영화가 끝날 때까지 같이 있게 된다. 그들은 전에 한번밖에 만난 적이 없다. 샌프란시스코에 있는 애완동물 가게에서 영화의 주인공인 미치 브레너(로드 테일러[Rod Taylor])가 여동생의 생일 선물로 새를 고르고 있었던 것이다. 가게에서 그는 또 다른 고객인 멜라니 대니얼즈(티피 헤드린[Tippi Hedren])와 희롱조의 대화를 한다. 미치가 찾던 새 — 모란잉꼬(lovebirds) — 가 알고 보니 재고가 없었고 멜라니는 직접 그 새를 미치에게 배달해주겠다고 나선다. 그러나 새를 배달하는 과정에서 그녀는 미치가 샌프란시스코 북쪽의

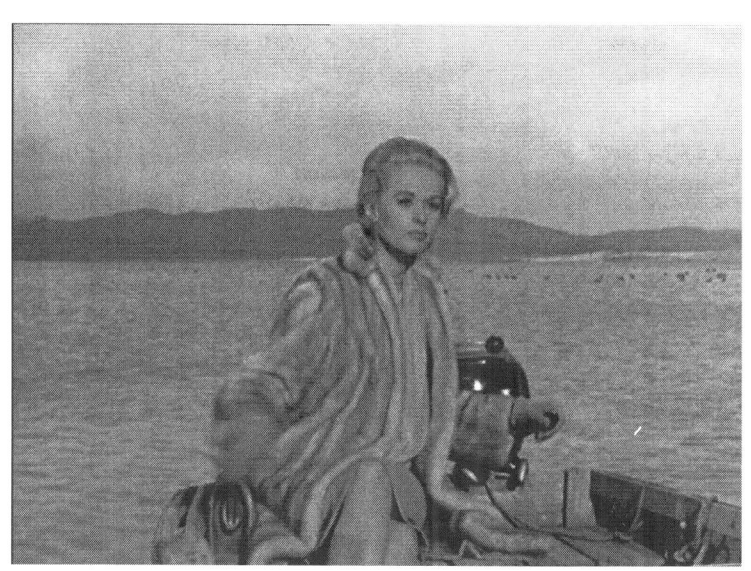

그림 1.1 〈새〉에서의 교차 편집: '무언가를 보는' 멜라니의 클로즈 숏 (숏 17).
출처: 유니버설 영화사.

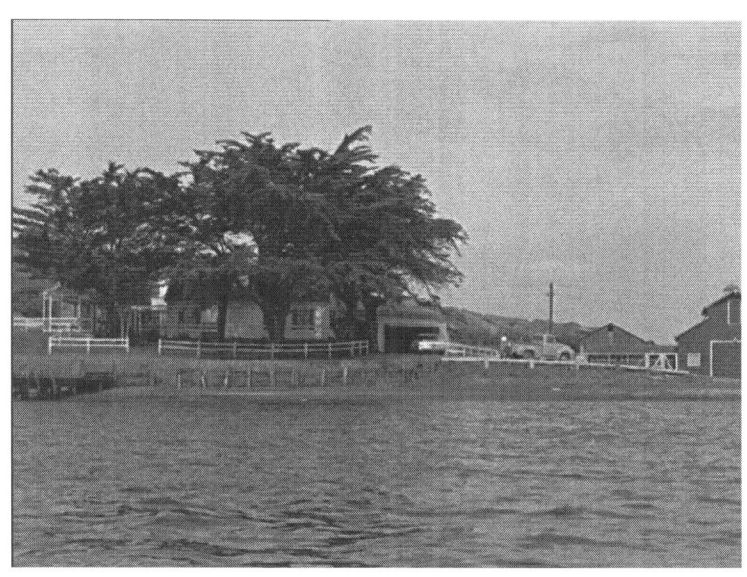

그림 1.2 〈새〉에서의 교차 편집: '멜라니가 바라보는 것'을 멀리서 보여주는 숏 (숏 18).
출처: 유니버설 영화사.

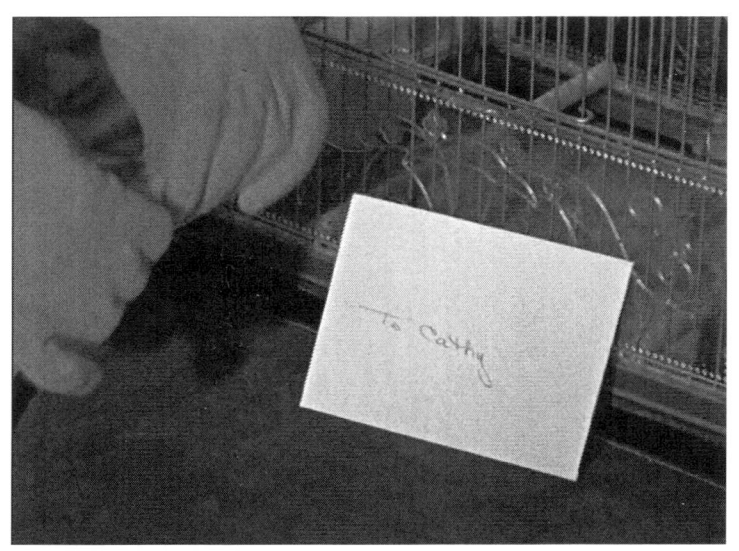

그림 1.3 〈새〉: 교차 편집 리듬의 파괴 (숏 33).
출처: 유니버설 영화사.

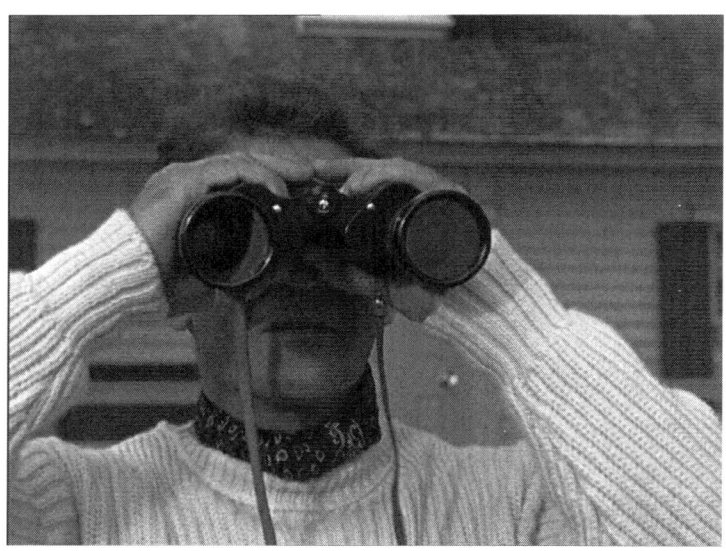

그림 1.4 〈새〉: '무언가를 바라보는' 미치의 클로즈 숏: 교차편집 리듬의 파괴
(숏 57).
출처: 유니버설 영화사.

영화이론이란 무엇인가

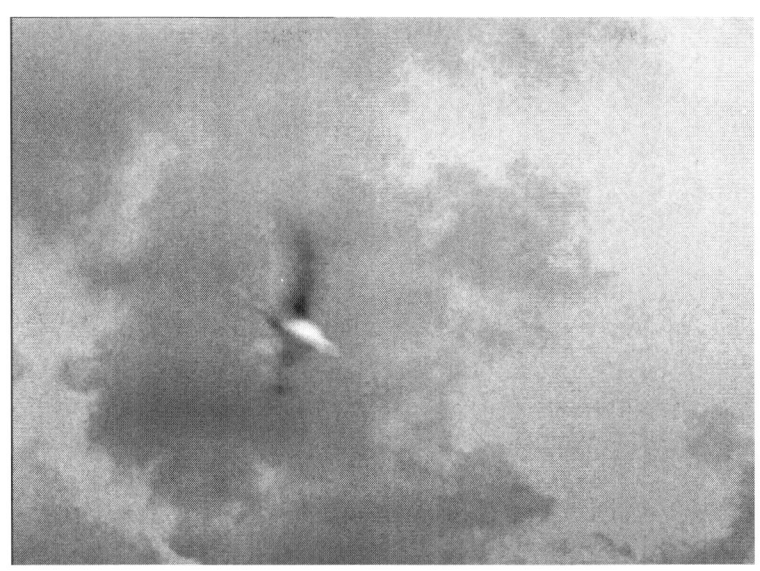

그림 1.5 〈새〉: 갈매기의 공격 (숏 77).
출처: 유니버설 영화사.

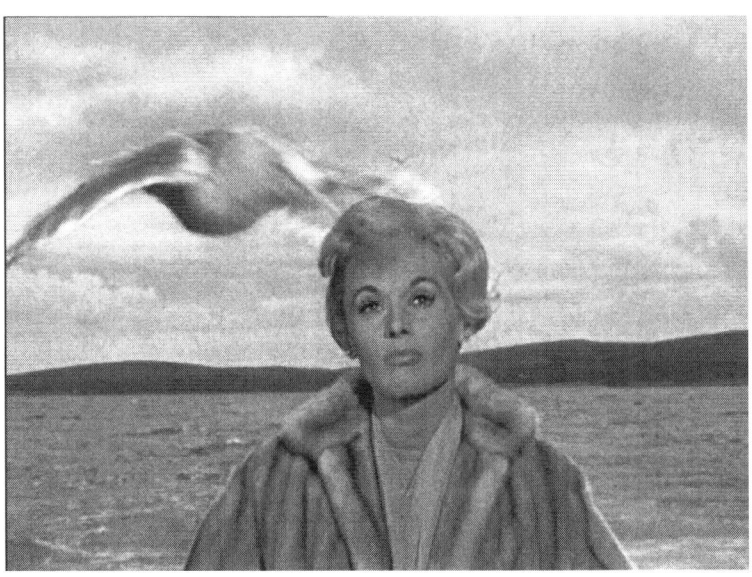

그림 1.6 〈새〉: 갈매기가 멜라니를 공격하다 (숏 78).
출처: 유니버설 영화사.

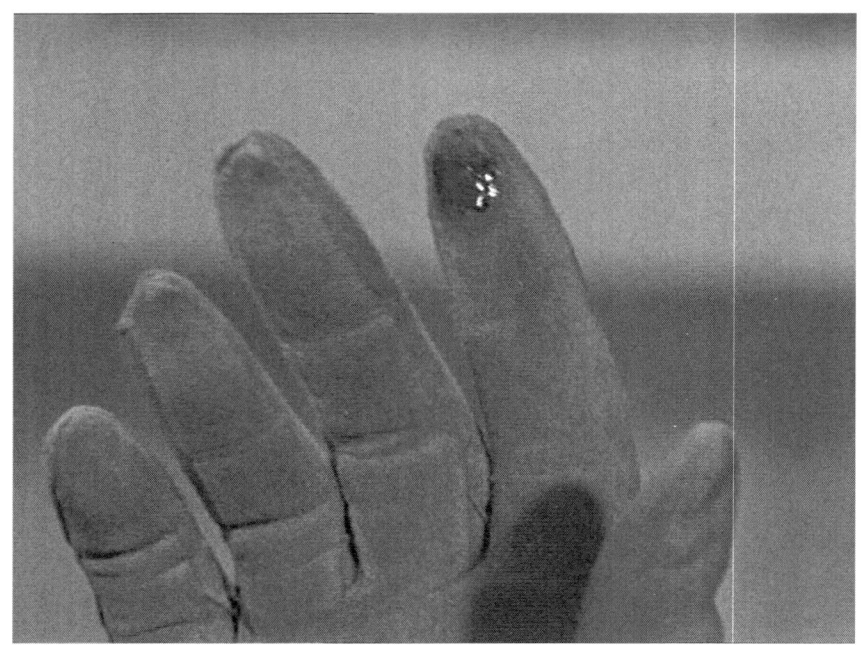

그림 1.7 〈새〉: 멜라니의 장갑에 묻은 피 (숏 82).
출처: 유니버설 영화사.

보데가 베이라는 작은 마을에 갔다는 사실을 알게 되고 새를 배달하기 위해 그를 따라가기로 결심한다. 멜라니는 새를 집에 배달하기 위해 작은 배를 타고 보데가 베이를 건너기로 결정한다. 미치가 머물고 있는 집은 어머니의 집이고 새를 배달하는 것은 그 집에 같이 사는 미치의 여동생의 생일이기 때문이다. 벨러의 분석은 멜라니가 만을 가로질러, 잉꼬새를 전달하고, 자신이 출발했던 부두로 다시 돌아오는 여정을 추적한다 (그림 1.1–1.7).

　벨러가 보기에 이 신을 미세 차원에서 이해하는 열쇠는 숏 간의 관계의 효과에서 발생한다. 여기서도 구조주의 원리에 맞게 모든 숏은 다른 숏과의 차이에서 의미를 획득한다. 이 신과 미국 영화 전반에서 중심이 되는 것은 **교차(alternation)** 혹은 **평행 편집(parallel editing)**이라고 알려진 편집 시스템이다. 벨러는 이 신이 일련의 두 개의 숏, 즉 '무언가를 보는 멜라니의 모습' 대 '멜라니가 보는 대상'을 왔다 갔다 하는 식으로 구성되어 있다고 주장한다. 게다가 이 신은 숏-역숏 형식에 따라 정렬되어 있다. '무언가를 보는 멜라니의 모습' 숏은 그녀를 클로즈업으로 비추는 반면 '멜라니가 보는 대상' 숏은 그녀의 시점에서 멀리 보는 숏이다. 따라서 이 신에 대한 관객의 이해는 우선적으로 멜라니의 시점으로부터 펼쳐진다. 그러나 더 중요한 것은 이런 교차편집이 중단되는 순간이다. 즉 '무언가를 보는 멜라니의 모습'에 이어 '멜라니가 보는 대상'이 오는 리듬이 바뀌는 순간이다. 이런 중단은 벨러가 '센터 A'와 '센터 B'라고 지칭하는 것이며, 세 번째 중단은 신의 마지막에 일어난다. 이런 중단의 결과 벨러가 발견하는 것은 무엇인가?

벨러가 '센터 A'라고 부르는 기간 동안 멜라니는 잉꼬새를 몰래 전달하기 위해서 미치가 안보는 사이에 미치의 집에 들어간다. 센터 A에서 가장 효과적인 숏은 33번 숏이다 (그림 1.3). 왜 그럴까? 세 가지 이유가 있다. 첫째, 33번 숏은 교차편집의 리듬을 깨뜨리기 때문에 의미가 있다. 그것은 우리가 '멜라니가 보는 대상'의 숏을 기대할 때 발생하지만 멜라니가 보는 대상의 숏이 아니다. 벨러에 의하면 그것은 오히려 "멜라니의 시점의 일부가 아니라 단순히 그녀의 행동의 디테일을 강조한다"(Bellour 2000a:50). 둘째, 그것은 클로즈업이 아니기 때문에 리듬을 파괴한다. '멜라니가 보는 대상'을 멀리 비쳐주는 숏을 우리가 기대할 때 대신 클로즈업을 직면하는 것이다. 마지막으로 그 숏은 클로즈업으로 멜라니의 장갑을 소개하는데 그것은 이 시퀀스 마지막에 더욱 더 중요한 의미를 띄는 요인이 된다.

벨러는 그가 '센터 B'라고 지칭한 또 다른 중요한 순간이 있다고 말한다. 다시 배에 탄 멜라니가 이제 미치의 집에서 멀어져 갈 때 '무언가를 보는 멜라니의 모습'과 '멜라니가 보는 대상'의 교차편집이 재개된다. 그러나 이것 또한 미치가 그녀를 알아볼 때 중단된다. 리듬을 파괴하는 가장 두드러진 숏은 57번 숏 (그림 1.4)이다. '멜라니가 보는 대상'을 멀리 보여주는 대신 우리는 '미치가 무언가를 보는' 클로즈 숏을 대하게 된다. 그는 쌍안경으로 그녀를 보고 그녀가 누구인지 식별한다. 이 숏은 '무언가를 보는 멜라니(클로즈 숏)'와 '멜라니가 보는 대상(거리가 먼 숏)'이라는 이분법적 체계를 파괴하는 클로즈업이라는 점에서 의미심장하다. 그것은 멜라니가 보는 대상의 숏이지만 동시에 무언가를 보는 미치의 숏이기도 하다.

　그녀를 알아본 미치는 멜라니를 따라잡기 위해 만의 반대편으로 가려고 마음먹는다. 그는 차에 탄 후 그녀가 부두에 도착할 때 그녀를 맞이하기 위해 만의 가장자리를 돌아 속력을 낸다. 이어지는 것은 두 주인공이 부두로 향할 때 '무언가를 보는 멜라니'와 '멜라니가 보는 대상' ― 멜라니가 보는 대상은 만을 따라 달리는 미치의 자동차이다 ― 을 다시 교차해서 보여주는 숏이다. 이 시퀀스의 끝에 멜라니는 갈매기의 공격을 받고 벨러는 이 사건이 교차편집 패턴을 중단시키는 방식에 특별한 주의를 기울인다. 가령 77번 숏 (그림 1.5)에서 우리가 미치를 비추는 숏을 기대할 때 대신 갈매기를 멀리 비춘 숏이 우리에게 제시된다. 이것은 갈매기로 미치를 대치했기 때문에 편집의 패턴을 중단시키지는 않는다. 그런데 다음 숏 (78번숏, 그림 1.6)은 멜라니가 대상을 바라보는 숏이 아니라 갈매기의 공격을 받는 숏이다. 벨러가 추론하는 바는 미치가 갈매기에 의해 대치된 만큼 영화의 논리 속에서는 갈매기가 멜라니를 공격하는 미치를 상징한다고 가정할 수 있다는 것이다.

　마지막으로 멜라니의 장갑에 묻은 피를 보여주는 유명한 82번 숏 (그림 1.7)은 이 시리즈를 완성한다. 이제 멜라니가 바라보는 것은 다른 사람 혹은 다른 곳이 아니라 자신을 바라보는 그녀이다. 그녀는 시선 ― 그녀 자신과 미치의 시선 ― 의 대상이 된 것이다. 벨러는 "그녀는 자신을 본다. 자신의 상처에 몰입해서 그녀가 미치를 보지 않는다 해도 그녀는 자신이 관찰

당하고 있음을 안다"(Bellour 2000a: 63)라고 적고 있다. 여기서 벨러가 주장하고 싶은 바는 멜라니가 그녀의 보는 행위로 인해, 미치에게 접근하는 대담성으로 인해 처벌을 받았다는 것이다. "그녀가 남자에게 준 잉꼬새 선물이 보데가 베이에 원시적 힘의 비이성적인 분노를 쏟아놓게 한 것처럼, 하늘로 야생의 새 떼를 날아가게 한 것은 (그 신) 첫 번째 숏에서의 그녀의 시선이다"(Bellour 2000a: 67).

벨러가 사소한 점―〈새〉에서 새들의 공격은 멜라니의 성적 대담성에 대한 처벌이다―을 입증하기 위해 지나치게 애를 쓰는 것처럼 보일 수 있다. 동시에 일련의 숏들을 세밀하게 해부하는 것에 자신의 분석의 근거를 두려는 그의 결정은 그의 주장을 매우 설득력 있게 만든다. 벨러의 분석은 영화에서 발견할 수 있는 의미의 잠재적 복잡성을 극명하게 일깨워주는 자료이다. 이 신에서 그가 아주 놀라운 '스토리 그림'의 시스템을 밝혀내고 있다는 사실은 의심의 여지가 없다. 그러나 오늘날 많은 학자들은―벨러를 포함하여 (Bellour 1985; 2000b)―모든 숏을 하나하나 분석하는 것이 관객이 영화에 반응하고 의미를 찾는 방식을 설명할 수 있다는데 대해 회의적이다. 어쨌든 영화는 움직이는 이미지이며 영화에서 움직임을 빼낸다는 것은 영화관람 경험에서 중요한 많은 것을 상쇄시켜 버린다. 그러나 비디오와 DVD 같은 최신 기술로 인해 영화를 세부적으로 분석할 수 있는 영화학자들의 능력은 이제 누구에게나 주어졌으며, 오늘날의 학자들은 벨러가 고전적인 분석에서 사용한 세부적인 방법에서 분명히 많은 것을 얻을 수 있다. 〈새〉의 작은 단락에 대한 벨러의 분석은 구조주의 방법론을 영화적 사례에 방법론적으로 활용한 대표적 사례이다.

『카이예 뒤 시네마』 편집진, 「존 포드의 〈영 미스터 링컨〉(John Ford's *Young Mr. Lincoln*)」

(1970년 『카이예 뒤 시네마』 223호에 처음 발표. 빌 니콜스(Bill Nichols) 편, 『영화와 방법(*Movies and Methods*)』 제 1권에 번역되어 수록. 모든 인용문은 번역본에서 따옴)

존 포드의 영화 〈영 미스터 링컨(*Young Mr. Lincoln*)〉(1939)은 처음 개봉했을 때 별로 성공하지 못한 영화였으나 저명한 프랑스 저널인 『카이예 뒤 시네마』의 편집진들은 1970년에 이 영화에 대한 매우 길고, 복잡하고 아주 영향력 있는 논문을 할애할 정도로 중요한 영화라고 보았다. 1968년 5월의 사건들(프랑스 정부를 거의 무너뜨릴 뻔 한 학생시위와 대규모 파업)을 겪은 후 『카이예 뒤 시네마』는 진지한 마르크스주의적 입장을 취했고 암시적 혹은 명시적으로 자본주의를 지지하는 영화와 마찬가지로 암시적으로든지 혹은 명시적으로 그것을 무너뜨리는 영화를 구별하는 방법을 찾는 것이 자신들의 과업이라고 믿었다 (Comolli and Narboni 1990을 보라). 이 저자들이 보기에 〈영 미스터 링컨〉은 표면적으로는 자본주의와 다른 보수주의적 관점을 지지하는 것처럼 보이지만 자세히 살펴보면 자본주의 체제의 한계와 문제를 드러내는 영화의 사례였다. 첫째, 저자들은 신화의 견지에서 영화에 접근한다. 표면적으로 〈링컨〉은 젊은 아브라함 링컨의 신화를 제시하지만 심층적 차원에서 영화는 그 신화가 덮어버리려고 하는 본질적인 결함을 드러낸다. 하지만 링컨 신화는 어떤 본질적인 결함을 덮으려고 했던가? 『카이예』 저자들에 의하면 영화는 젊은 링컨의 힘과 성공의 근거가 사랑과 쾌락을 포기하는데 있다는 사실을 은폐하고 있다. 저자들은 〈영 미스터 링컨〉이 그 과정에서 자본주의 체제를 옹호하는 만큼이나 비판하기도 한다고 주장한다.

벨러의 「파편의 시스템」처럼 『카이예』 논문도 길고, 자세하고, 지치게 하고, (어느 정도) 진을 뺀다. 저자들은 성급하게 역사적 결정요인들을 먼저 나열하면서 글을 시작한다. 〈영 미스터 링컨〉은 1939년에 개봉되었는데 그 시기는 1933년 이래로 민주당이 계속 미국 대통령으로 재임해온 시기였다. 저자들의 추론에 따르면, 그렇기 때문에 이 영화는 민주당에 맞서서 공화당의 입장을 지지하는데 몰입해야하는 영화였다. 왜냐하면 할리우드는 큰 기업이고 공화당원들은 (단순하게 말해서) 이제 민주당이 큰 정부를 옹호하는데 맞서서 큰 기업을 지지하는 자들이 되었기 때문이다. 『카이예』 저자들은 "자본주의 체제와 그 이데올로기의 산물로서 (할리우드 영화의) 역할은 이데올로기를 생산하고 따라서 자본주의 체제의 생존을 돕는 것이다"라고 쓰고 있다. 그리고 게다가 링컨은 물론 공화당원이었다. 저자들은 또 다른 역사적 차원을 정의한다. 〈영 미스터 링컨〉은 특별한 역사적 시기인 1939년에 개봉되었고 또한 특별하고 잘 알려진 역사적 인물인 아브라함 링컨에 대한 것이다. 이것을 염두에 두고 그들은 이 영화의 토픽이 '신화와 영원의 차원에서 링컨 신화의 **재형성**'(1976: 121)이라고 결정짓는다. 그러므로 이 영화가 링컨을 신화적으로, 공화주의 정치학의 위대성이라는 영원한 신화를 소유한 사람으로 묘사하려고 하는 것이 당연하다.

　〈새〉에 대한 논의에서 짧은 한 장면을 분석하는 벨러와 달리 『카이예』 편집자들은 〈영 미스터 링컨〉 전체를 설명하려고 한다. 구조주의 원칙에 따라 그들은 특정 신과 에피소드의 의미를 영화의 다른 신이나 에피소드와의 연관성이라는 측면에서 설명하려고 한다. 그렇게 하는 과정에서 그들은 영화의 심층구조라고 생각하는 것을 발견한다. 그들이 발견하는 것은 세가지 다른 면으로 낱낱이 밝혀진다.

1. 링컨이 해결하는 일련의 대립적 요소들
2. '구조화된 부재'; 즉 영화에서 암시되었지만 삭제된 요소들. 그 결과

이것들은 영화의 전체적인 의미의 어떤 요소들을 결정하는 부재한 원칙으로 기능한다.

3. 욕망의 포기; 결국『카이예』편집자들은 링컨 자신은 힘이 없다는 것을 발견한다. 그는 단지 자신보다 더 큰 힘의 통로일 뿐이다.

우리는 이것을 한 번에 하나 씩 차근차근 점검할 것이다.

일련의 대립적 요소들

신화의 차원에서, 레비스트로스의 신화 연구에서 중심이 되는 방법론에 따라,『카이예』저자들은 링컨의 신화적 위치를 갈등을 해결하는 그의 능력 측면에서 이해했다. 갈등을 해결하는 그러한 능력 — 정확한 답을 아는 능력 — 은 영화의 첫 장면에서 영화를 여는 시로 제시된다. 링컨의 돌아가신 어머니의 목소리를 취한 이 시는 그녀의 아들이 어떻게 되었는지 묻는다. 그의 키가 자랐는지? 그가 성공을 했는지? 이처럼 시는 관객에게 질문을 던진다. 에이브가 어떻게 될 것인지? 그 질문에 대해 관객은 이미 답을 가지고 있다. 우리는 그가 대통령이 될 것을 안다. 따라서 영화는 저자들이 **가장된 막연함**이라고 명명한 것을 처음부터 실행한다. 즉 영화는 대답이 있는 질문, 우리가 이미 답을 아는 질문에 대해 답을 **모르는** 척 하는 것이다. 그래서 영화가 제기하는 질문이나 문제에 대한 답은 거의 마법에 의한 것처럼 운명적인 해결, 운명에 의해 대답이 주어지는 문제로 경험되게 되는 것이다.『카이예』저자들은 링컨의 운명적이고, 자동적이고, 타고난 위대함, 이것을 영화의 이데올로기적 기능이라고 부른다.

■ 블랙스톤 법률 해석집은 마치 운명처럼 링컨에게 전달된다. 그것은 물건 값을 갚을 수 없는 농가의 무능력에 대한 해결책이다 (이

가족이 나중에 서사의 중심역할을 한다).

■ 그는 막대기가 떨어지는 것을 근거로, '영웅을 예정된 운명에 맡기는' 마법적 사건을 근거로, 커리어를 ― 마을에 머물 것인가, 아니면 떠나서 변호사가 될 것인가? ― 정한다.

■ 원고의 사건 ― 재산에 대한 분쟁 ― 은 그가 이 사건에 개입된 어떤 쪽을 선택하지 않고도 해결된다. 오히려, 법이 그를 대신해서 선택을 해준다. 이번에도 갈등이나 문제가 마술처럼 해결된다.

■ 파이 선발 콘테스트에서 링컨이 선택하는 순간은 생략되어 그가 선택하는 모습은 보이지 않는다. 오히려, 항상 그를 위해 선택을 해주는 것은 (그리고 그를 선택하는 것은) 운명이다.

■ 영화의 중심 서사가 펼쳐지는 살인 사건에서 링컨은 두 피고인 중한 사람을 선택하기를 꿋꿋하게 거부한다. 살인 사건 재판의 해결은 속담에 나오는 마술사의 토끼처럼 링컨의 모자에서 마술처럼 끌려나온다. 천체의 운행을 기록하는 달력이 해답을 공개하여, 이번에도 마치 링컨이 미리 예정된 영원한 힘에 의해 해결책을 찾은 것을 입증하는 듯 하다. 따라서 이것은 영화를 구성하는 중요한 요인 ― 예정, 선택할 필요가 없음 ― 이다.

구조화된 부재

더 민감한 ― 그리고 더 이해하기 어려운 ― 점은 『카이예』 저자들이 사용하는 '구조화된 부재'라는 개념이다. 영화에는 암시가 되지만 덮고 넘어가는 요소들 ― 노예제도, 정치, 섹슈얼리티 ― 이 있다. 그러나 이 개념들은 영화에서 부재하는 것으로 되어 있지만 여전히 영화에 힘을 발휘한다.

무엇보다도, 영화는 정치보다는 도덕을 선호하고 있음을 밝히고 따라서 정치는 구조화된 부재이다. 영화 초반부의 선거구 연설에서 링컨이 공화당 정치철학 ― 보호주의와 국립은행 ― 을 선호함을 표명하지만 이 정책은 더 이상 기능을 하지 못한다. 오히려 정치는 도덕적인 면에서 확립된 법에 대한 신념, 즉 옳고 그름의 차이에 의해 대치된다. 이번에도 이 도덕성의 기반은 링컨이 선택을 할 필요가 없는 것이다. 왜냐하면 이 영화에서 옳고 그름의 도덕적 차이는 영원하며 미리 정해진 것이기 때문이다.

영화에는 링컨이 그의 대통령직에 중심이 되는 정치적인 이슈이며 공화당의 기원이라 할 수 있는 노예제도를 언급하는 장면이 짧게 단 한 번 나온다. 그러나 이런 이슈 또한 분열의 이슈이기 때문에 이것도 링컨의 통합능력이 강조될 수 있도록 영화의 구조화된 부재에 편입된다. 영화는 잠재적으로 분열적인 성향이 있는 정치적 인물로 링컨을 제시하기를 거부하고, 영원하고 예정된 공화당의 도덕관 뒤에서 국가를 통일하는 그의 도덕적 힘을 옹호한다.

『카이예』 저자들은 이러한 분석을 확장하여 영화 속에 법의 구조화를 포함시킨다. 그것은 링컨의 어머니라는 인물과 언제나 연결되어 있다. 그러나 링컨의 어머니는 부재하고 그녀의 유일한 말은 무덤 너머에서 낭송되는 시 뿐이다. 그러나 부재한 어머니는 영화 내내 여러 명의 인물에 의해 대치된다. 앤 러틀레지(링컨의 '진정한 사랑')와 두 피고인의 어머니인 클레이 부인이 그들이다. 중요한 것은 그가 법관의 길을 가려는 추진력을 얻는 것도 바로 이들을 통해서라는 점이다. 앤의 무덤 옆에서 그는 변호사가 되려는 결심을 하고, 그가 처음 블랙스톤 법률 해설집을 받는 것도 클레이 부인으로부터이다. 게다가 여성-자연-법에 대한 등식 (그림 1.8)이 성립된다고 『카이예』 저자들은 지적한다. 왜냐하면 링컨은 여자들을 통해 법을 받을 뿐 아니라, 자연과의 교감에서 법을 이해하기 때문이다. 그는 강둑에서 앤 러틀레지와 함께 있는 동안 나무 밑에 앉아 블랙스톤 법률 해설집을 읽는다. 영화는 법이 자연 안에서, 자연에 의해 발생하는 것이라는 것을 말하는 것 같다. 그리고 그것의 기원은 여성이다.

링컨, 여성, 그리고 어머니 사이의 연관은 앤의 죽음 이후 링컨이 모든

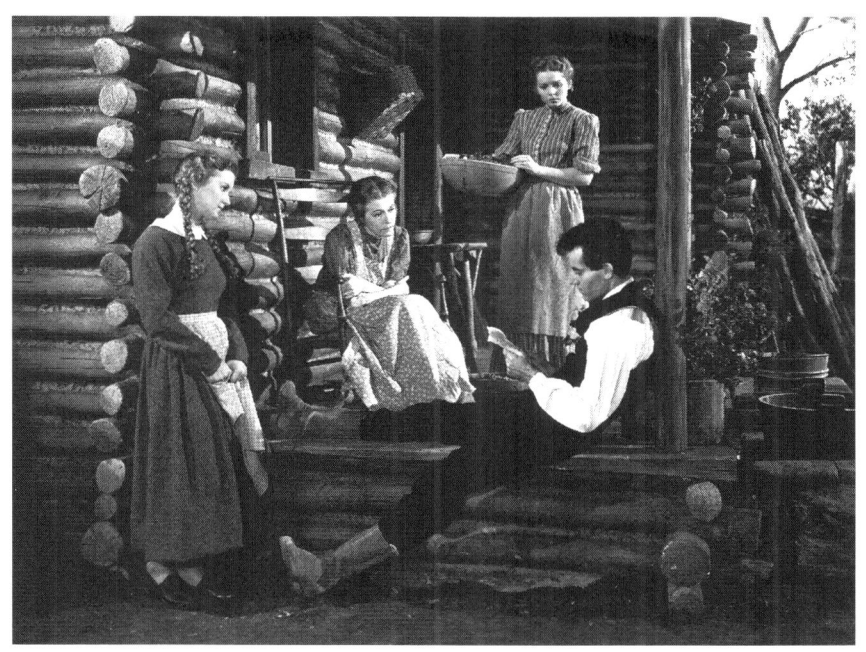

그림 1.8 '여성-자연-법': 〈영 미스터 링컨〉에서 클레이 부인(앨리스 브래디)과 그녀의 딸들과 함께 한 링컨(헨리 폰다).
출처: 코발 콜렉션 제공. 20세기 폭스사.

성적 욕망을 멀리한다는 점에서 더욱 중요성을 띤다. 그의 이러한 성향은 그가 메리 토드(나중에 그의 아내가 되지만 영화에서는 다루어지지 않는다)와 대화하는 발코니 신에서 더 뚜렷하게 표현된다. 그는 그녀에게서 몸을 돌려 강에 매료된다. 물론 강은 앤을 연상시킨다. 부재한 여성-어머니는 링컨에게 어떠한 성욕도 거부함으로써 자신의 힘을 과시한다.

욕망의 포기

링컨의 성욕 포기는 『카이예』 저자들의 가장 논쟁이 되는 주장으로 연결된다. 그것은 링컨이 "남근을 소유한 것이 아니라, 그 자신이 남근이다"(1976: 517)라는 주장이다. 라캉의 정신분석 (Lacan 2006b를 보라) 이론을 끌어오면서 저자들은 링컨이 남을 거세시킬 뿐 아니라(그는 **남근**을 소유했다), 자신이 거세당한 존재이다 (그는 남근이다)고 주장한다. 다시 말하자면 영화는 링컨의 **남성적 힘**을 확립하려고 노력한다. 여러 경우에서 그는 소동을 잠재우기 위해 완력에 의존한다. 원고가 치고 박는 것을 막기 위한 경우가 그 예이다. 그는 통나무 쪼개기 시합에서 힘을 과시한다. 그리고 그는 폭도들이 감옥을 공격하려고 할 때 그들을 해산시킬 힘이 있다. 이것은 모두 링컨의 거세시키는 능력의 사례이다. 그러나 그는 또한 본질적인 연약함에 시달리기도 한다. 선택에 있어서의 우유부단함, 자신의 운명을 좌우하는 신적이고, 마술적인 힘에 의존하는 것이 그것이다. 모든 경우 이런 힘들은 여성에게서 나온다. 법 자체도 여성들에 의해 그에게 전해지며 재판에서의 궁극적인 승리도 클레이 부인이 그에게 준 달력에 의해(달력은 또한 자연의 힘의 대역이다) 그에게 전달된다. 이런 시각에서 보면 링컨은 단지 그를 거세당한 존재, 따라서 성적인 면이 배제된 존재로 규정하는 법, 여성적인 법의 통로일 뿐이다.

　　남을 거세시키면서 동시에 거세된 자로서의 링컨의 위치는 〈영 미스터 링컨〉이 스스로의 자본주의 이데올로기의 한계를 드러낸다는 주장을 할 때 『카이예』 저자들이 근거로 삼는 핵심이다. 링컨이라는 인물은 아무 역할을 못하는 무능함 ― 영원한, 여성적인, 공화당의 법이 표출될 수 있는 단순한 통로서의 역할 ― 혹은 법의 마지막 보루로 힘의 위협을 이용하는 비이성적이고 위협적인 폭력 사이에서 비틀거릴 뿐이다. 저자들의 주장에 의하면, 영화의 마지막에 "그는 참을 수 없는 인물이 된다"(그림 1.9).

『카이예』에 실린 글은 영화이론 역사에서 여전히 가장 영향력 있는 논문 중의 하나이다. 영화 텍스트의 표면 아래를 파고들어가는 구조주의적 방법론이 탁월한 이 논문은 라캉의 정신분석학에 과도하게 의존한 것으로 인해 논쟁을 불러일으키기도 했다. 그럼에도 불구하고 이 논문은 문화적이고 정치적인 의미를 생산하는 영화의 심층구조를 지적한 기념비적 논문으로 남아 있다.

브라이언 헨더슨(Brian Henderson)「〈수색자〉: 미국적 딜레마(*The Searchers: An American Dilemma*)」

(『필름 쿼털리(*Film Quarterly*)』34권 2호(1980-81년 겨울호)에 처음 발표됨. 빌 니콜스 편의 『영화와 방법』제 2권에 수록 [Henderson 1985]. 모든 인용문은 니콜스의 책에서 따옴.)

〈새〉에 대한 레이먼드 벨러의 글이 1969년에, 〈영 미스터 링컨〉에 대한 『카이예』의 글이 1970년에 발표된 반면, 존 포드의 또 다른 영화 〈수색자(*The Searchers*)〉(1956)에 대한 브라이언 헨더슨의 글은 10년 후인 1981년에 발표되었다. 또한 『카이예』 글에 대해 논란을 벌였던 주요 논객이었던 헨더슨은 그 글이 방법론에 있어서 영화 연구에 구조주의를 적용하는 것의 문제점을 보여준 논문이라고까지 주장하였다 (Henderson 1873; 1973-74를 보라).

〈새〉에 대한 벨러의 분석이 역사적 상황의 고려로부터는 비교적 자유롭고, 『카이예』 분석은 역사적 요인을 제한적으로 인정하여 고려한데 비해, 브라이언 헨더슨의 읽기는 역사 문제에 상당한 관심을 기울인다. 많은 면에서 그의 글은 〈수색자〉가 제작되고 개봉된 특정 역사적 시기를 설명하려

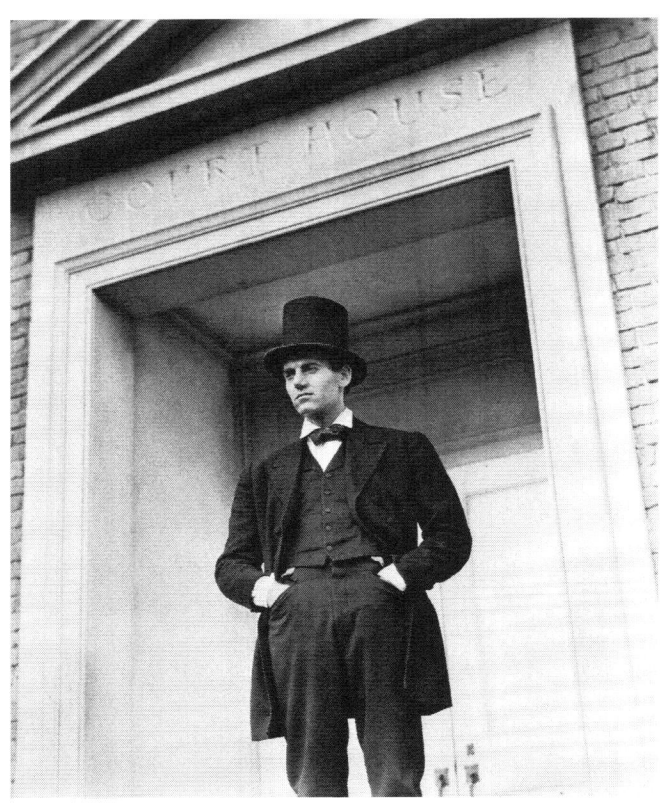

그림 1.9 링컨 ― '참을 수 없는 인물'인가?
출처: 코발 컬렉션 제공. 20세기 폭스사.

는 시도이다. 글의 제목인 '미국적 딜레마'는 거나 머달(Gunnar Myrdal)
의 책『미국적 딜레마』([1944] 1962)를 가리키는데, 이 책은 미국에는 미국
특유의 지속적인 딜레마, 즉 흑백 불평등의 딜레마가 있다고 주장한다. 우
리는 헨더슨의 글에서 구조주의적 방법론의 몇몇 증거를 벌써 볼 수 있을
것이다. 표면적으로 〈수색자〉는 백인과 북미 원주민 사이의 갈등을 다룬
영화이지만 심층적 차원에서 ― 구조의 차원에서 ― 영화의 의미는 백인과
흑인간의 갈등의 이야기라는 사실에 있다. 우리는 흑인을 〈수색자〉에서

'구조화된 부재'라고 부를 수 있을 것이다.

한 가지 차원에서 헨더슨은 〈수색자〉의 내용과 레비스트로스와 같은 인류학자들이 연구한 친족관계, 인종, 결혼, 종족 관계 등의 주제와의 유사성을 공공연히 지적한다. 그리고 헨더슨의 읽기는 그가 사회적 갈등을 화해시키려는 신화로 이 영화를 취급한다는 점에서 레비스트로스적 방법론에 많은 영향을 받았다. 〈수색자〉의 사회적 갈등의 중심 — 백인과 인디언의 대립 — 에서 헨더슨은 모든 것을 포괄하는 하나의 대립항을 발견한다. 그것은 데비 에드워즈(나탈리 우드[Natalie Wood])와 마틴 폴리(제프리 헌터[Jeffrey Hunter]) 간의 대립항이다. 데비는 인디언 부족에 의해 '입양'된 백인 여성이고 마틴은 백인 가족에 의해 입양된 인디언 혼혈이다. 따라서 이 영화는 종족간의 교환이 있는 영화로 읽혀질 수 있다. 백인이 인디언 부족에 통합될 때 어떤 일이 일어나며, 인디언이 백인 사회에 동화될 때 어떤 일이 일어나는가? 헨더슨은 인디언과 백인간의 대립을 또 다른 차원에서 다시 질문함으로써 이 질문들을 한층 더 복잡하게 만든다. 가장 본질적인 대립항은 **혈통상의 친족관계**와 **입양**에 의한 **친족관계** 간의 대립항이다. 마틴과 데비 모두 그들이 이제 살게 된 사회에서 '순혈'을 갖지 못하게 되었다. 이럴 때 사회는 순혈이 아닌 구성원들을 어떻게 취급해야 하는가?

영화 자체가 이런 질문들을 다룰 때 이런 질문들을 심오하고 모호하게 발설하는 한명의 캐릭터가 있는데, 그는 바로 이든 에드워즈(존 웨인[John Wayne])이다. 이든은 마틴이 에드워즈 가족에 소위 동화되었다고 하는 사실을 심히 의심스러워한다. 이런 의심은 영화 초반부에 가족 식사 자리에서 그가 마틴을 맞아들이기를 못마땅해 하는 데서 가장 분명하게 드러나며, 그는 가끔 그를 '멍청이'나 '잡종'이라고 부르면서 영화 내내 마틴을 놀린다. 그러나 동시에 그는 마틴이 이웃 가족의 백인 딸인 로리 조겐슨과 결혼하는데 반대하지 않는다. 데비에 관해서 말하자면 그녀의 피가 인디언 부족과 섞여서 더럽혀졌기 때문에 영화 내내 이든은 그녀를 죽이려고 애쓴다. 언젠가 그는 "그 애는 인디언 놈과 살았어!"라고 외친다. 그러나 이번에도 영화의 마지막에 그는 데비를 살려서 백인 사회로 되돌려 놓는다. 이든이라는 캐릭터 속에 〈수색자〉에서의 인디언과 백인 관계의 딜레마가 농축되어 있는 것이다.

그러나 헨더슨은 〈수색자〉가 단지 **표면적으로만** 인디언과 백인의 관계에 대해 다루고 있다고 주장한다. 표면적인 스토리는 영화의 핵심에 있는 진정한 딜레마, 즉 미국 사회에서의 흑백 관계를 은폐하는 역할을 한다는 것이다. 헨더슨은 왜 이렇게 생각을 할까? 그가 영화를 이런 식으로 읽는 것은 영화가 제작되던 당시 미국 사회가 직면한 중요한 정치적 문제 중 하나가 흑백관계였기 때문이다. 더 구체적으로 말하면 1954년 5월 17일 **브라운 대 토피카 교육부** 사건에 대한 대법원 판결로 인해 이런 이슈는 국민적 의식의 첨단에 있었다. 이 판결은 학교에서의 흑백 학생의 분리가 위헌임을 선언했고 따라서 미국 사회에서의 인종 비분리정책으로 가는 길을 닦아 놓았다. 대법원 판결을 즉각적으로 완전히 시행하는 것이 심각한 시민의 불안으로 이어질 것을 정부가 우려했기 때문에 대중들의 토론을 촉진하기 위해 판결의 시행은 일년 동안 연기되었다. 따라서 1954년에서 1955년 사이 — 〈수색자〉가 기획되고 제작되던 바로 그 시기 — 인종 비분리정책과 흑백 관계는 미국에서 뜨거운 공적 이슈였다.

헨더슨은 이 시기(1954–55)에 시나리오에 가해진 중요한 변화를 적시하고 있다. 왜냐하면 앨런 르메이(Alan LeMay)가 쓰고 1954년에 출판된 소설 『수색자』와 완성된 영화 버전의 스토리 사이에는 매우 중요한 차이들이 있기 때문이다. 가장 중요한 차이들은:

- 소설에서 마틴은 100퍼센트 백인인데 비해 영화에서는 체로키의 피가 8분의 1 섞였다.
- 영화에서는 마틴이 인디언 캠프에 잠입하여, 추장인 스카를 죽이고, 데비를 풀어준다. 그러나 소설에서는 다른 순찰대원과 함께

가서 데비가 이미 사라진 것을 발견한다.

■ 영화에서는 이든이 데비를 찾아서 구해준다. 반면, 소설에서는 이
든이 전투 중 사망한다. 한편, 데비가 소설에서는 영화에서처럼
스카의 아내 중 한 사람으로 묘사되지 않는다. 끝으로, 소설에서
는 소설의 결말 부분에서 마틴이 데비를 찾아내어 마치 그녀에게
사랑의 행위를 할 것처럼 그녀를 포옹한다. 소설에서 로리 조겐슨
은 한참 전에 다른 남자(찰리 맥코리)와 결혼했다. 이처럼 영화의
결말은 소설의 결말과 상당히 다르다.

영화 〈수색자〉는 이처럼 소설과 달리 **혈통에 의한 친족관계**와 **입양에 의한
친족 관계**의 대립항을 강조한다. 혈통에 의한 인척관계를 지지하는데 혈안
이 된 사람은 주로 이든이며, 그래서 그가 데비를 죽이려고 하고 마틴을 계
속 놀리는 것이다. 이든은 입양에 의한 인척관계를 인정하기가 너무나 힘
들다. 그렇기 때문에 "이든이 인척관계, 그것의 의무, 특권을 결정하는데
문자적인 혈통을 고집하는 것은 역사적으로 분리주의자와 백인 우월주의
자의 입장이다"라고 헨더슨은 주장한다 (1985: 446). 따라서 이든의 입장
은 브라운 결정에 반대하는, 그래서 흑백의 동등권을 인정하는데 반대하는
미국인들의 입장과 일치한다. 헨더슨은 다음과 같이 결론을 내린다.

> 인종차별주의는 언제나 부도덕하고 비민주적이었지만 브라운 판결
> 은 그것의 근본적인 제도 몇 가지를 불법이라고 규정했다… 브라운
> 판결 이후 입양에 의한 친족관계의 가능성을 반대하고 혈통에 의한
> 친족관계만 주장하는 사람은 법의 테두리 바깥에 놓이게 되었다. 따
> 라서 영화의 마지막에 이든이 커뮤니티에서 배제되는 것은 무의식
> 적인 구조에 의해 이미 결정이 된 것이다.
>
> (1985: 447)

헨더슨이 영화의 '무의식적 구조'라고 부르는 것 ― 미국 사회에서 흑백 간
의 대립이라는 구조화된 부재 ― 은 그의 구조주의적 방법론의 산물이다.

그러나 동시에 헨더슨에게는 영화의 모든 것이 통합된 전체 속에 깔끔하게 설명되고 포함되지 않는다. 오히려, 비록 이든이 인종차별주의자, 혹은 적어도 미국 남부의 인종차별주의 태도를 대표하는 사람으로 밝혀진다 하더라도, 그럼에도 불구하고 그는 여전히 영화에서 우호적으로 묘사되고 있다. 의심할 여지없이 그는 이 영화의 주인공이다. 그는 미움을 받는 인물이 아니며, 그의 동기와 신념의 어렵고 모순적인 면을 인정한다 해도 그는 큰 사랑을 받는 인물이다. 헨더슨의 주장에 의하면 우리가 이든에게 가진 호감은 영화의 가장 훌륭한 특징 중 하나이며, 이든은 미국이 1950년대 중반에 브라운 판결을 둘러싸고 겪었던 복잡한 상황과 갈등을 포괄적으로 대표한다.

마지막으로, 〈수색자〉는 여전히 궁극적으로는 불균형에 기반을 두고 있다. 영화는 유색인이 백인 사회에 동화되는 것을 용인할 수 있다고 효과적으로 선언하지만 ― 마틴의 경우처럼 ― 어떠한 상황에서도 백인이 유색인 사회에 동화된다는 것은 묵인될 수 없다. 즉 데비에게 남겨진 유일한 선택권은 백인 사회로 돌아오거나 제거되는 것이다. 스카의 부족에 사로잡힌 다른 백인들이 미친 상태가 된 것은 유색인 사회에서 백인에게 닥칠 수 있는 유일한 귀결이 전적으로 부정적이라는 것을 지적해준다. 게다가 백인 사회에 수용되기 위해서 마틴은 유색인 사회에서와의 모든 연관성을 포기했다는 것을 입증해야만 한다. 자신이 '완전히 백인'이라는 것을 증명해야 하는 것이다.

〈새〉에 대한 벨러의 글이나 〈영 미스터 링컨〉에 대한 『카이예』 글처럼 헨더슨도 〈수색자〉로부터 민감한 소재를 풍부하게 캐내고 있다. 이 장에서 논의된 모든 글이 그렇듯이 헨더슨이 내린 결론은 논의하는 영화나 시퀀스의 명백하거나 '의식적인' 이해에 기초한 것이 아니다. 오히려, 구조주의는 더 깊은 차원의 이해를 끌어내려는데 목적이 있으며, 그 차원은 영화 자료에 대한 우리의 공공연하거나 의식적인 이해와 상충될 수도 있다. 이런 발견들은 진정한 과학적인 기호 체계와 의미 체계는 사물의 표면 밑에 묻혀 있는 것이라는 구조주의적 신념과 일치한다. 왜냐하면 사물이 구조화되는 결정적인 방법을 발견하려면 표면 밑을 파고 들어가야만 하기 때문이다.

영화에 대한 구조주의적 접근은 영화이론에서 20년 혹은 그 이상의 트렌드를 설정했다. 표면 밑에 있는 영화의 의미를 발견하려는 노력, 표면적 재현에 가려져서 영화 내부에 숨겨져 있을지도 모르는 영화의 구조적 논리에 대한 추적, 영화의 내밀한 구조적 축을 구성할 만큼 역사적으로 충분히 의미가 있는 상징적 의미를 발굴하려는 충동, 이런 것들이 구조주의가 영화이론에 가져온 위대한 공헌들이다.

용어 해설

- **교차/평행 편집:** 영화의 초기에 두각을 나타내게 된 숏/역숏 편집 시스템. 시간적 공간적으로 분리된 두 개의 행동들이 한 장면의 행동에서 다른 장면의 행동으로 왔다 갔다 함으로써 병치될 수 있다.
- **구조주의:** 사회형성의 심층구조를 밝히려고 했던 지적인 운동. 이 운동의 중심 기조는 사회가 구체적, 내재적 진리에 기초한 것이 아니라 차이의 체계를 통해 구축되었다는 것이다. 이 운동은 언어란 개별 단어간의 차이의 체계에 의해 구축되었다고 주장한 언어학자 페르디낭 소쉬르의 기초 위에 구축되었다.
- **남근:** 프로이트에게, 그리고 더 중요하게는 라캉에게, 남근은 기관(즉 음경)이 아니라 기표이다. 오이디푸스 콤플렉스 전단계에서 아이는 어머니의 음경 부재를 보완하려는 노력에서 남근이 '될' 수 있다. 즉 아이는 어머니를 위해 남근이 '될' 수 있다. 남근 단계에 이어 오이디푸스 콤플렉스가 해소되면 남근은 주체를 욕망의 회로와 관련된 위치에 놓는 기표의 역할을 한다.
- **신화:** 구조주의 인류학자 클로드 레비스트로스는 원시사회가 다른 방법으로는 해결될 수 없는 문제나 분열을 해결하는 방식이 신화라고 선언하면서 복

잡한 신화이론을 개발했다. 롤랑 바르트는 레비스트로스의 발견을 현대사회로 확장하여 신화가 사회적 모순을 중립화시킨다는 점에서 이데올로기적이라고 주장했다 (Barthes 1972를 보라).

- **오이디푸스 콤플렉스:** 원래 지그문트 프로이트가 공식화한 것으로서 정신분석 이론의 주요 콤플렉스 중 하나. 일반적으로 이것은 어머니에 대한 아들의 욕망을 아버지가 차단하기 때문에 그가 아버지를 미워하고 어머니를 사랑하고 욕망하게 된다는 무의식적 갈등을 남자 아이의 시각에서 묘사한다. 이 콤플렉스는 남자 아이가 아버지의 권력에 복종하고 어머니의 사랑보다 아버지의 우선권을 허락해야겠다고 깨달을 때 '해소'된다.

- **징후적 읽기:** 마르크스주의 철학자 루이 알튀세르가 사용한 용어로서 그는 프로이드와 마르크스주의 이론을 결합하여 사회 구조가 피상적인 외양에서는 찾아 볼 수 없는 (이것이 '구조적 부재') 심층의 숨겨진 차원의 영향력에 의해 종종 결정된다고 주장했다. 따라서 사회는 숨은 징후에 관심을 기울임으로써 이해될 수 있다. 이 징후들은 공식적 담론에는 나타나지 않지만 정신분석 이론에서 무의식이 우리의 의식적 생각과 행동에 영향을 미치는 것처럼 그 담론에 영향을 미친다.

- **텍스트 분석:** 글로 된 텍스트뿐 아니라 회화, 광고, 영화와 같은 다른 미디어를 분석하는 방법. 여기서는 작품의 물질적 증거(단어, 선, 편집 패턴)에 세심한 관심을 기울이는 한편 역사적 맥락이나 상호텍스트적 참조와 같은 다른 요인은 경시된다. '텍스트 분석'은 또한 '정신분석'에 직접적인 충성을 선언한다.

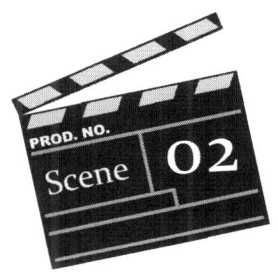

장치 이론

_ 장 루이 보드리와 크리스티앙 메츠

영화학에서 구조주의 혁명이 일어난 동기 중 하나는 영화의 정치학의 토대를 세우려는 욕망이었다. 마르크스주의 철학자 루이 알튀세르의 영향은 이점에서 과소평가될 수가 없다. 왜냐하면 1960년대에 그가 마르크스주의 쟁점들을 재구성한 것이 특히 프랑스와 영국에서 영화이론이 확장될 수 있는 템플릿 역할을 했기 때문이다. 알튀세르는 특히 **이론**이라는 용어를 강조했다. 자신의 글에서 그는 마르크스주의 지식인의 작품에는 사회와 정치에 대한 이론적 접근이 정치적 행동을 구성하는 필요불가결한 요소가 되어야 한다고 주장한다. 다시 말하자면, 알튀세르가 보기에는 이론이 실제 정치의 발꿈치를 따라가는 것이 아니라, 실제 정치가 우선 이론의 인도를 받을 때에만 효율적이 될 수 있는 것이다. 영화이론가들은 이런 도전 또한 받아들였다. 영화의 이론은 사실이 있고난 後에 영화와 영화제작에 대해 논평하는 것이 아니라 새로운 영화형식과 영화제작의 새로운 접근방법을 알려주고 인도하는 쪽으로 조정되어야 한다.

　　많은 영화이론가들이 달성해야 할 노력의 성질 ― 정치적인 영화를 정의하려는 노력 ― 에 대해서는 의견의 일치를 보았지만 정치적인 영화가 정확히 어떤 성격을 띠어야하는지에 대해서는 강하게 의견을 달리했다. 영화 정치학에 대한 격한 논쟁이 프랑스 저널인『시네티크(*Cinethique*)』,『카이예 뒤 시네마』그리고『포지티프(*Positif*)』에서 벌어졌다. 이 시기에『시네티크』에 실린 가장 유명한 (혹은 악명 높은) 글은 1970년에 발표된 장 루이 보드리(Jean-Louis Baudry)의『기본 영화장치의 이데올로기적 효과(*Ideological Effects of Basic Cinematographic Apparatus*)』일 것이다. 그 논문에서 가장 눈길을 끄는 점은 할리우드의 투명한 스타일을 비난한 내용이다. 보드리가 보기에 할리우드 스타일에 명백하게 반기를 드는 영화형식만이 부르주아 이데올로기를 무시하고 사회적 혹은 정치적 변화를 가져올 수 있다는 것이다. 우리는 이 장에서 현대 영화이론의 가장 영향력 있는 글 중 하나인 크리스티앙 메츠의「상상적 기표(Metz 1982)」를 살펴보기 전에 보드리의 글을 자세히 논의하려고 한다. 마지막으로는 영화 사례 연구로 〈사랑은 비를 타고(*Singing in the Rain*)〉(도넨과 켈리, 1957)을 검토한다. 보드리와 메츠의 글은 실제 영화를 길게 논의하지 않는 것으로 약간 악명이 높기 때문에 이 장에서 사례 연구를 소개하는 것은 그들의 글이 영화 사례에 어떻게 적용될 수 있을지를 보기 위함이다.

장 루이 보드리, 「기본 영화장치의 이데올로기적 효과」

(1970년『시네티크』7–8에 처음 발표. 빌 니콜스 편,『영화와 방법』제 2권[Baudry

1985]에 수록. 모든 인용은 이 책에 따름.)

'기본 영화장치'에 대한 보드리 글의 명백한 목적은 기존 할리우드 영화 스타일을 비판하는 것이다. 연속성과 **투명성**에 기초한 할리우드 스타일의 테크닉이 보드리가 '기본 영화장치'의 속성이라고 부르는 것들이다. 그런 다음 보드리는 할리우드 스타일을 이데올로기적이라고 지칭한다. 이런 스타일을 이데올로기적이라고 하는 것은 어떤 의미인가? 보드리의 글은 「이데올로기와 이데올로기적 국가 장치」에 대한 알튀세르의 매우 중요한 글과 같은 해에 발표되었으며, 보드리는 알튀세르가 의도한 의미로 이데올로기라는 용어를 쓴 것으로 이해될 수 있다.

　　이데올로기에 대한 알튀세르의 논지에서 네가지 중요한 점을 취할 수 있다. 이것들은 영화장치에 대한 보드리의 접근을 이해하는데 필수적일 뿐 아니라 1970년대 동안에 영화이론이 알튀세르에 왜 그토록 매료되었는지를 설명하는데도 필요하다. 네 가지 점을 살펴보자.

　　1. 이데올로기적 국가 장치는 억압적인 국가 장치와 다르다. 억압적인 국가장치는 법과 질서를 집행하고 공적 서비스의 원만하고 정중한 시행을 보장하는 우리가 쉽게 알아볼 수 있는 정부 기관과 제도들이다. 가령, 경찰, 사법기관, 감옥, 정부 자체(중앙과 지방정부)가 그것이다. 이데올로기적 국가 장치는 법와 질서를 보장한다는 명분하에 명시적으로 허가를 받지는 않았지만 그럼에도 불구하고 법과 질서의 기능을 강화하는 기관이라는 점에서 억압적인 국가 장치와 다르다. 학교는 알튀세르가 좋아하는 사례 중 하나이다. 학교는 배움, 계몽, 자유로운 사상의 장소로 일반적으로 간주되지만, 학교의 중요한 기능 중 하나는 '훌륭한 시민'을 생산하는 것이다. 즉, 학교는 바른 행동을 할 줄 알며, 중요하다고 생각되는 것이 무엇인지 배우며, 옳고 그름의 차이를 습득한 아이들을 생산한다. 알튀세르에 의하면, 어떤 경우라도, 학생들에게 전달된 그 가치들은 지배계층의 계속적인 강화를 보장하는 지배적이고 부르주아적인 가치들이다. 따라서, '영화장치'에 대

한 보드리의 주장에 핵심적인 것은 영화 자체 — 적어도 할리우드 형식에서는 — 가 이데올로기적 국가 장치, 지배 부르주아 계층의 힘과 특권을 지지하는 장치라는 것이다.

2. 이데올로기는 개인과 그들의 실제 존재 조건 사이의 상상적 관계를 재현한다. 이런 형식화는 복잡한 것이다. 왜냐하면 알튀세르는 이데올로기로 인해 개인의 실제 존재 조건이 상상적이 된다고 주장하지는 않기 때문이다. 오히려 그는 이데올로기로 인해 상상적인 방법으로 재현되는 것은 개인과 실제 조건과의 관계라고 주장한다. 다시 말하면 실제 조건은 바로 개인의 눈앞에 있을 수 있지만 이데올로기가 그 조건을 개인에게 재현하는 방식은 상상적이라는 것이다. 그렇다면 우리는 이것을 해석의 문제로 볼 수도 있다. 이데올로기는 개인이 현실을 상상적 필터를 통해 보듯이 현실을 해석한다.

그런데 알튀세르가 상상적이라고 하는 것은 어떤 의미인가? 이 용어에 대한 영감은 라캉의 정신분석 이론, 특히 그의 '거울 단계'의 개념에서 온 것이며, 보드리는 그의 글에서 이 개념에 광범위하게 의존하고 있다 (Lacan 2006c를 보라). 라캉은 거울단계에 대한 이론에서 6개월에서 18개월 된 인간은 세상의 다른 사람이나 사물과 구별된 개인으로서의 자신에 대한 개념을 발달시킨다고 주장한다. 이런 깨달음은 아이가 자신이 상상하는 몸의 모습, 가령 거울의 이미지로 자신에게 재현된 모습과 자신의 신체에 대해 갖는 느낌이나 감각 사이의 분리로 발생한다. 그러므로 이 분리는 아이가 살고 있는 '실제 몸'과 아이가 갖고 있다고 상상하는 몸, 스스로에게 재현하는 몸 사이에서 발생한다고 이해할 수 있다. 후자의 재현은 몸의 '실제 존재 조건'과 분리된 상상적 재현이라고 말할 수 있다.

알튀세르는 라캉의 거울 단계 이론을 가지고 거기다 이데올로기를 짜넣는다. 이데올로기는 존재의 실제 조건에 대한 상상적 관계를 설정한다. 보드리는 이것을 영화에 적용함으로써 이 개념을 한 걸음 더 발전시킨다. 영화 장치 — 카메라, 영사기, 스크린 — 는 실제 존재 조건이 영화에서 재현되는 방법이다. 따라서 보드리의 주장에 따르면 영화 장치는 실제 존재 조건에 대한 상상적 관계를 설정한다. 이 때문에 영화 장치는 근본적으로 이데올로기적이다.

3. 이데올로기는 개인을 **주체**로 **호명**한다. 직관적으로 볼 때, 여기서의 알튀세르의 주장은 훨씬 더 이해하기가 힘들다. 개인이 주체가 아니라면, 과연 그들은 무엇인가? 그리고 우리가 이데올로기가 있든 없든 모두 주체로 간주될 수 있다면, 개인을 주체로 만드는데 이데올로기가 무슨 상관이 있는가? 이런 질문에 대한 일견 자명한 대답들이 알튀세르의 요점의 일부를 구성한다. 우리가 스스로를 주체로 인식하는 것이 너무나 당연한 것은 그것이 우리 시대의 지배적인 이데올로기이기 때문이다. 인간이 자신을 **주체**로 인식하는 것은 매우 최근에 생긴 일이다 (가령, 지난 2, 3백년 전에 생긴 일이다). 그리고 알튀세르는 인간이 자신을 주체로 이해하는 것은 부르주아, 자본주의 이데올로기의 조건 하에서만 가능한 것이라고 주장한다. 주체라는 범주는 부르주아 계층의 신념과 이익을 지탱하는 범주이다. 왜냐하면 그것이 인간이 무엇인지 이해하는 특별한 하나의 방식이기 때문이다. 이 방식에서는 더 큰 사회적 힘에 의해 결정되는 개인으로서가 아니라 자신의 행동의 결과에 대해 전적인 책임을 지고 감당을 하는 자유롭고, 독립적인 개인으로 그를 이해한다.

이데올로기가 개인을 주체로 **호명**한다는 알튀세르의 선언은 무슨 뜻인가? 알튀세르가 보기에 호명은 인식을 하는 하나의 형식이며 따라서 이데올로기 속에서는 개인이 자신을 주체로 인식한다고 말할 수 있다. 이번에도 알튀세르의 추론이 이상하게 보일 수 있다. 왜냐하면 개인이 이미 주체일 때에만 그가 자신을 주체로 당연히 인식할 것이기 때문이다. 그러나 알튀세르에 의하면 그렇지 않다. 오히려, 개인을 주체로 만드는 것은 이데올로기에 의해 인식되는 과정 자체이다. 다시 말하면 개인은 이데올로기가 자신을 주체로 먼저 인식할 때에야 비로소 자신을 주체로 인식한다.

따라서 알튀세르의 가장 중요한 요점은 개인이 **자동적으로** 주체인 것이 아니라 이데올로기에 의해서만 그렇게 만들어진다는 것이다. 우리는 주체의 이런 범주 — 보드리와 메츠가 '초월적인 주체'라고 지칭한 — 가 영화에서 관객의 위치를 개념화하는데 매우 중요한 것임을 살펴볼 것이다.

4. 이데올로기는 **과학**으로 맞설 수 있다. 알튀세르의 생각대로 만약 이데올로기가 실제 조건에 대한 상상적 관계라면 이 상상적 관계를 무너뜨려 존재의 실제 조건이 드러나도록 할 수 있는 방법은 없는가? 단순히 말해서, 이데올로기가 부르주아 계층의 힘을 지지하는 사회의 요소들로부터 나오는 것이라면 이데올로기와 결별하는 길은 이 힘을 파괴하는 것이다. 그러므로 '존재의 실제 조건'을 드러내는 길은 노동 계층이 부르주아에 의해 착취당하는 방식을 밝히는 것이다. 알튀세르는 이런 착취의 방식을 '생산의 실제 관계'라고 지칭한다. 반면, 이데올로기의 과업은 생산의 실제 관계를 은폐하는 것이다.

알튀세르는 이데올로기를 노출시킬 수 있는 영역 — 이데올로기 '밖'에 있는 영역 — 을 과학이라고 부른다. 그가 그것을 과학으로 부른다고 해서 생물학, 화학, 물리학 등의 학문을 의미하는 것은 아니다. 그가 의미하는 바는 생산의 실제 관계를 이론화하는 것을 과업으로 삼고 있는 마르크스주의, 정신분석학, 철학 — 특히 철학 — 과 같은 인문 과학이기 때문이다. 여기서도 **이론**의 역할은 가장 중요하다. 왜냐하면 생산의 실제 관계에 대한 '과학적 지식'을 추측할 수 있는 것은 바로 사회와 그 구조의 이론적 분석을 통해서이기 때문이다. 이번에도 우리는 보드리가 그의 글에서 이데올로기와 과학의 차이를 활용하는 것을 보게 될 것이다.

위에서 지적한 대로 보드리는 할리우드 영화를 단호하게 이데올로기적인 것으로 본다. 이 말은 알튀세르의 논리를 따라가자면 할리우드 영화가 존재의 실제 조건을 상상적인 방식으로 재현해야 하며, 그러는 과정에서 개인을 주체로 호명해야 한다는 것을 의미한다. 그렇다면 보드리가 보기에 할리우드와 그 영화장치는 어떻게 이 일을 감당하는가? 보드리의 주장에 의하면 영화 장치를 이데올로기적으로 간주할 한가지 중요한 이유가 있으며 그것은 바로 영화 장치가 통일성을 위해 차이를 부인하는 방향으로 조정되어 있다는 점이다. 장치는 세가지 방법으로 이 통일성을 달성한다.

1. '스크린–거울'. 라캉의 거울 단계 이론에서 거울이 아이의 파편화된 몸을 통일하는 것처럼 영화의 스크린도 그것을 응시하는 관객에게 현실에서는 보통 발견할 수 없는 통일성을 제공한다. 보드리에게 있어 (그리고 앞으로 보겠지만 메츠에게도) 영화 스크린은 거울단계에서의 거울과 비슷한 방식으로 기능한다. 보드리는 관객이 영화 스크린 앞에 위치한 것과 거울 단계에서 아이가 거울 앞에 위치한 것의 유사성을 지적한다. 첫째, 관객은 아이처럼 움직일 수 없다. 거울 단계는 대개 아이가 기거나 걸을 수 없을 때 작용하며 영화 관객도 마찬가지로 자리에서 움직이지 못한다. 둘째, 스크린에 대해 관객이 맺는 관계는 일차적으로 **시각적**인데 이것은 아이가 시각적 능력으로부터 자아로서의 위치를 갖는 것과 같다. 즉 어린이는 거울에 비친 모습에 의해 자아에 대한 상상적 관계를 생산한다. 보드리의 주장을 이해하는 열쇠는 영화 스크린이 현실이 아니라 **이미지**를 제공하며 따라서 현실 자체보다는 현실의 **재현**을 제공한다는 것이다. 이것을 함으로써 영화는 존재의 실재 조건을 상상적으로 재현한다. 이것은 이데올로기에 대한 정확한 알튀세르적인 정의이다.

2. **움직임, 연속성과 통일성**. 보드리는 영화가 '객관적 현실'의 변형을 제공한다고 주장한다. 카메라는 '객관적 현실'의 사진 이미지를 기록하며, 이 이미지들이 편집되어 영화 극장에서 영사된다. 이 과정의 모든 단계에서 변형이 일어난다. 카메라는 기록의 장소인 반면, 결과물은 영사이다. 보드리의 주장에 따르면, 그 결과

기록과 영사 사이에 어떤 작용, 완성된 생산물을 결과로 갖게 되는

어떤 작업이 개입한다. 그것이 원 재료('객관적 현실')로부터 단절된 정도에 따라 이 생산품은 일어난 변형을 우리가 볼 수 없게 만든다.

(1985: 533)

영화 장치는 변형의 장치이지만 이 변형의 과정은 보통 은폐되어 있다. 결과물(영사된 영화)은 **제작**의 실제 과정으로부터 돌이킬 수 없게 단절되어 있다. 즉 우리가 할리우드 영화에서 보는 결과물은 그 결과를 제작하는데 포함된 **작업**을 철저히 부인한다.

영화의 변형 과정을 이처럼 부인하는 것은 할리우드 영화의 전통적인 패턴이 그런 결과를 제공했기 때문이다. 영화를 구성하는 많은 프레임, 숏, 신이 다른 장소와 시간에 포착되었다 하더라도 할리우드 영화의 전통은 언제나 영화 짜임새의 통일성을 유지하고, 별개의 이미지와 시나리오를 **유기적 통일체**로 형성해내는 것을 목표로 삼아왔다. 보드리는 이런 유기적 통일체의 원인을 비연속적인 요소에 연속성을 회복하려는 할리우드의 고집 — 연속편집이라고 알려진 — 과 영화의 서로 떨어지고 개별적인 프레임에 움직임의 환상을 회복하는 **시야의 지속성**에 돌린다. 보드리는 "생산된 의미 효과는 이미지의 내용뿐 아니라, 시야의 지속성에 의존하고 있는 **연속성의 환상**이 비연속적인 요소들로부터 복원되는 물리적 과정에 달려있다"고 주장한다 (Baudry 1985: 536). 따라서 영화의 기초는 현실과의 상상계적 관계를 만들어내는 것에 있다. '존재의 실제 조건'은 영화 장치(카메라+편집+영사기)에 의해 발생하는 현실의 변형 과정에 의해 은폐된다. 여기서 말한 보드리의 주장에 바탕을 둔다면 영화장치는 본래부터 이데올로기적이다.

3. 원근 시야와 외눈 시야: 영화 카메라 — 혹은 사진 카메라 — 가 리얼리티의 이미지를 포착하는 전형적인 방법은 15세기에 수학적으로 형식화된 **직선 원근법(perspetiva artificialis)** 이론에 따른 것이다. 원근법 시스템은 2차원 평면에 삼차원을 재현하는 방법으로 그 이후 화가와 건축가들이 널리 사용해왔다. 실제로 삼차원 공간을 묘사하려는 대부분의 컴퓨터

그래픽은 직선 원근법에 의존한다. 원근법 시스템은 3차원의 재현이 단일 지점과 일치하도록 만들기만 하면 2차원 평면에 3차원을 재현할 수 있다는 생각에 기초한다. 이 단일 시점은 이미지의 '**소실점**'이면서 동시에 관객의 눈의 이상적인 위치이다 (Edgerton 1975; White 1972를 보라). 따라서 원근법은 관객이 단일 지점으로 한정되는 시스템이다. 원근법 시스템에서는 보는 주체가 특정 위치, 즉 소실점에 따라 고정된다. 그래서 보는 주체는 하나의 눈의 소실점으로 한정된 외눈이다. 이런 방식으로 원근법 시스템과 그 시스템에 부응하는 광학 기기(그중 가장 으뜸가는 것이 영화 장치인데)는 고립되고 이상화된 주체의 시점을 위해 의도된 시야를 생성한다. 보드리의 주장대로, "그것은 이상적인 시야의 공간을 펼치고 이런 식으로 초월의 필요성을 주장한다"(1985: 534).

영화 장치의 이상화된 시야에 내재된 초월성은 보드리가 **초월적 주체**라고 부른 것으로부터 나온다. 이 초월적 주체는 경험과 몸 밖에 존재하며 무엇보다도 시야의 세계의 중심인 이상화된 주체이다. 한마디로 하자면 연속편집과 원근법과 이상적으로 초월적인 '거울-스크린'이 제공하는 영화는 세계에 대한 이상화된 모습을 만든다. 보드리가 보기에 관객이 보는 것을 이런 식으로 이상화하는 것 자체가 이데올로기적이다. 한마디로, 보드리가 암시하는 바는 영화에서는 모든 타자성, 차이, 다양성이 축소되고 거부된다는 것이다. 그 대신 거기서 제시되는 것은 나에 대해 그리고 나를 위해 통합되고 초점을 맞춘 세계이다. 다시 말하면, 보드리는 영화적 장치가 차이를 거부하고 통일성을 선호함으로써 생산된다고 주장한다.

> 만약 눈이 더 이상의 몸이나, 물질과 시간의 법칙의 방해를 받지 않는다면, 눈이 이동에 있어서 더 이상 어떤 한계가 없다면 ─ 촬영과 영화의 가능성에 의해 실현된 조건 ─ 세계는 이 눈에 의해서 뿐만 아니라 이 눈을 위해 구성될 것이다.
>
> (1985: 537)

영화장치는 개인을 초월적 주체로 호명한다. 영화는 개인을 마치 자신이 세계의 중심처럼 느끼는 자기중심적이고, 자아추구적이고, 자기주장이 강한 개체로 만들어버린다.

그러나 보드리는 할리우드 영화가 만들어내는 극히 부정적인 영화 장치에 맞서는 방법이 있을 것이라 생각한다. 영화 장치의 이데올로기적 기능을 폭로하는 영화들—'객관적 현실'을 스크린으로 변형하는 과정에서 일어나는 작업을 적나라하게 보여줄 수 있는 영화들 — 은 지배적인 할리우드 영화 장치의 이데올로기를 반격할 수 있을 것이다. 보드리는 이렇게 질문을 제기한다. "우리의 질문은 바로 이것이다. 영화장치의 작동이 명백하게 드러나는가, 생산물의 소비가 '지식 효과'를 가져오는가, 아니면 작동이 은폐되어 있는가? 만약 후자라면 생산품의 소비는 명백히 이데올로기적 잉여가치를 수반하게 된다"(Baudry 1985: 533). 그가 보기에, 만약 영화가 장치의 작동을 보여주는데 효과적이면 '지식 효과'를 생산할 수 있을 것이다. 그것은 이데올로기가 아니라 과학이 될 것이다. 우리는 이 장의 마지막에서 이 질문을 〈사랑은 비를 타고〉에 적용해볼 것이다.

크리스티앙 메츠, 「상상적 기표」

(『커뮤니케이션』 23호 (1975): 3-55에 처음 발표됨. 메츠, 『상상적 기표(*The Imaginary Signifier*)[Metz 1982]』에 번역됨)

정신분석과 영화를 특집으로 다루었고, 보드리 또한 '장치'(Baudry 1976)에 대한 글을 발표했던 『커뮤니케이션』의 1975년 호에 발표되었던 메츠의 '상상적 기표'에 대한 뛰어난 글은 보드리가 이야기한 거울 단계, 원근법, 초월적 주체를 취해서 논의를 전개하지만 중요한 차이가 있다. 메츠의 글에는 알튀세르가 없다. 따라서 이 글에서 메츠가 대답하려고 하는 질문들은 보드리가 '영화 장치'에 대한 글에서 답하려고 했던 질문과 근본적으로 다르다. 보드리의 분석은 이데올로기와 과학의 차이, 그리고 알튀세르의 이데올로기 개념을 영화적 언어로 파악하려고 하려는 생각에서 시작되었다. 메츠는 보드리 분석의 이런 면을 완전히 포기하거나 무시하고 대신 프로이드 이론과 그 이론이 영화적 **기표**의 연구에 어떻게 기여할 수 있을까에만 시선을 완전히 고정시켰다.

그렇다면 메츠에게 물을 수 있는 첫 번째 질문은 영화적 **기표**가 무엇인가 하는 것이다. 앞장에서 보았듯이 메츠는 기호학과 언어학에서 나온 범주를 영화연구에 처음으로 적용한 사람 중 하나이며, 그렇게 하는 과정에서 의미를 만들어내는 문어와 구어의 능력과 영화가 의미를 만들어내는 능력을 비교하려고 했다. 메츠가 묻는 일반적인 질문은 언어가 구체적인 기표와 의미화의 특징 — 철자, 단어, 문장, 음소 등 — 으로 구성되어 있다면 영화에는 어떤 특별한 의미화의 특징이 작용하는가이다. 영화기호학에 대한 메츠의 접근은 그러한 노선을 따라 펼쳐졌다. '상상적인 기표'에 관한 그의 글은 이런 연구를 어느 정도 계속 하지만 하나의 포괄적인 질문, 즉 **영화는 무엇을 의미하는가**라는 질문을 큰 틀로 삼는다. 즉, 우리가 영화라고 할 때 그것은 어떤 의미인가? 우리의 일상의 삶과 활동에서 우리가 '영화'를 지칭할 때 우리가 지칭하는 것은 무엇인가?

이런 질문의 틀을 구성하는 것도 정신분석 이론이며, 메츠의 초기 작품에서처럼 구조주의와 언어학에서 나온 요소들이 아니다. 따라서 「상상적 기표」에서 메츠의 명시적인 질문은 "프로이드 정신분석이 영화적 기표의 연구에 어떤 기여를 할 수 있는가?"이다 (Metz 1982: 17). 메츠가 영화에 적용하는 두 가지 중요한 정신분석 개념이 있다. 하나는 프로이드로부터 직접 가져온 개념인 **페티시즘**이고 또 하나는 거울 단계인데 우리가 이미 살펴본 것처럼 자크 라캉이 제기한 개념이다. 그러나 메츠는 이 개념들을 아주 특정한 방식으로 배치한다. 그는 우리가 '영화를 보러 갈' 때 무엇을 기대하는데 익숙해졌는가라는 질문으로 시작한다. 가령 우리가 영화를 볼 때 갖는 (혹은 갖기를 기대하는) 경험은 다른 문화적 활동과 어떻게 다른가? 이런 더 일반적인 질문을 한 뒤에야 메츠는 자신의 탐색을 세밀하게 다듬기 위해 정신분석 이론을 가져온다.

그러므로 첫째 우리가 여기서 해야 할 질문은 우리가 영화를 갈 때 무엇을 경험하기를 기대하는가이다. 메츠는 영화를 보러 가는 경험을 연극을 보러 가는 전형적인 경험과 비교함으로써 이 질문에 대답하려고 한다. 메츠에 따르면 연극을 볼 때 우리가 대개 겪는 경험은 **우리 앞 실제 공간에 놓인 실제 배우와 소품**을 보고 듣기를 기대하는 경험이다. 우리가 보는 연극에서 의자가 연극의 일부이면 대개 진짜 의자, 우리가 원한다면 좌석에서 일어나서 무대로 올라가 만져볼 수 있는 진짜 의자를 무대에 놓을 것이다. 그와 대조적으로 의자가 우리가 보는 영화의 일부라면 우리 앞에는 진짜 의자가 없을 것이다. 오히려 영화는 연극에서처럼 더 이상 **실제**가 아닌 이미지를 우리 앞에 영사할 것이다. 영화는 **이미지, 영사, 빛** 그리고 소리의 재생을 우리에게 제공한다. 우리가 영화에 나오는 의자를 만지려고 하면 우리가 만질 수 있는 것은 빛과 스크린뿐이다. '실제' 의자는 만지지 못할 것이다. 이것이 메츠의 첫 번째 요점이다. 영화에 대한 우리의 경험은 다른 문화 경험의 형식과는 현상학적으로 다르다. 왜냐하면 영화에는 우리가 만질 수 있는 물건이 실제로 없기 때문이다. 대신 영화의 이미지와 소리가 불특정한 곳에서 뿜어져 나온다.

메츠의 주장은 이 첫 번째 요점에서 확장된다. 우리가 연극 공연 중에 무대 위에서 실제 의자를 본다면 그런 의자의 전형적인 기능은 무엇인가? 그 기능은 "무대에 의자가 있다"는 생각을 우리가 하도록 하는 것이 아니다. 오히려 그것의 기능은 그것이 허구적 시나리오의 일부라는 생각이 들게 만드는 것이다. 가령 우리가 관람하는 연극의 허구 속에서 그것은 누군가의 식당에 있는 의자일 수가 있다. 그러므로 그 의자는 우리 눈앞에 있는 실제 물건이면서 동시에 다른 시간과 장소에 위치한 허구적 물체를 지칭한다. 한마디로 말하면 그 의자는 허구적 의자를 지칭하는 실제 물건이다. 영화에서의 상황은 약간 다르다. 분명히 액션과 스토리는 연극에서처럼 '다소간 허구적'일 것이라고 메츠는 쓰고 있다. 그러나 거기에다 "전개 자체가 허구적이다. 장식, 들리는 말도 모두 부재하다"(Metz 1982:44)고 그는 덧붙인다. 따라서 영화에서는 허구적인 물체(영화 자체)가 허구적인 물체(영화의 스토리)를 지칭한다. 어쨌든 그것이 메츠가 영화적 경험의 특수성을 설명하려고 하는 방식이다. 그에게는 "모든 영화가 허구 영화이다"(Metz 1982: 44). 영화의 내용이 허구적이어서가 아니라 영화에서의 제시 방법 자체가 연극과 달리 허구적이기 때문이다. 따라서 메츠에게 있어서 영화는 허구적 기의(그것의 내용)를 제시할 뿐만 아니라 허구적 기표(영화가 영화적으로 형성되는 방식 혹은 수단) 또한 제시한다. 메츠는 영화적 기표의 내재적 허구성을 상상계와 동등하게 취급한다. 영화는 단지 우리에게 상상적인 스토리와 신을 제공할 뿐만 아니라 그런 상상적인 스토리를 우리에게 제시하는 방식 자체가 상상적이다. "영화의 특징은 그것이 재현하는 상상계가 아니라 그것이 처음부터 상상계라는 점이다. 영화를 기표로 구축하는 상상계 말이다"(Metz 1982: 44).

메츠는 왜 '상상계'를 하나의 용어로서 도입할까? 그는 왜 영화적 기표를 그냥 '허구적' 기표라고 부르지 않으려는 것일까? 메츠는 영화적 기표에 대한 자신의 전체 논의를 존재와 부재의 유희를 중심으로 구축한다. 단순하게 말하면 상상계는 부재를 불러내는 능력, 다시 말해서 실제로 거기 없는 것을 거기 있는 것으로 상상하는 능력이다. 모든 허구는 상상계를 불러내는 과정에 가담하지만 메츠가 강조하고자 하는 중요한 점은 영화가 매우 특별한 방식으로 상상계의 능력을 이용한다는 것이다. 우선, 우리는 영화와 연극에서 존재와 부재를 어떻게 다른 방식으로 불러내는지 보았다. 연극은 부재(공연되는 연극의 행동과 장면들)를 지칭하는 존재(우리 앞의 무대에 있는 배우와 소품)이다. 그와 대조적으로 영화는 스스로 부재(스크린에 영사된 빛에 단순한 빛)이면서 이중적으로 부재(영사되는 영화의 행동과 신들)를 불러낸다. 따라서 상상적 세계는, 영화의 이중적 부재는 메츠가 보기에 이중적으로 상상적이다. 영화가 우연히 재현하는 단순한 상상계가 아니라 영화적 기표 자체가 처음부터 상상계인 것이다.

영화가 이중적 부재를 상상적으로 불러내는 것을 통해 메츠는 보드리의 분석에 근거하여 영화 스크린과 거울 단계의 관계를 생각해보게 되었다. 메츠는 보드리가 하는 방식으로 거울 유추를 완전히 인정하지 않으며 한때는 "나는 라캉주의자가 아니다"(Metz 1979: 8)라고 선언하기도 하였다. 메츠의 주장은 영화 스크린이 거울과 비슷하지만 거울 단계의 거울과 혼동해서는 안된다는 것이다. 만약 거울 단계가 아이가 사회로 첫발을 내딛는 단계라면 영화 상영을 하는 동안 관객이 보는 스크린은 이미 구축된 사회 내에 놓여진 거울에 비유할 수 있을 뿐이다. "그래서 이상한 거울이다. 어린 시절 거울 같지만 매우 다르다"(Metz 1982: 49)고 메츠는 쓰고 있다. 실제로 메츠는 영화적 상황을 '사슬로 연결된 일련의 거울-효과'(1982: 51)로 지칭하고 있다.

그렇다면 우리는 메츠가 생각하는 스크린과 거울의 관계를 어떻게 파악할 것인가? 그의 입장을 명료하게 하기 위해 존재와 부재의 차이를 생각해볼 수 있다.

- ■ 거울 단계의 드라마에서 아이의 몸은 존재한다. 반면 아이가 거울에 비친 자신의 이미지를 존재한다고 경험하지만 — 상상적으로 — 거울에 비친 아이의 이미지는 부재하다. 따라서 거울 단계의 상상 효과는 부재한 이미지가 존재하는 것으로 (잘못) 받아들여지는 효과이다.

- 이미 살펴본 것처럼 연극에서는 연극의 액션이나 스토리는 부재한 반면 배우과 세트는 존재한다. 따라서 연극의 상상 효과는 거울 단계에서처럼 **부재가 존재로** (잘못) 받아들여지는 효과이다. 이런 효과는 전통적으로 '불신의 중지'(suspension of disbelief)라고 불려져 왔다.

- 영화에서 스크린 상의 이미지와 사운드는 부재하며 영화의 액션과 스토리도 부재하다. 부재한 이미지는 여전히 존재로 (잘못) 받아들여지지만 이 모든 것은 근본적인 부재의 기반, 영화적 기표를 상상계로 구축하는 부재의 기반 위에 펼쳐진다. 그래서 메츠는 이런 효과를 '불신의 중지'가 아니라 '신념의 배가(doubling of belief)'(이 점은 곧 다시 다루겠다)라고 부른다. 따라서 거울 단계와 연극은 존재를 기반으로 부재를 불러내는 반면 영화의 이미지는 **부재 자체가 부재를 불러낸다.** 영화가 어린 시절의 거울과 같으면서도 동시에 매우 다르다고 역설하는 것은 바로 이런 점 때문이다. 영화는 '일련의 거울 효과'이다.

"상상적 기표"의 많은 부분은 페티시즘이라는 정신분석 개념과 영화의 유사성을 탐색하는데 할애된다. 프로이드가 1927년에 쓴 「페티시즘에 대하여」(Freud 1977b)에 따르면 페티시의 존재는 **반대되는 믿음의 동시적 존재**를 요구한다. 페티시 물체는 특별한 기능이 있다. 그것은 어머니에게 페니스가 없다는 자명한 사실을 은폐하는 물체이다. 페티시 물체 ― 가령 신발이나 옷가지 ―를 활용하면서 페티시스트는 어머니가 페니스를 가졌다는 신념(프로이드에 의하면 어머니가 페니스를 실제로 가졌다는 믿음은 무의식적인 '원초적' 믿음이다)을 견지한다. 그러나 어머니에게 페니스가 없다는 것은 자명한 감각적 사실이므로 페티시스트가 그 사실을 안다 하더라도, 페티시는 믿음의 영역에서 힘을 가진다. 따라서 페티시는 이중적인 역할을 한다. 페티시는 어머니에게 페니스가 없다는 사실(프로이드 이론에 따르면 만약 어머니에게 페니스가 있다면 페티시 물체가 필요 없게 될 것이므로)을 가리키면서 동시에 그것은 페티시스트가 어머니의 페니스의 대치물을 설치할 수 있도록 허용한다. 따라서 페티시는 어머니에게 페니스가 있으면서 동시에 없다는 사실을 의미한다. 메츠는 프로이드를 따라 이런 페티시 상황을 신념의 배가로 지칭한다. 페티시스트는 어머니에게 페니스가 없다는 사실과 동시에 어머니에게 페니스가 있다는 사실을 믿는다. 그리고 이 두가지 신념이 나란히 존재하도록 가능하게 하는 것이 페티시의 기능이다.

메츠는 영화에서도 비슷한 신념의 배가가 일어난다고 주장한다. 영화를 보는 동안 관객은 스크린 상의 액션이 실제가 아니라 상상이라고 믿으면서 동시에 스크린에 펼쳐지는 장면들이 실제라고 ― 무의식적으로, 원초적으로 ― 믿는다. 적어도 메츠가 보기에는 관객은 이 장면들을 신빙성 있는 것으로 받아들이며, 장면들이 신빙성 있다는 것은 영화적 경험의 주된 구성요소이다. 메츠는 궁극적으로 프랑스 정신분석학자이자 라캉의 제자인 옥타브 마노니(Octave Mannoni)가 만든 유명한 공식에 기댄다. 페티시의 기능을 포괄하기 위해 마노니는 "나는 잘 안다. … 하지만 동시에 …"(Mannoni 1969)라는 공식을 고안했다. 진정한 페티시스트에게 이 공식은 어머니의 페니스와 연관된다. "나는 어머니에게 페니스가 없다는 것을 잘 안다. 하지만 동시에 페티시 물체는 어머니에게 페니스가 있다고 내가 믿는 것을 허용한다." 메츠가 보기에 이 공식은 영화에 적용될 수 있다. "나는 내 앞에 있는 것이 스크린에 투사된 단순한 이미지라는 것을 잘 안다. 그러나 동시에 나는 내 앞에 보이는 이미지를 믿을 것이다." 궁극적으로 이것이 영화의 기능에 대해, 그리고 적어도 1970년대까지 '영화'라는 것이 대다수 관객에게 이해되는 방식에 대해 메츠가 기여한 가장 중요한 통찰인 것 같다. 우리는 우리 앞에 보이는 이미지가 조작되고, 만들어지고, 구축된 것이라는 것을 잘 알지 모른다. 그러나 우리가 원하는 효과를 영화가 달성하기 위해서는 우리가 어떤 차원에서는 그 이미지의 진실성을 믿는 것이 필요하다.

메츠가 보기에 이것이 영화에 독특한 효과를 부여하는 신념의 배가이다.

〈사랑은 비를 타고〉(스탠리 도넨[Stanley Donen]과 진 켈리[Gene Kelly] 감독, 1952)

보드리와 메츠가 영화의 이론에 대해 자세히 접근하고 영화 관객들이 수행하는 작용에 대해 논의하고 있지만 실제 영화의 사례의 논의는 그들의 글에서 빠져 있다. 그러나 그들의 분석은 특정 영화의 논의를 가능케 하며, 다음 사례에서 우리는 〈사랑은 비를 타고〉(그림 2.1)를 관람하는 경험과 결과를 통해 보드리와 메츠가 생각했을 만한 방식을 평가해보려고 한다.

　보드리는 할리우드 시스템의 산물인 〈사랑은 비를 타고〉를 분명히 이데올로기적이라고 비난했을 것이다. 그러나 언뜻 보기에 많은 사람들은 이영화를 비이데올로기적인 것으로, 즉 이데올로기를 깨뜨리는 영화로 간주할 수도 있을 것이다. 〈사랑은 비를 타고〉가 영화 제작 과정에서 장면 뒤에서 일어나는 이야기를 보여준다는 점에서 영화의 **작업**을 노출시켜 보여주는 영화로 이 작품을 변호할 수도 있겠다. 할리우드의 압제와 개인을 주체로 호명하는 방식을 깨뜨리기 위해서 보드리가 요구한 것이 바로 이런 영화가 아니었던가? 그가 요구한 것이 바로 영화의 작업을 보여주는 영화, 기록(카메라에 등록되는 것)에서부터 편집을 통해 스크린에 완성품으로 영사되는 과정에서 일어나는 변화를 숨기기보다는 보여주는 영화가 아니었던가? 〈사랑은 비를 타고〉가 관객으로서의 우리를 영화 제작의 '장면 뒤로' 데리고 간다는 점에서 비이데올로기적인 영화의 범주를 만족시키고 있지 않은가?

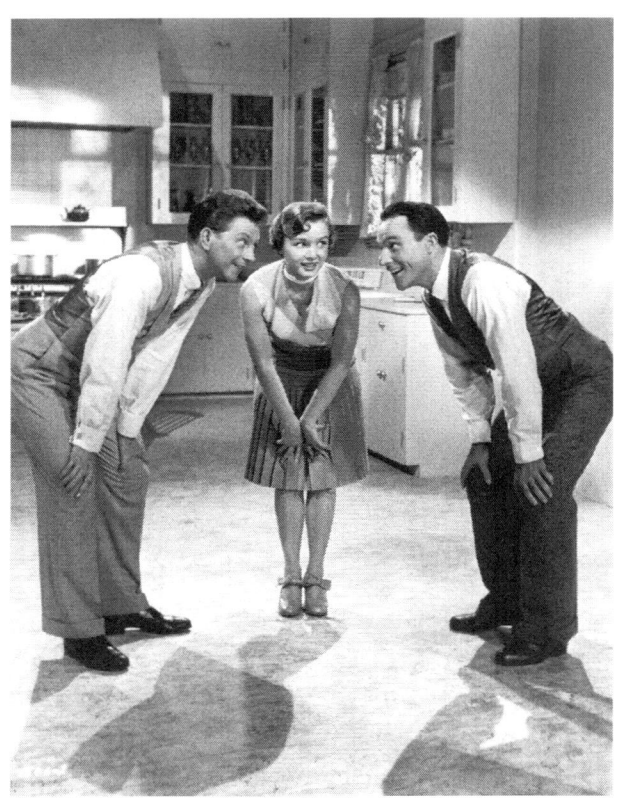

그림 2.1 〈사랑은 비를 타고〉에서 코스모 브라운(도날드 오코너), 캐시 셸든 (데비 레이놀즈), 돈 록우드(진 켈리).
출처: 영국영화연구소 제공. MGM.

　물론 그러한 주장을 할 수 있지만 보드리가 그런 주장을 변호하는 것을 보기란 어려울 것이다. 오히려 〈사랑은 비를 타고〉가 완전히 이데올로기적 이라고 주장할 만한 증거가 충분히 있다. 이 영화는 궁극적으로 **나쁜 영화** 란 영화의 **작업**이 노출되는 영화라는 것을 보여준다. 〈사랑은 비를 타고〉 에서는 장면 뒤에서 벌어지는 모든 것 ― 영화제작의 **작업** ― 은 궁극적으 로는 속임수이며 조작된 것으로 간주된다. 가령, 돈 록우드와 리나 라몬트 의 로맨스 조작은 할리우드 스타성에 대한 무대 뒤 배경을 보여주는 통찰이지만 이 장면 뒤에서 일어나는 조작은 단지 그것에 지나지 않는다고 ─ 사기, 홍보를 위한 조작 ─ 비난을 받는다. 〈결투하는 기사들〉의 제작자들이 녹음을 할 때 겪는 어려움은 영화의 막후 작업에 대한 통찰력을 보여주지만 이 경우에도 장면 뒤에서 벌어지는 증거들은 잘못되고 문제성 있는 것으로 여겨진다. 감독이 마이크를 어디에 설치하더라도 리나는 부드럽고 자연스러운 사운드가 되도록 목소리를 발성할 능력이 없다. 이번에도 영화 작업의 전경화가 문제성 있고, 결점이 많고 잘못된 것으로 여겨진다. 마지막으로 가장 강조되는 점은 리나의 목소리를 만드는데 필요한 트릭(그녀의 목소리를 캐시 셀던의 목소리로 대치하는 것) 또한 막후 속임수와 기만으로 드러난다는 점이다. 다시 말하자면 영화 제작의 막후 세계에 대한 통찰을 우리가 볼 때마다 그러한 통찰은 사기와 속임수가 필요한 영화는 **나쁜** 영화일 뿐이라는 믿음을 지지해주는 역할을 할 뿐이다. 작업, 노력, 트릭, 그리고 막후 조작이 필요한 영화는 나쁜 영화들뿐이다.

나쁜 영화의 제작에서 평가절하된 작업에 비교되는 것이 **작업**이나 **노력**이 없이 일어나는 것들이다. 〈사랑은 비를 타고〉는 좋은 영화란 막후 속임수가 필요 없는 영화라는 것을 말해주는 것 같다. 작업이나 노력이 없는 사례는 영화의 많은 뮤지컬 넘버에서 제공된다. 이 넘버들 ─ '굿 모닝,' '사랑은 비를 타고,' '모세가 말하기를,' '그들을 웃겨,' '브로드웨이 멜로디' ─ 은 상황의 자연스러운 결과인 것처럼, 돈, 캐시, 코스모의 재능의 자동적인 산물인 것처럼 '자발적으로' 발생한다 (〈사랑은 비를 타고〉의 자발성에 대해서는 Feuer 1986를 보라). 무엇보다도 이 노래와 춤들은 영화 전체가 매끄럽게 연속성을 유지하도록 만들고 완성된 영화 ─ 〈사랑은 비를 타고〉 ─ 가 연속성 시스템의 완벽한 모델을 제공하도록 만든다. 따라서 이 영화의 노래와 댄스 장면들은 연속성 시스템의 투명성을 모범적으로 보여준다. 그러나 그런 연속성과 다르게 작업과정을 보여주는 영화는 실패작이다. 이것에 대한 더 많은 증거로는 영화 속 관객들이 투명성과 연속성의 표준에 미치지 못하는 영화를 보고 웃는 것을 보면 알 수 있다. 〈결투하는 기사들〉에서 사운드가 중단되어 싱크가 맞지 않을 때 관객들은 폭소를 터뜨리며, 영화의 마지막에서 커튼 뒤에서 캐시가 나오면서 리나가 가짜인 것이 드러날 때도 그들은 요절복통을 한다.

그러면 〈사랑은 비를 타고〉라는 영화 앞에서 개개인 관객들은 주체로 호명되는가? 우리는 보드리가 그런 결론을 내릴 것이라고 추측할 수 있다. 관객은 목소리가 몸과 분리된 것과 같은 파편화된 주체는 리나 라몬트처럼 실패할 수밖에 없는 잘못되고, 부적절하고, 옳지 않은 주체라고 생각하게 된다. 반면 할리우드 관객성의 중심이라고 보드리가 이야기한 초월적 주체, 적절한 주체는 돈, 코스모, 캐시 같은 사람들이다. 그들은 힘들지 않게 자신의 상황을 통제하는 자족하고, 자신을 정의하며, 자연스럽게 성공하는 사람들이다. 그런 주체들은 문제에 대한 특별한 해결책을 고안한다. 〈결투하는 기사들〉이 실패 위험에 직면하자, 돈, 코스모, 캐시는 영화를 뮤지컬로 만들기로 결정 ─ 그것이 완전히 자연스럽게 떠오른 생각인 것처럼 그들의 머리에서 바로 구상하여 ─ 한다. 그렇다면 리나의 목소리라는 문제는 어떻게 해결할 것인가? 이번에도 우리의 부족함이 없는 주체들은 해결책이 있다. 목소리를 캐시가 더빙하면 되는 것이다. 마지막으로 〈춤추는 기사들〉의 성공적인 시사회 후에 리나가 가짜라는 것을 어떻게 폭로할 것인가? 이번에도 리나가 무대 위에서 마임을 시작할 때 마법과 같은 해결책이 저절로 생겨난다. 커튼을 젖힘으로써 ('사랑은 비를 타고'의 즐거운 박자에 맞춰) 리나가 가짜라는 것을 폭로하고 캐시가 그 순간의 진짜 목소리임을 드러낸 것이다. 이것은 〈영 미스터 링컨〉에서 링컨이 제공하는 해결책과 매우 비슷하다. 세계의 주인인 주체들에 의해 이 해결책들은 전혀 작업이 필요하지 않으며 오히려 자연스럽고 분명하게 등장하는 듯 보인다. 아마 이것이 가장 강조되는 장면은 코스모가 원근법의 좌표에 따라 관객의 위치를 시연하는 '그들을 웃게 해' 장면일 것이다. 그가 실물처럼 그린 배경막 앞에서 재주를 부리며 춤을 출 때 이것이 강조된다 (그림 2.2). 이 신은 〈사랑은 비를 타고〉의 관객이 원근법에 의해 초월적인 주체로 호명되는 방식을 완벽하게 보여주는 사례로 취급될 수 있을 것이다. 어쨌든, 〈사랑은 비를 타고〉에 대한 강한 비평이 보드리의 시각에서 이루어질 수 있다.

반면, 크리스티앙 메츠는 〈사랑은 비를 타고〉를 어떻게 생각할 것인가? 메츠의 주된 질문 중 하나를 되풀이하자면, 관객이 영화를 갈 때 경험하기를 기대하는 것은 무엇인가? 〈사랑은 비를 타고〉의 영화 속 영화(〈결투하는 기사들〉과 〈춤추는 기사들〉)에 대한 관객들의 반응을 통해 이 영화는 이 질문에 대한 대답을 자체적으로 제공하고 있다. 영화적 장치가 결함이 있는 것으로 판명될 때 ─ 가령, 〈춤추는 기사들〉에서 사운드의 싱크가 맞지 않을 때 ─ 관객들은 영화를 비웃으며 놀린다. 이 순간 영화는 관객이 영화를 갈 때 갖는 기대에 부응하지 못함으로써 글자 그대로 더 이상 영화가 아니다. 한마디로 말해서 영화는 상상적 기표로서의 기능을 중단하는 것이다.

그러나 영화에 대한 이러한 거부는 정확하게 어떻게 일어나는가? 메츠가 "상상적 기표"에서 주장하듯이 영화는 ─ 우리가 '영화를 갈 때' 기대할 것이라고 간주되는 그 경험 ─ 부재를 지칭하는 부재이다. 그래서 그가 영화를 '상상적 기표'라고 부른 것이다. 따라서 영화가 성공적으로 투사되기 위해서는 영화 장치의 **존재**가 절대로 드러나서는 안된다. 어떤 실수도 영화의 기표를 상상계로 구축하는 이중 부재를 방해해서는 안되는 것이다. 그러므로 사운드의 싱크가 안 맞는 〈춤추는 기사들〉의 장면은 영화적 장치가 존재하게 된 순간이다. 영화적 장치의 작용 혹은 실수가 영화적 기표의 이중 부재를 방해한 것이다.

페티시즘을 구성하는 신념의 배가에 의해 메츠가 강조하듯이 영화적 기표는 '내가 잘 알고 있지만 … 그래도 … '의 공식을 따른다. 여기서 만들어진 영화적 결론을 반복하자면, 관객은 이것이 카메라와 마이크로 만들어

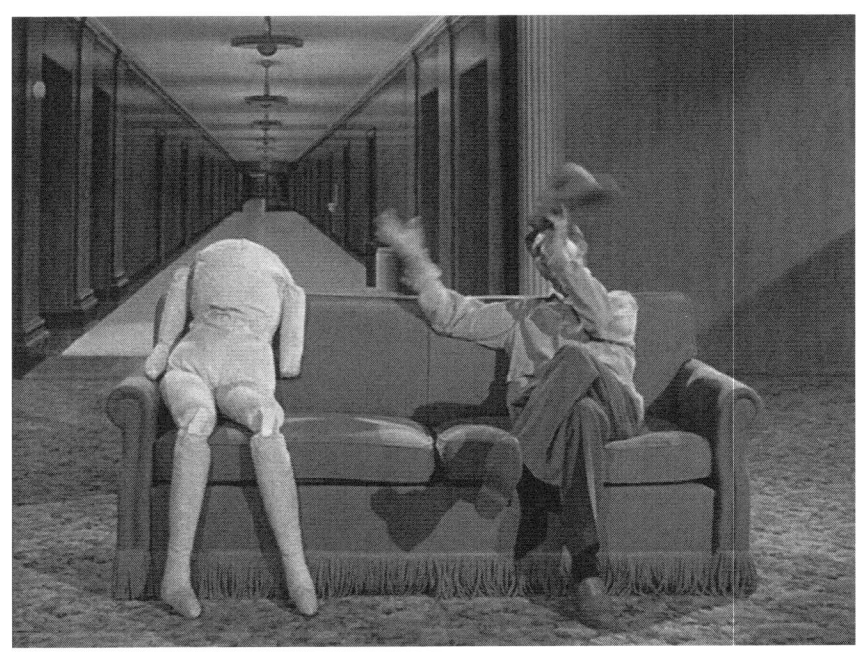

그림 2.2 〈사랑은 비를 타고〉에서 춤추는 코스모(도날드 오코너). 이데올로기로서의 원근법의 예시인가?
출처: MGM. 영국영화연구소 제공.

진 영화인줄 알지만 그래도 이 영화가 주는 즐거움은 카메라와 마이크가 만든 마법적 변형에 달려 있다는 것을 인정함으로써 자신들의 신념을 배가 시킨다. 실제로 대다수 관객들에게 영화의 영광과 매력은 거기에 있다. 우리가 〈사랑은 비를 타고〉의 '거울 효과'에 대해 보드리가 비난할 것이라고 상상하는 바와는 정반대로, 메츠는 (우리의 상상에 의하면) 오히려 〈사랑은 비를 타고〉에 나오는 미학적 전략의 속임수가 바로 영화를 많은 관객들에게 매력적이고 즐거운 경험으로 만드는 바로 그것이라고 결론지을 것이다. 〈사랑은 비를 타고〉는 상상적 기표가 기능하는 방식을 보여주는 영화, 그리고 그 기표가 확실히 성공할 수 있도록 감독이 영화를 만드는 방법을 잘 보여주는 영화로 읽힐 수 있다.

용어 해설

- **기표/기의:** 구조주의 이론가들의 기본적인 구분. 소쉬르에게 그 구분은 단어로서의 기표와 그 단어가 나타내는 개념으로서의 기의의 구분이었다. 가령, 개라는 기표는 '개'라는 기의적 개념을 나타낸다. 개라는 개념은 기의이여, 기표와 기의를 합친 것이 '기호'가 된다. 게다가 그 어느 것도 상대방이 없으면 존재하지 못한다. '개'에 대한 우리의 개념은 개라는 단어가 없으면 존재하지 않는다. 영화와 관련해서 크리스티앙 메츠는 기표로서 '영화'라는 단어가 기호로서의 영화에 대한 우리의 이해를 어떻게 결정하는지 묻는다.

- **연속성의 환상/시야의 지속성:** 초당 24개의 속도로 영사된 일련의 스틸 이미지를 관객이 연속적인 동작으로 보게 되는 현상을 설명하는 논란의 여지가 있는 이론. 이 이론은 관객이 연속 동작으로 인식하는 것은 인간의 시각 시스템의 한계 혹은 결함의 결과라고 주장한다. 영사된 영화 이미지가 인간의 눈 앞에 지나가면 그것은 망막에 새겨지고 (혹은 '지속되어서') 남은 잔상이 다음 프레임과 섞이게 된다. 눈/뇌는 연속된 이미지 간의 불일치를 건너뛰어 그것을 한데 합치게 되고 연속적 동작이라는 인식적 혹은 정신적 인상을 만들어낸다. 영화는 이런 인식적 특징을 이용하는 프레임 속도로 영사되어, 일련의 분절적으로 다른 스틸 이미지를 영사하더라도 인간의 눈에는 연속적인 움직임의 환상을 남긴다.

- **원근법/소실점:** 원근법 ─ 더 정확하게는 직선 원근법 시스템 ─ 은 3차원 공간을 2차원 평면에 재현하는 방법이다. 이 시스템은 중심 소실점으로 귀결되는 일련의 벡터에 의해 기능한다. 소실점 자체는 관객의 눈(양쪽 눈이 아니라 외눈)의 위치와 맞추어서 관객의 위치를 이미지 앞에 고정시킨다. 직선 원근법 시스템은 14세기와 15세기 이탈리아에서 르네상스 화가들이 발전시켰다.

- **작업/생산:** 마르크스에게 역사는 근본적으로 생산방식의 역사이다. 따라서 마르크스주의 이론가들이 보기에 영화가 생산의 과정을 지우려고 한다면 ─ 제작에 관련된 '작업'을 숨기려고 한다면 (**투명성**을 보라) ─ 그들은 생산방식 또한 부정하고 있는 셈이다. 따라서 마르크스주의의 관점에서는 생산 방식을 부정한다는 것은 역사적 힘을 무참히 부정하는 셈이다.

- **투명성:** 영화를 이론화하는 흔한 방법은 영화 화면을 세상을 향한 투명한 창을 내다보는 것과 비슷하게 간주하는 것이었다. 그런 입장에서는 세상을 자동적으로 재생하는 작업으로 영화를 본다. 게다가 투명성은 고전 영화에서 일부러 꾸미거나 애쓰지 않고도 이야기가 저절로 들려지는 느낌을 주듯이 스토리텔링을 만들었던 방식을 묘사한다.

- **페티시즘:** 프로이드의 정신분석 이론에서 페티시즘은 대치물을 만들어냄으로써 어머니의 페니스 부재를 보상하려고 애쓰는 성도착증을 말한다. 페티시는 상반되는 생각이 동시에 존재하도록 요구한다. 즉 주체는 어머니에게 페니스가 없다는 것을 알지만 (그래서 페티시 물건이 필요) 동시에 페티시 물건 때문에 주 어머니에게 페니스가 있다고 상상한다.

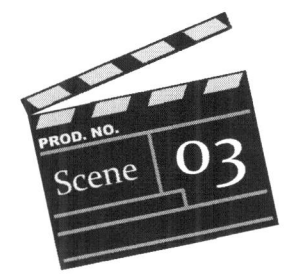

『스크린』이론
_ 콜린 맥케이브와 스티븐 히스

앞 장에서 우리는 프랑스에서 활동하는 두 명의 학자가 고안한 영화, 정치, 관극성의 관계에 대한 논쟁을 살펴보았다. 이 논쟁은 재빨리 해협을 건넜고, 정신분석, 마르크스주의, 영화 간의 상관관계는 특정 영화 저널인 『스크린』의 지면에서 확장된 논쟁과 비평의 지점에 도달했다. 영미의 영화학 분야에서 『스크린』의 영향력은 막강하다고 할 수 밖에 없다. 실제로, 정신분석과 마르크스주의 이론의 상당 부분이 사라진 오늘날에도 정신분석적 마르크스주의가 가장 강렬하던 시기에 이 저널이 다져놓은 많은 주요 주장들이 여전히 영화학에서 영향력을 발휘하고 있다고 말하는 것이 옳을 것이다. 일차적으로 『스크린』이론에서 쟁점이 되던 문제는 단일성보다는 다양성을 강조하던 영화를 통해 자유의 정치학을 이론화할 방법을 발견하는 것이었다. 1960년대 후반 이전의 마르크스주의 이론이 보편적 의식(universal consciousness)에 기반을 둔 해방을 정의하는데 바탕을 두었다면 무의식에 대한 정신분석적 해석이 이러한 사명을 중단한 것은 결정적인 것이었다. 이제 쟁점은 더 이상 보편적 의식의 정의가 아니라 개인적이고 집단적인 경험의 다양성과 복수성을 선언하는 일이었다.

『스크린』은 1958년부터 존재해왔고 영화와 텔레비전 교육학회(SEFT)가 운영했으며 사무실은 영국영화연구소(British Film Institute)에 있었다. 그러나 1971년에 이 저널은 정치적 각도에서 영화학에 이론적으로 접근할 목적으로 자신을 탈바꿈하고 재창립하였다. 이어서 프랑스 학자들의 최근 논문들—크리스티앙 메츠, 롤랑 바르트, 줄리아 크리스테바(Julia Kristeva), 그리고 〈영 미스터 링컨〉에 대한 논문과 같은 『카이예』 저자들의 저작들—을 번역하려는 프로그램이 이어졌다. 또한 세르게이 에이젠슈테인과 발터 베냐민과 같은 1920년대와 1930년대의 주요 영화 이론가들의 글도 번역되었다. 콜린 맥케이브(Colin MacCabe)와 스티븐 히스(Stephen Heath)—이 장의 기반을 이루는 글들의 저자들—는 1973년에 『스크린』의 편집부에 가담한 캠브리지 대학의 젊은 학자들이었다. 가장 에너지가 넘치고, 낙관적이고, 논란을 일으킨 시기는 맥케이브와 히스뿐 아니라 로라 멀비(Laura Mulvey)(다음 장을 보라)의 기념비적인 글들이 발표된 1974년에서 1976년 사이였다. 게다가 레이몬드 벨러(Raymond Bellour), 크리스티앙 메츠 등의 주요 글들도 번역되었고, 데이비드 보드웰과 크리스틴 톰슨, 에드워드 브래니건(Edaward Branigan) 등 오늘날까지도 영화 이론에서 중요하고 중심적인 역할을 감당하는 인물들의 글도 소개되었다. 그러나 1977년 이후 일련의 악의에 찬 독성 논란—주로 이 저널이 라캉 정신분석학을 과대평가한 정도에 대한 논란—이 편집진을 갈라놓았고 '『스크린』이론'의 전성기는 하락했다. 그럼에도 불구하고 전성기 시절의 『스크린』은 어쩌면 영어권 학계에서 가장 중요한 인문학 저널이었으며 영화학을 학문의 지도에 제대로 올려놓는데 큰 공헌을 했다.

정신분석학과 마르크스주의 외에 『스크린』이론에 가장 오랜 영향을 미친 것은 독일의 시, 희곡, 소설 작가인 베르톨트 브레히트(Bertolt Brecht) (Brecht 1964를 보라)였다. 브레히트의 가장 큰 공헌은 일반적으로 그의 서사극 이론이라고 간주되고 있는데, 이것은 '보이지 않는 제 4의 벽'이라는 전통적 개념을 반박하기 위해 의도된 연극의 개념이다. 브레히트는 전통적인 연극의 개념 ─ 스토리가 전개되는 상상의 세계를 들여다본다는 ─ 이 관객에게서 무비판적이고 감정적인 반응을 조장한다고 생각했다. 무비판적인 관객을 반대하는 브레히트는 비판적인 관객을 이끌어낼 수 있는 종류의 연극에 대한 이론적 기반을 원했고 제공했다. 그가 생각한 비판적 관객은 '실제 세계'의 문제를 직면하고 의문시하도록 자극할 수 있는 관객이었다. 『스크린』이론가들은 연극에 대한 브레히트의 개념을 영화 이론에 전이하는데 아무런 어려움이 없었다. 전통적 영화 ─ 특히 할리우드에서 만든 영화 ─ 가 무비판적인 관객에게 도피주의적 볼거리를 제공한다면 『스크린』이론이 열렬하게 이론화하려고 했던 것은 비판적 관객을 이끌어낼 수 있는 양식의 영화였다. 이런 문제를 제기하고 비판적 영화와 비판적 관객의 방법과 수단을 주장하려는 과정에서 『스크린』이론은 이 책에서 이미 다룬 많은 통찰들을 확장했다. 일반적으로 할리우드 영화는 영화 가능성에 대한 부정적 사례로 드러난 반면 다양한 형식의 아방가르드와 실험영화들은 비판적이고 사고하는 관객들을 생산할 수 있는 가능성으로 인해 지지를 받았다. 이 장에 나오는 두 편의 사례 연구는 1974년 여름에 발표된 브레히트와 영화의 관계를 탐색하는 『스크린』특집호에 실린 글이다.

콜린 맥케이브, 「영화의 리얼리즘: 브레히트의 몇몇 명제에 대한 논평(Realism in the Cinema: Notes on Some Brechtian Theses)」

(『스크린』15권 2호[1974년]에 처음 발표; 맥케이브의『이론적 글들: 영화, 언어학, 문학[*Theoretical Essays: Film, Linguistics, Literature*][MacCabe 1985a: 33-57]』에 수록. 인용문은 모두 이 책에서 따옴.)

맥케이브의 글은 리얼리즘에 대한 비판이다. 이 글도 주로 할리우드 영화에 대한 비판이어서, 이 글이 전체적으로 할리우드 영화의 리얼리즘적인 면을 비판하려는 시도라고 말해도 좋을 것이다. 맥케이브의 비판의 우선적인 타깃은『카이예 뒤 시네마』의 창립자인 앙드레 바쟁이라고 말할 수 있을 것이다. 영화에 대한 그의 리얼리즘적 접근은 영화 비평가가 이때까지 다듬어놓은 것 중 지금까지 가장 세련된 것이라고 할 수 있다 (Bazin 1967; 1971). 리얼리즘 주장의 근거는 영화의 가장 중요한 목적이 가능한 한 정확하게 리얼리티를 재현하는 데 있다는 것이다. 왜냐하면 정확한 리얼리티 재현을 통해서만 세계의 리얼리티가 모든 사람이 볼 수 있게 드러나기 때문이다.

맥케이브는 리얼리즘을 옹호하는 그런 주장을 따르지 않는다. 간단히 말하면 맥케이브는 영화가 적절한 방식으로 리얼리티를 **전혀** 재현할 수 없다는 입장에서 시작을 한다. 그는 리얼리티가 재현될 수 없는 것들로 구성되어 있기 때문에 재현될 수 없다고 믿는다. 그는 리얼리티는 그냥 볼 수 있는 무엇이 아니며 따라서 사진을 찍거나, 카메라 혹은 영화 카메라가 포착할 수 있는 무엇이 아니라는 것을 애써 강조한다. 그것은 그냥 인식(듣고, 냄새 맡고, 만지는 등)할 수 있는 것조차도 아니다. 리얼리티 그 자체는 우리가 보고, 듣고, 만지고 할 수 있는 일들로 구성되면서, 동시에 신념, 관계, 지식으로 구성되어 있다. 가령 사랑은 우리가 리얼리티라고 부르는 것의 중요한 부분이지만 사랑은 보거나 만질 수 있는 것이 아니다. 자본주의 또한 우리 리얼리티의 중요한 부분이지만 우리는 자본주의를 보거나 만질 수 없다. 자본주의는 그보다는 사람과 사물 사이의 복잡한 관계 구조를 제공한다. 이런 이유로 인해 맥케이브는 리얼리티가 재현될 수 없고 따라서 리얼리즘은 세계의 진정한 성질과 그 속에 담긴 사회적 관계를 표현하는 적절한 방식이 아니라고 믿는 것이다.

리얼리즘과 관계된 이슈를 명료화하는 과정에서 맥케이브는 자신이 보기에 영화의 네 개의 주된 타입을 정의한다. 그것은 고전 리얼리즘 영화, 진보 리얼리즘 영화, 전복적 리얼리즘 영화, 혁명적 영화이다.

고전 리얼리즘 영화

맥케이브는 19세기 고전 리얼리즘 소설의 장치와 구조를 고전 리얼리즘 영화의 일반적인 모델로 삼는다. 이 전략은 언뜻 보기에 잘못된 것 같지만 실상은 그렇지 않다. 왜냐하면 맥케이브는 우리가 '리얼리즘'이라고 부르는 것의 일반적인 가이드라인을 설정하려고 하는 것이기 때문이다. 맥케이브에 따르면 우리가 오늘날 '리얼리스틱'하다고 이해하는 것을 일반적으로 이끄는 리얼리즘의 개념은 19세기에 기원을 두고 있으며 특히 그 시절에 쓰인 소설 ― 프랑스의 발자크와 플로베르, 영국의 조지 엘리엇, 엘리자베스 개스킬 등 ― 의 기법과 연관이 있다. 소설이 사실적이 되기 위해서 필요한 주요 특징은 **주관적 담론**과 **객관적 담론**의 독특한 구분이다. 전자는 특정 캐릭터의 의견과 시각이다. 이것은 주관적이며 캐릭터의 대사와 인용문의 사용으로 대개 표시된다. 반면 후자는 맥케이브가 보통 **서사적 담론**이라고 지칭하는 것인데 어느 누구의 의견이나 시각으로 의도된 것이 아니다. 다시 말하면, 19세기 소설에서 전형적으로 볼 수 있는 묘사적 구절이나 3인칭 논평은 어느 한 캐릭터의 주관적 시각이나 의견을 넘어 객관성을 설정하려는 담론의 타입이다. 맥케이브는 단호하게 말한다. 19세기 소설에서 "서사적 산문은 최종적 리얼리티에 직접 접근하며" 게다가 이로 인해 "고전 리얼리즘 소설은 인간 본성의 진리를 우리에게 제공한다는 주장을 하고 있다"(MacCabe 1985a: 37). 혹은 그가 계속 주장하듯이 "서사적 담론은 단지 리얼리티가 드러나도록 허용할 뿐이며 발화로서의 자신의 신분을 부인한다"(MacCabe 1985a: 36).

맥케이브가 주장하려는 바는 소위 객관적 담론이 분명히 어떤 시점에 의해 발화되어야 함에도 불구하고 스스로를 완전히 객관적인 것으로 — '리얼' 혹은 '리얼리스틱'한 것으로 — 내세우려 한다는 것이다. 리얼리즘의 속임수는 그 진술이 분명히 누군가의 견해이며 어느 누군가의 시점을 표현하는 것임에도 그것의 객관성을 우리가 믿도록 유인하는 것이다. 한마디로 하면, 리얼리즘은 아무리 그것을 객관적인 것으로 우리가 믿도록 속임수를 쓰더라도 객관적이 아니다.

영화는 어떤가? 맥케이브의 주장에 의하면 대중 영화는 19세기 소설의 형식과 구조를 물려받았을 뿐 아니라 숨겨놓은 이점이 또 하나 있다. 소설은 자기 식의 리얼리즘을 조장하기 위해서 글로 적힌 언어의 관행과 복잡함에 의존할 수 밖에 없지만 영화는 리얼리티에 대한 놀라운 인상을 제공하는 촬영된 동영상을 사용할 수 있다. 맥케이브의 주장대로, "카메라는 일어나는 일을 우리에게 보여준다. 그것은 우리가 담론을 검증하는 기준이 되는 진실을 말한다"(MacCabe 1985a: 37). 사물에 대한 객관적인 시각 — 리얼리티 자체로부터 직접 따온 움직이는 이미지 — 을 약속하는 메커니즘을 마음대로 사용할 수 있으니 영화가 그토록 설득력 있게 소설의 유산을 물려받은 것은 놀랄 일이 아니다.

맥케이브는 우리가 영화 이미지의 리얼리티를 믿도록 하는 속임수에 넘어가면 안된다고 주장한다. 왜냐하면 그것이 19세기 소설이 그러하듯이 객관성을 발화한다는 같은 속임수를 쓰고 있기 때문이다. 카메라가 우리에게 제시하는 걸보기에 객관적인 이미지는 특정 캐릭터의 주관적 담론이나 시점과 대개 병치되어서 우리에게 제시된다. 특정 캐릭터가 자신의 시점의 부족함 때문에 제한을 받게 되면 그것이 어떻게 왜 잘못되었는지를 우리에게 직접 보여주는 것이 리얼리즘 영화에서 카메라 자체의 임무이다. 게다가 카메라는 특정 캐릭터의 시점을 넘어서 주관성과 연결되지 않은 리얼리티를 보여줄 수 있다. 따라서 카메라는 주관적 담론에 맞서서 객관적인 담론을 우리에게 직접 제시하는 것처럼 보인다.

맥케이브가 보기에 고전 리얼리즘 영화의 사례는 제작되는 대다수의 영화, 특히 할리우드에서 제작되는 대다수의 영화가 리얼리즘 영화이기 때문에 찾아보기가 어렵지 않다. 기억할 것은 고전 리얼리즘이 하나의 **스타일**이기 때문에 고전 리얼리즘 영화라고 해서 반드시 **리얼리스틱**할 필요는 없다는 것이다. 오히려 고전 리얼리즘 영화는 객관적 담론 — 대개 카메라가 제시하는 것 — 이 여러 주관적 담론과 구분되어 주관적 담론의 진실을 밝혀주는 방식으로 담론을 구성한다. 스티븐 스필버그의 〈조스(Jaws)〉(1975) — 맥케이브의 글이 발표되던 시기에 제작되던 영화 — 의 요소들은 고전적 리얼리즘에서 문제가 되는 것의 훌륭한 사례를 제공한다. 〈조스〉는 살인 상어의 존재 여부에 대해 상반된 견해를 가진 일련의 캐릭터들로 시작한다. 주관적 담론의 사례로, 한편에서는 경찰서장(로이 샤이더[Roy Scheider])이 상어가 있다고 믿고 있고, 다른 한편에서는 애미티(영화의 배경이 되는 마을)의 시장(머레이 해밀튼[Murray Hamilton])이 상어의 존재를 믿기를 거부한다. 뱀상어가 잡혔을 때 혼란이 벌어진다. 이 상어는 분명히 상어가 맞는데, 하지만 정말 상어가 있다면 이 상어가 바로 그 상어인가? 이때 쯤 우리는 또 다른 주관적 담론을 만나게 된다. 해양학자 맷 후퍼(리처드 드레퓌스[Richard Dreyfuss])가 뱀상어는 바로 그 상어가 아니라고 선언하면서 끼어든다 (그림 3.1).

주관적 담론들 사이에서 이런 논란의 의견충돌이 벌어질 때 우리 — 영화의 관객 — 는 어떤 캐릭터의 시야도 미치지 않는, 서로 싸우고 있는 주관

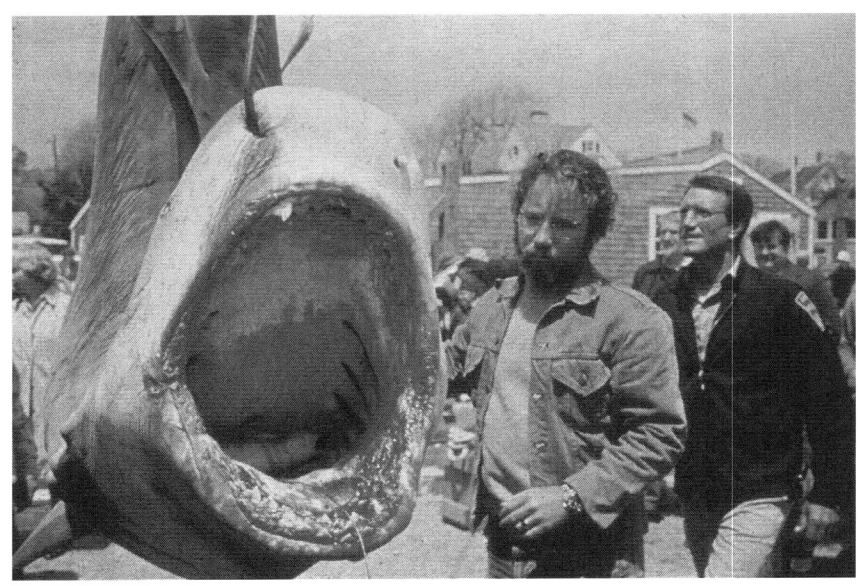

그림 3.1 〈조스〉에서 맷 후퍼(리처드 드레피스)와 경찰서장 브로디(로이 샤이더)가 포획된 상어를 들여다보고 있다.
출처: 영국영화연구소 제공. 유니버설 영화사.

적 담론들이 도저히 알 수 없는 사건들을 보게 된다. 카메라는 이미 우리에게 사건의 실상을 보여주었다. 우리는 살인 상어의 공격을 볼 수 있었다. 가령 우리는 상어와 함께 물 밑을 이동하면서 상어가 수영하는 여자에게 처음 공격을 하는 것을 보았지만, 브로디, 시장, 후퍼는 아무도 그런 것을 보지 못했다. 캐릭터는 자신들의 주관적 시점에 갇혀 있는 반면 우리는 카메라의 덕분에 객관적 진실을 보았다. 이것이 맥케이브가 말하는 고전 리얼리즘이다. 카메라는 어떤 특정 캐릭터도 볼 수 없는 사물의 객관적 진실을 보여준다.

객관적 관찰이라는 리얼리즘의 신조를 강화하기라도 하듯이 영화 속 캐릭터들이 무엇이 진실인가 파악하려고 할 때에는 거의 항상 **사물을 바라봄**으로써 그렇게 한다. 가령 그들은 그것이 진실에 도달하는 실마리를 줄까 하는 희망에서 처음 상어의 공격을 받은 여자의 절단된 사체를 관찰하고, 브로디와 후퍼는 그곳에 있는 진실을 보기 위해 타이거 상어의 내부를 또한 들여다 본다. 이것이 의미하는 바는 각 캐릭터의 견해와 육감은 그들의 주관적인 한계를 넘어서는 객관적 기준에 의해서만 확인될 수 있다는 것이다. 이 객관적인 기준은 사물을 바라봄으로써 성취된다. 맥케이브가 보기에 리얼리즘의 진수는 바로 이것이다. 사물을 바라보는 행위, 그리고 그것을 바라봄으로써 진리가 무엇인지를 아는 것. 맥케이브 자신의 글을 인용하면,

> 서사 담론의 분명한 성격이 함의하는 바에 의하면 리얼리티가 제기하는 유일한 문제는 가서 보고 실체가 무엇인지 알게 되는 것이다. 읽는 주체와 실재계(the real) 사이의 관계는 순수한 거울과 같은 것이다. 실재계는 발화되지 않는다. 그냥 존재한다.
>
> (MacCabe 1985a: 39)

자신의 주장을 강조하고 확장하기 위해 맥케이브는 세르게이 에이젠슈테인의 글과 앨런 파큘라(Alan Pakula)의 1971년도 영화 〈클루트(*Klute*)〉를 길게 논의하고 있는데 그것을 여기에서 다룰 공간은 없다. 그러나 맥케이브는 고전 리얼리즘에 대한 몇 개의 대안을 추구한다.

진보적 리얼리즘 영화

맥케이브가 진보적 리얼리즘이라고 부르는 것은 많은 영화관객들이 '정치적' 영화로 인식하는 것, 즉 어느 정도 전형적인 할리우드 영화 같지만 정치적으로 진보적인 영화라고 할 수 있겠다. 할리우드에서 제작되었음에도 불구하고 이런 타입의 영화의 몇몇 사례가 최근에 아주 성공적이었다. 〈시

리아나(*Syrianna*)(스티븐 가간[Stephen Gaghan], 2005)〉, 〈굿 나잇 앤 굿 럭 (*Good Night and Good Luck*)〉(조지 클루니[George Clooney], 2005)은 고전 리얼리즘과 연관된 형식과 구조 속에서도 정치적으로 좌경의 서사를 제시하려는 할리우드의 인상적인 시도였다. 한편 D. W. 그리피스(Griffith)의 〈편협(*Intolerance*)〉(1916)으로부터 시작하여 코스타 가브라스(Costa-Gavras)의 〈Z〉(1969) 혹은 마테오 가로네(Matteo Garrone)의 〈고모라(*Gomorrah*)〉(2008)에 이르기까지 영화 역사상 다양한 진보적 성향을 가진 영화들이 많이 있었다. 진보적 리얼리스트라고 묘사될 만한 가장 영향력 있는 감독은 아마 켄 로치(Ken Loach)이며, 그의 초기 텔레비전 다큐멘터리 〈캐시의 귀향 (*Cathy Come Home*)〉(1966)은 맥케이브도 언급하고 있다. 로치의 영화에서 가장 특징적인 것은—가령 〈숨겨진 의제(*Hidden Agenda*)〉(1991), 〈땅과 자유(*Land and Freedom*)〉(1995), 〈네비게이터(*The Navigators*)〉(2001) 등 — 중재되지 않은 방식으로 리얼리티를 기록할 수 있는 카메라의 능력에 대해 바쟁과 같은 신념을 가지고 있다는 것이다. 따라서 로치의 영화들 — 그리고 진보적 리얼리즘 영화라고 묘사될 수 있는 다른 영화들 — 은 전형적인 고전 리얼리즘 영화에서 맥케이브가 발견하는 것과 같은 문제를 안고 있다. 즉, 이 영화들은 여전히 진정한 리얼리티가 단일하고 통일된 시각에서 존재하는 것으로 표현한다. "고전 리얼리즘 텍스트는 모순을 조사할 능력이 없기 때문에 투쟁을 위한 시각을 제시하는 것이 여전히 불가능하다"(MacCabe 1985a: 44)라고 맥케이브는 쓰고 있다. 진보적 리얼리즘 영화는 사회의 불의를 노출시키는 것만으로도 그것이 사라질 것이라는 희망으로 사회의 불의를 우리에게 제시할 뿐이다. 맥케이브는 그러한 실재계의 노출이 진정한 수준의 정치적 해방을 가져다준다는 데 대해 매우 회의적이다. 그러한 한계를 마음에 품고 그는 또 다른 영화의 범주로 이동한다. 그것은 전복의 가능성을 열어두는 영화들이다.

전복적 리얼리즘

전복의 순간이나 전략을 담고 있는 영화는 스타일이 전반적으로 리얼리즘이라 하더라도 맥케이브가 '다양한 세팅'(MacCabe 1985a: 48)이라고 지칭한 것을 세심하게 다듬어 보여줄 수 있다. 전복적인 영화는 적어도 진실에 대한 단일하고 통일된 담론으로부터 벗어날 가능성을 제공하는 영화이다. 맥케이브는 전반적인 스타일이 고전 리얼리즘인 영화임에도 불구하고 거기서 전복의 순간을 제공하는 영화(1장을 보라)의 사례를 〈영 미스터 링컨〉에서 찾아냈다고 하면서 『카이예』 편집진들에게 경의를 표한다. 다른 영화들—앙드레 바쟁의 찬사를 받고 리얼리즘 영화의 고전으로 간주되는 로베르토 로셀리니(Roberto Rossellini)의 〈독일 영년(*Germany Year Zero*, 1948)(Bazin 1997을 보라)〉—도 전복의 순간을 넘어 전복의 전략을 제시할 수 있다. "여러 주요한 순간에 위반을 당하는 지배 담론 대신 (〈영 미스터 링컨〉의 경우처럼) 그런 지배 담론을 체계적으로 거부하는 것을 우리는 발견할 수 있다"(MacCabe 1985a: 48). 그러한 영화의 최근 사례는 구스 반 샌트(Gus Van Sant)의 〈엘리펀트(Elephant)〉(2003)이며 이 장의 마지막에 다룰 것이다.

그러나 맥케이브는 그러한 영화에 소위 어떤 '장벽'이 있음을 발견한다. 이 영화들이 영화의 리얼리즘 유산으로부터 탈피하려는 몸짓을 하지만 결국 실패하고 만다는 것이다. 맥케이브가 보기에 그런 영화들이 '다양한 세팅'을 보여주기는 하지만 이런 세팅의 근원에 있는 충돌을 제시하는 것은 꺼려한다. 즉 핵심에서 이러한 분열을 일으킨 모순을 제시하지는 못한다는 것이다.

> 읽는 주체는 스크린에 제시되는 것 속으로 틈입할 수 있는 어떤 방식을 제공받지 못한다 하더라도 스크린 자체로 틈입할 수 있는 어떤 방식을 제공받는다. 왜냐하면 카메라가 제시하는 사실들은 자기들끼리 고정된 최종적 방식으로 질서가 잡혀있지 않다 하더라도 그 자체

가 하나의 질서가 **되기** 때문이다. 로셀리니의 영화에서 카메라는 영
화의 생산적 과정의 일부로 발화되지는 않는다.

(MacCabe 1985a: 49)

이처럼 영화가 고전 리얼리즘의 체제를 진정으로 전복하기 위해서는 영화
의 '작업'의 제작 조건을 폭로해야 한다, 즉 제작의 과정을 전경화해야 한다
는 주장을 하면서 맥케이브는 장 루이 보드리(앞장에서 논의한)와 같은 비
평가에 근접한다.

혁명적 영화

맥케이브는 전복의 전략과 진보적 리얼리즘을 넘어 매우 대담한 것, 즉 혁명
적 영화의 가능성에 대해 주장한다. 그는 이런 식으로 자신의 주장을 편다.

내가 여기서 제기하고 싶은 문제, 그리고 그것이 제기될 수 밖에 없
다는 사실을 강조해야 하는 문제는, 주체의 단순한 전복이나 다른
(그리고 **올바른**) 정체성의 재현보다는 이데올로기 내에서 주체를 완
전히 대치하는 — 주체의 다른 구성 — **또 다른** 행위의 가능성이다.

(MacCabe 1985a: 51)

맥케이브는 매우 야심찬 무엇 — '주체의 다른 구성' — 을 원하며 이것은 영
화 이론의 개념에서는 거듭 거듭 제기되었던 야심이다. 맥케이브가 명시적
으로 지칭하는 대상은 알튀세르이며, 혁명적 텍스트에 대한 그의 이론화
작업은 영화 장치에 대한 보드리의 비판과 나란히 놓을 수 있다. 보드리가
관객 또한 작업을 할 수 있도록 영화 제작의 **작업**을 보여줄 필요성을 강조
했다면, 브레히트로부터 단서를 얻은 맥케이브는 제작의 개념에 강조점을
둔다. 대개 영화를 보러 갈 때 관객이 제작과 전혀 연관되지 않은 여유로운

공간과 시간 안에서 제작 과정의 외부에 위치한다면 ('도피'와 '염려를 잊어버리는 것'이라는 면에서 영화와 연상되는 태도), 맥케이브가 보기에 그것이 바로 영화가 직면한 문제이다. 그런 과정을 숨기는 대신 관객을 제작의 영역 내에 위치시키는 것을 통해서만 혁명적인 영화가 등장할 수 있다. 혁명적인 영화의 사례로서 맥케이브는 〈쿨레 밤페(*Kuhle Wampe*)〉(슬라탄 두도우[Slatan Dudow], 1932) — 브레히트가 참여한 영화 — 와 장 뤽 고다르(Jean Luc Goddard)와 장 피에르 고린(Jean Pierre Gorin)이 감독한 〈만사형통〉(*Tout va Bien*, 1972)에 집중한다. 이 장 마지막에 우리가 살펴볼 것은 후자이다. 그 전에 우리는 『스크린』이론의 또 다른 주요 사례를 먼저 살펴보려고 한다.

스티븐 히스, 「브레히트의 교훈(Lessons from Brecht)」

(『스크린』15권 2호(1974년)에 처음 발표. Mulhern이 편집한 『현대 마르크스주의 문학 비평[*Contemporary Marxist Literary Criticism*]』에 수록[Heath, 1992]. 모든 인용은 후자에서 따옴.)

『스크린』의 같은 호에 실린 맥케이브의 글만큼 광범위하고 야심찬 히스의 「브레히트의 교훈」은 하나의 선언문, 정치적인 영화를 더 좋고 많이 만들기 위한 호소처럼 읽힌다. 히스는 주요 인물이었다. 특히 영미권 관객에게 이 시기의 가장 중요한 영화학자이었을 것이다. 그의 『영화의 질문(*Questions of Cinema*)』(Heath 1981)은 당시의 많은 쟁점들을 요약하며 영화와 젠더, 영화 장치(이 문제에 대해 논문집을 같이 편집한 책도 있다, De Lauretis and Heath 1980), '봉합'(이 책에서는 지면상 다루지 못하는 개념) 그리고 서사의 구조와 같은 주제를 다룬 글들을 포함하고 있다. 그러나 "브레히트의 교훈"은『영화의 질문』에 포함되어 있지 않다 (『영화의 질문』에 대한 뛰어난 최근 리뷰를 보려면 Carroll 1982를 보라. 캐롤의 리뷰의 핵심적인 요소들은 나중에 '포스트 이론'으로 발전되었다; Bordwell and Carroll 1995을 보라).

「브레히트의 교훈」은 아직도 영화학에서 활발한 논쟁에 대해 설명을 한다. 히스가 이론화하는 두 가지 주요 구분은 **단절**과 **거리두기**이다. 히스가 보기에 영화의 전통적인 구조는 영화 스크린으로부터 단절의 입장을 취하도록 관객을 부추긴다. 반면 브레히트의 영향을 받은 혁명적 영화는 관객에게 거리두기의 입장을 종용하는 영화이다. 그렇다면 이 구분의 근거는 무엇인가?

단절

단절의 개념을 설명하기 위해 히스는 프로이드의 페티시즘의 개념에 기댄다. 우리는 크리스티앙 메츠가 페티시즘의 시각에서 영화의 '상상적 기표'를 이해했음을 이미 살펴본 적이 있다. 하지만 메츠의 분석은 명백히 중립적인 반면, 히스가 보기에 영화적 재현의 페티시적 구조는 비판받고 대적해야 할 대상이었다. 메츠가 페티시즘의 구조에서 발생하는 신념의 배가를 강조했다면 히스는 그와 반대로 페티시가 관객에게 자신의 **완전함, 안정,** 그리고 **통일성**에 대한 신념을 가져다주는 방식을 강조한다. 히스는 말한다.

> 페티시는 주체의 위치, 그의 정체성을 확인시킨다. 이 말은 페티시즘이 하나의 구조라는 말이다. … 그리고 이 구조는 중심, 그것이 대표하는 주체에 초점을 맞춘다. 이 주체의 통일성, 흔들리지 않는 중심성은 지식과 신념 사이에서 작동하는 분열에서 나온다. 지식은 주체의 안정성을 흩어버리고 주체가 손해 볼 수 밖에 없는 욕망을 생산한다. 그리고 신념은 주체가 자신의 구조적 완전함에 자신을 위치시키는 것이다.
>
> (Heath 1992: 234-235)

히스의 주장에 열쇠가 되는 중요한 논쟁적 용어들이 여기서 많이 사용되었다. **지식**은 주체를 위해 존재의 진정한 특성을 드러내는 것이고, 반면에 페티시가 전수하는 **신념**은 분명히 지식을 비껴나가는 무엇이다. 이것이 페티시 물체라는 면에서 어떻게 구체적인 기능을 하는가를 생각해 본다면, 히스가 보기에 페티시 물체는 주체를 재확신 시켜주고 그를 '행복'하게 해주지만 (프로이드가 말하듯이; Freud 1977a: 354) 사물의 진실과는 전적으로 상충하는 신념의 대상이다. 엄마는 분명히 페니스가 없지만 (즉, **지식**) 페티시 대상은 그녀에게 페니스가 있다고 주체가 믿도록 속인다 (주체에게 이것은 페티시에 대한 거짓된 **신념**이다).

그것이 첫 번째 이슈이다. 페티시의 구조에서는 지식이 신념에 의해 은폐된다. 그러나 히스는 또한 지식이 주체의 안정성을 **흔들어버리는** 반면, 페티시는 주체에게 일관성과 완전성의 환상을 가져다준다고 주장한다. 주체의 일관성과 완전성은 히스가 단절이라고 부르는 것의 결과이다. 즉 물체의 진정한 특성 밖에 주체를 위치시키는 방식으로 주체의 통합된 일관성은 유지되는 것이다. 페티시는 물체의 진정한 특성으로부터 주체를 단절시킨다. 페티시 물체는 페티시스트를 지식의 진실로부터 단절시키는 신념의 장벽 역할을 한다.

히스는 페티시의 구조를 사진과 영화와 연결시킨다. 맥케이브의 글처럼 그의 글은 많은 면에서 롤랑 바르트의 글 「디드로, 브레히트, 에이젠슈테인」(Barthes 1977a)에 대한 반응이다. 이 글의 번역본은 그전에 『스크린』지에 발표되었고 나중에 히스가 편집한 책에 수록되었다 (Barthes 1977b). 히스의 요점은 이것이다. 페티시로 인한 단절의 상황에서는 관객이 '이 실존의 밖에' 머물러 있기 때문에 사진이나 영화 이미지를 즐길 수 있다 (Heath 1992: 235). 따라서 재현되는 것으로부터 단절되어 있는 관객의 정체성은 안전하다. 또 히스는 이러한 단절을 마르크스와 프로이드, 그리고 '작업과 제작에 대한 근본적인 부인, 그 과정 속에 있는 주체와 대상의 위치를 파악하는 것의 거부'와 연결시킨다 (Heath 1992: 235). 그러므로 맥케이브, 보드리, 『카이예』편집자들이 이미 제기한 주장과 연관시켜 본다면, 히스는 작업의 부인과 제작의 삭제가 있는 영화 형식을 비판하는 것이다. 그런 결합은 단절로 인해 가능하게 된다.

거리두기

히스는 브레히트로부터 단절을 극복할 수 있는 거리두기라는 간결한 개념을 끌어온다. 전통적으로 극장에서 관객이 각광이나 오케스트라석, 혹은 단순히 무대와 관객 간의 공간적 분리에 의해 단절되어 있다면, 이 단절을 극복하는 유일한 길은 그 거리를 무너뜨리는 것이다. 이것은 다름 아닌 '무대와 관객을 구분하는 제 4의 벽이라는 허구적인 벽'(Brecht, Heath의 재인용 1992: 237)을 없애버리는 것을 의미한다. 이러한 거리두기의 이상한 결과는 거리의 개념이 실제로는 관객을 극적 행동에 더 가깝게 가도록 한다는 것이다. 실제로 그것은 관객을 극적 **행동 속으로** 완전히 **들어가도록**, 영화나 연극으로부터 어떠한 단절도 없게 되는 지점까지 들어가게 하기 위해 고안되었다. 히스의 묘사대로, "그것의 목적은 관객을 재현의 수신자로 더 이상 따로 고정시키는 것이 아니라 관객을 읽기의 행동 속으로 끌어당기는 것이다"(Heath 1992: 239). 그렇게 되면 관객은 더 이상 재현되는 것으로부터 단절되지 않고 재현되는 것을 제작하는 과정으로부터 더 이상 단절되지 않게 된다. 오히려 거리두기를 통해 관객은 **작업 속으로 빨려 들어**간다. 히스는 브레히트를 길게 인용한다.

> 개인이 자신의 중심적 역할을 상실하고 사라지는 것은 관객의 입장에서이다. 그는 더 이상 연극인들이 구성한 볼거리에 '참석'하여 그에게 보여지는 작품을 감상하는 개인이 아니다. 그는 더 이상 단순한 소비자가 아니라 그 또한 제작을 해야 한다. 그의 편에서 적극적인

참여가 없으면 작업은 불완전하게 된다. … 연극적 이벤트에 가담하면서 관객은 '연극화'된다. 따라서 '그의 내부에서' 벌어지는 일보다 '그와 함께' 벌어지는 일이 더 많아진다.

(Brecht, Heath 재인용 1992: 240)

브레히트에게 있어서 궁극적으로 이것은 '**모순**의 제작'을 의미한다. 그것은 일관성과 완전성의 페티시적인 신념의 선포가 아니라, 오히려,

브레히트가 그토록 강조하는 비평적 위치에 관객이 위치하게 되는 **변증법적** 과정이 된다. 그것은 단순히 관객이 비평을 한다는 것만을 의미하는 것이 아니라 그의 위치가 비평적, 모순적이 된다는 것, 그가 자신의 고정된 상태로부터 탈피한다는 것을 의미한다.

(Brecht 1992: 240)

히스는 이것이 비평적 관객을 옹호하는 길이라고 생각한다. 연극에서뿐 아니라 영화에서 더욱 더 그렇다.

히스는 이런 식으로 주체를 통일성과 일관성의 위치에 고정시키는 기능을 하는 영화와ㅡ 관객을 영화의 제작과정으로부터 단절시키는 역할을 하는 재현의 페티시적 구조를 통해 이루어지는ㅡ 브레히트의 거리두기 기조에 따라 주체를 모순과 분산의 상태로 유지하는 방식으로 작동하는 영화를 구분해 낸다. 거리두기의 구체적인 영화적 방법은 밑에서 살펴보기로 하자.

〈엘리펀트〉와 〈만사형통〉

「브레히트의 교훈」에서 히스가 특정 영화를 논의하는 것은 약간 단편적이다. 그리고 맥케이브는 실제 영화를 논의하는 데 좀 더 관대하긴 하지만 그

의 분석이 결론적이라고 할 수는 없다. 따라서 이 장의 마지막 부분에서 우리는 『스크린』이론에 비추어 논의하기 위해 두 편의 영화에 접근한다.

〈엘리펀트〉는 2002년에 미국의 감독 구스 반 샌트가 감독한 영화다. 그것은 과도한 롱테이크와 신 사이를 떠다니는 것처럼 보일 정도로 극도로 유동적인 '스테디캠' 카메라를 사용하는 혁신적 영화다. 롱테이크의 사용은 리얼리즘 영화에서 대개 선호하는 전략 중 하나이며 반 샌트는 다른 명백히 리얼리즘적인 방식 또한 고집한다. 그는 비전문배우를 기용하며 (영화에는 '실제' 학생들이 나온다), 모든 촬영은 로케이션 촬영이었다. 영화는 평범한 미국 고등학교에서 평범한 날에 일어나는 사건을 기록한다. 영화의 주요 서사적 이벤트는 1999년에 컬럼바인이라는 마을의 고등학교에서 벌어졌던 비극적 총격 사건에서 아이디어를 얻었으며, 따라서 영화의 클라이맥스는 그런 사건의 결과인 죽음과 공포의 이미지를 우리에게 제시한다.

영화는 영화를 구성하는 매우 독특한 구조를 추구한다. 영화는 일련의 서로 얽힌 에피소드로 구성되었지만, 가장 특징적인 것은 영화가 직선적인 시간적 순서로 펼쳐지지 않는다는 것이다. 오히려 영화는 한 시점에서 다른 시점으로 넘나들고, 따라서 스토리 면에서 앞에 일어난 사건이 가끔은 영화 플롯에서는 나중에 벌어진다. 게다가 영화는 여덟 개의 특정한 단락으로 나누어져 있고 각각은 제목을 보여주는 자막으로 구분되어 있는데 이것은 매우 브레히트적인 거리두기 기법이다. 각 단락은 한명의 특정 캐릭터나 캐릭터 군에 초점을 맞추는 경향이 있다. 이렇게 하면서 〈엘리펀트〉는 맥케이브가 '다양한 세팅'이라고 부른 것을 제공하는 영화의 대표적 사례이다. 모든 시점에 어느 정도 동등한 비중을 부여하기 때문에 어떤 캐릭터의 역할도 다른 캐릭터보다 특권을 부여받지 못한다 (그림 3.2). 맥케이브의 말대로 '지배적 담론에 대한 체계적 거부'가 있다 (MacCabe 1985a: 48).

그럼에도 불구하고, 영화는 다양한 시점을 제시하면서도 영화의 사건이 일어나는 적절한 사회적 혹은 정치적 맥락을 제공하지는 못한다. 영화

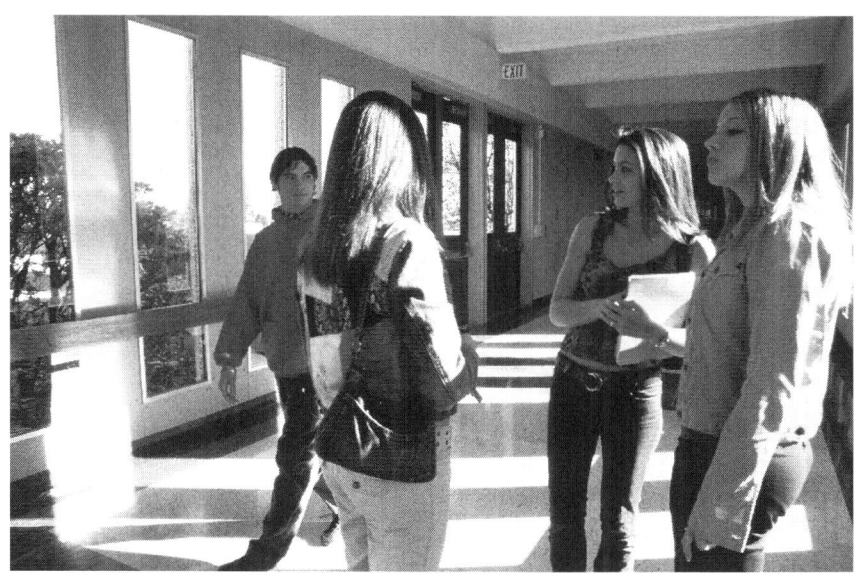

그림 3.2 〈엘리펀트〉에서의 전복적 리얼리즘.
출처: 영국영화연구소 제공. 파인라인 영화사.

는 영화의 중심 사건인 총격에 정치적으로 무엇이 관건인지 이해하도록 하는 기초적인 논리를 제공하지 못한다. 대신 자체의 리얼리즘 논리에 따라 우리는 세상을 이해하기 위해서 우리가 할 수 있는 일이 그저 있는 그대로를 바라보는 것인 것처럼 그냥 있는 사실을 볼 수 있을 뿐이다. 그러한 전략은 맥케이브 같은 학자가 보기에는 매우 비효율적이다. 그가 보기에 〈엘리펀트〉는 총격이 왜 벌어졌는지 우리에게 좀 더 정보를 줄 수 있는 더 큰 구조적 문제 속으로 파고들지 못하는 영화일 것이다.

〈만사형통〉(장 피에르 고린과 장 뤽 고다르가 1972년에 감독한)은 맥케이브가 따로 선택하여 칭찬하는 영화이며, 장 뤽 고다르의 영화를 오랫동안 지지해왔던 그는 2003년에 고다르의 전기를 출간했다 (MacCabe 2003). 〈만사형통〉에는 단번에 브레히트적 영화로 자격을 받을 만한 요소들이 있다. 캐릭터 중 한명인 자크(이브 몽땅)는 심지어 브레히트를 공공연히 언급하기도 한다. 그는 직접 카메라를 보고 이 말을 하는데 이것은 영화에서 반복되는 브레히트적 특징이다. 영화에서 더 유명한 브레히트적 순간은 시작부분에 일어나는데 여기서 우리는 영화 제작에 사용된 여러 가지 미술, 공예, 회사들에게 지불을 하기 위해 수표에 서명하는 것을 본다. 따라서 처음부터 우리는 우리가 보는 것이 제작 과정이라는 사실을 알게 되며, 더구나 우리는 제작 과정의 특정 양상을 볼 수 있게 된다.

〈만사형통〉에서 또 다른 브레히트적 요소는 공장 파업의 행동이 벌어지는 세트이다 (그림 3.3). 우리는 마치 그것이 인형의 집인 것처럼 세트 안을 들여다보며, 따라서 우리는 영화적 세계를 구축하는데 사용된 인위적 장치들을 완전히 알게 된다. 또 우리에게 보이지는 않고 소리만 들리는 두 명의 대화자가 여러 지점에서 우리에게 영화의 내레이터 역할을 한다. 영

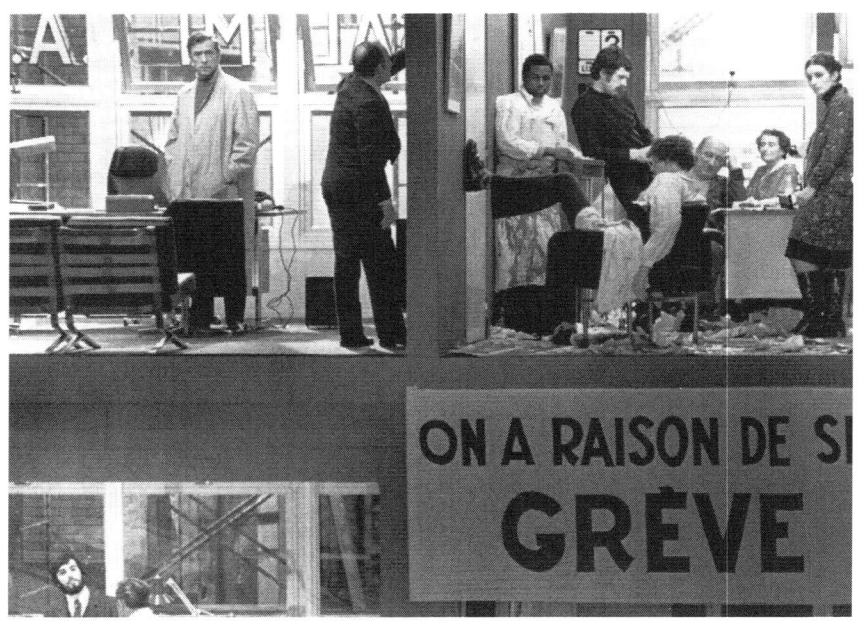

그림 3.3 〈만사형통〉에 나오는 공장 세트.
출처: 영국영화연구소 제공.

화의 서두에 이 대화자들은 영화를 만드는 법, 영화는 대개 러브 스토리를 다룬다는 것, 영화에 유명 스타가 등장해야 영화 제작 예산을 따올 수 있다는 등의 내용을 논의한다. 그리고 실제로, 〈만사형통〉에는 제인 폰다와 이브 몽땅이라는 두 명의 세계적으로 유명한 스타가 등장한다. 우리의 대화자들은 뭔가 다른 것을 요구하면서 일반적인 영화의 묘사를 중단한다. 즉 이 영화가 러브스토리를 제시하지 않고 오히려 노동자, 농부, 쁘띠 브루주아와 중산층이 나오는 오늘날의 이야기를 할 것이며 주인공들을 그들 가운데 배치할 것이라는 이야기를 한다. 이것이 바로 〈만사형통〉에서 실제로 벌어지는 일이다.

차별적인 영화를 만드는 전략은 전형적인 주류 할리우드 영화와는 직접적으로 반대되는 전략이다. 이것이 이 영화가 추구하려고 마음먹은 전략이며, 맥케이브가 이 영화를 혁명적 영화의 자격이 있다고 보는 것도 바로 이런 이유에서이다. 앞에서 선언한 것처럼 히스에게뿐 아니라 맥케이브에게도 영화가 진정으로 혁명적이 되려면 관객이 제작의 영역 안에 위치해야 한다. 관객을 제작의 영역 속에 위치시키려고 하는 것이 〈만사형통〉이 성취하려고 하는 바이다. 영화는 무엇보다 브레히트적 전략을 취함으로써 ─ 즉, 영화 제작의 과정을 보여주는 ─ 그리고 영화의 주인공들 자신을 제작의 영역 내에 위치시킴으로써 이것을 달성한다. 영화가 진행되면서 우리는 주인공들이 식품 제조공장의 파업에 휘말린 것을 보게 된다. 좀 더 적나라한 방식으로, 공장의 여러 노동자들이 일상의 작업의 불유쾌한 면들을 묘사하는 시퀀스에서 노동자들의 묘사 중간 중간에 주인공 자신들이 살덩이를 해체하고 용기에다 소시지 고기를 채워 넣는 공정 라인에서 일하는 모습의 인서트가 삽입된다. 따라서 영화의 주인공들이 제작의 영역에 삽입된 것이다.

〈만사형통〉은 또한 개인적인 러브 스토리, 자끄와 수잔(제인 폰다) 간의 로맨스를 더 넓은 역사적 과정과 연관시키려 한다. 영화가 공장에서의 문제와 투쟁(특히 1968년 5월의 투쟁의 결과로 등장하기 때문에)을 자끄와 수잔 관계에서 일어나는 어려움과 연관시키려 한다는 데 대해서는 의심의 여지가 없다. 두 사람이 영화 중간쯤에 주고받는 논쟁은 그들의 일의 성격을 두고 벌어진다. 그 논쟁은 1968년 5월 이후 자끄가 장편 영화에 집중하는 대신 텔레비전 광고를 제작함으로써 '자신을 팔아버린' 사실, 수잔이 더 이상 정치적으로 효과가 있는 글을 쓸 수가 없다고 느끼는 사실(그녀는 미국의 방송 저널리스트이다) (그림 3.4)에 대한 논쟁이다. 따라서 영화의 '러브 스토리'는 제작의 과정 자체와 불가분으로 엮여 있다.

마지막으로, 영화는 개인적인 것과 정치적인 것의 연관을 맺은 다음 이제는 제작의 실재계와 소비의 실재계를 또한 연결시키려 한다. 영화 끝부

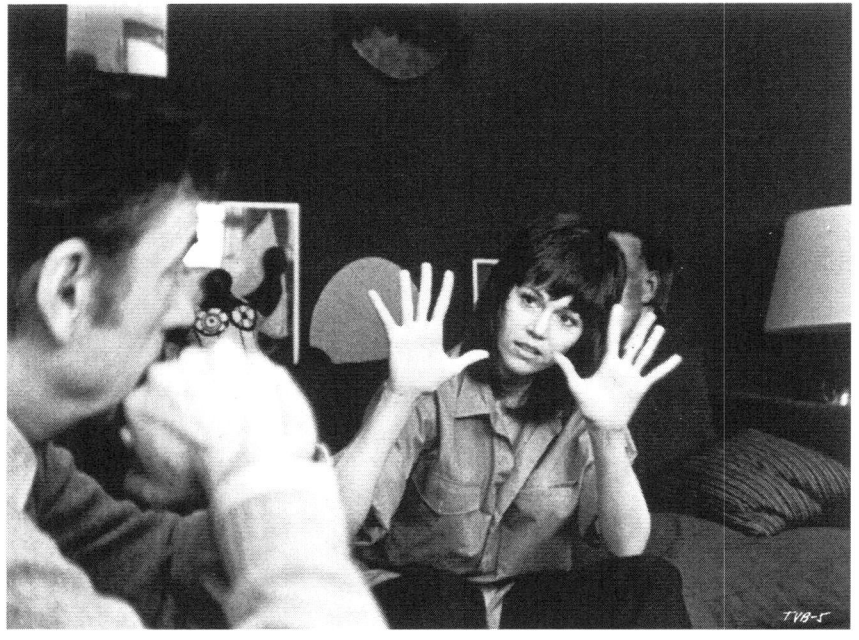

그림 3.4 개인적인 것과 정치적인 것: 〈만사형통〉에서 자크(이브 몽땅)과 수잔 (제인 폰다).
출처: 영국영화연구소 제공.

분에 슈퍼마켓에서의 유명한 트래킹 숏 위로 슈퍼마켓에 가는 것이 근본적으로는 일하러 가는 것과 다름이 없다는 수잔의 선언이 깔린다. 모든 사람은 다른 사람에게 신경 쓰지 않고 자신의 볼일만 볼 뿐이다. 쇼핑객들은 쇼핑하는 동안 너무나 바쁘고 쇼핑에 몰두해 있기 때문에, 더 큰 세계의 활동에 대해 신경을 쓰지 않고, 마찬가지로 공장의 노동자들도 공정라인의 작업에 파묻혀서 더 큰 세계에 가담할 수가 없다. 〈만사형통〉이 약간 거친 면이 가끔 있음을 분명히 인정하지만 영화의 목표의 스케일에 대해서는 의심의 여지가 없다. 이 영화는 맥케이브 식의 **혁명적** 영화를 향해 제대로 가고 있다.

그러나 다음 글에서 맥케이브는 〈만사형통〉의 혁명적 가능성에 대해 약간 과묵한 모습을 보이고 만다 (McCabe 1975). 그는 그 영화가 메시지를 강조하는 텍스트가 없다고 비난한다. 고다르의 많은 초기 영화들은 화면상 자막, 사운드, 이미지 사이의 훨씬 복잡한 상관관계를 보였다는 것이다 (MacCabe 1975: 55). 맥케이브가 보기에 이런 결점이 영화의 브레히트적 전략을 축소시키고, 영화가 결국 정치를 도덕으로 대치하고 말았다는 것이다 (독자들은 『카이예』 편집자들도 〈영 미스터 링컨〉에 대해 비슷한 비판을 했다는 것을 기억할 것이다 ― 1장을 보라). 더구나 영화는 객관적 담론을 정의한다. 왜냐하면 진실은 노동계층의 주장과 연관되어 있고 따라서 영화는 고전 리얼리즘의 순간에 빠지고 만다. 끝으로, 로맨틱 서사에 초점을 맞춘 〈만사형통〉은 세상을 변화시키는데 대한 정치적 영화가 아니라 '자신의 주관적 상태를 변화시키는데 대한' 도덕적 영화로 끝난다 (MacCabe 1975: 56). 그것은 세상을 바꾸는데 대한 영화라기보다 자신의 주관적 실행을 개선하려고 노력하는데 대한 영화이다. 이것 때문에 이 영화는 적절한 혁명적 영화의 자격에서 탈락한다 (맥케이브는 나중에 이런 관점을 되풀이한다. MacCabe 2003: 233).

〈만사형통〉에 대한 맥케이브의 궁극적인 불만은 결국 『스크린』이론의 궁극적인 실패를 보여준다. 그것의 정치적인 면은 영화와 관련된 모든 것을 짓밟는 경향이 있었다. 혁명적 영화의 범주를 완전히 만족시킬 영화나 영화들은 절대로 없을 것이라는 느낌이 들며, 어떤 영화도 과격한 사회적 변화를 가져올 만한 거리두기를 제공하지 못할 것 같은 생각도 든다. 따라서 『스크린』이론의 쟁점과 목표는 달성하기 불가능한 것이었다. 『스크린』 이론에서 얻을 수 있는 유일한 만족스러운 결과는 영화에 대한 지속적인 불만, 어떤 영화도 혁명을 불러일으킬 만큼 좋을 수는 없다는 느낌이다.

용 어 해 설

- **거리두기:** 브레히트의 서사극 이론에서 나온―브레히트는 **소격효과**(*Verfremdungseffekt*) 라고 부름―영화의 거리두기는 단절의 과정을 무너뜨리는 것을 암시한다. 따라서 거리두기가 일어나면 관객은 더 이상 드라마에서 단절이 되지 않고 드 라마의 일부가 된다. 이 이론에 따르면 거리두기는 관객의 비평적 능력을 향 상시키며 따라서, 드라마의 일부가 된다는 것은 관객의 비평적 판단 과정을 적극적으로 개입시키는 것을 의미한다. 그러한 비평적 능력은 정치적(즉, 마 르크스주의) 영화의 발전을 위해 필요한 것으로 간주된다.
- **단절:** 라캉에서 나온 용어. 라캉은 라틴어 'se parare'를 바탕으로 단절이 '자신 을 낳는' 과정이라고 주장했다. 따라서 스크린 이론가들은 고전 영화의 일반 적인 관객이 스크린으로부터 단절되는 방식이 관객이 고정되고 통일된 주체 로 '자기 생성'하는 과정이라고 보았다.
- **모순:** 마르크스주의에서 파생된 모순은 노동자와 부르주아의 대립과 같은 대 립된 사회적 힘을 가리킨다. 따라서 스크린 이론은 사회적 모순을 분명히 보 여주는 영화, 즉 프롤레타리아 노동자와 부르주아 소유주 간의 불평등 관계 를 분명 보여주는 영화를 선호했다.
- **서사 (객관적) 담론/주관적 담론:** 콜린 맥케이브의 서사 담론과 주관적 담론 의 구분은 3인칭과 1인칭 서사를 구분하는 오랜 전통에 변화를 준 것이다.

그러나 맥케이브는 영화에 특별한 차이를 부여하였고, 따라서 카메라는 사실상 어떠한 캐릭터의 구체적, 주관적, 1인칭 시점을 초월하고 넘어서는 객관적, 3인칭 서사 담론의 중심이 된다. 이처럼 객관적 서사담론을 우선시하는 것이 맥케이브가 '고전 리얼리즘'이라고 부른 것의 중심이 된다.

- **신념/지식:** 마르크스, 브레히트, 알튀세르를 뒤따르며 『스크린』이론가들은 신념과 지식을 구분했다. 신념은 거짓 가정(가령 종교적 신념)에 기반을 두고 있다는 점에서 근본적으로 이데올로기적인 이해의 양식을 지칭한다. 스티븐 히스가 보기에는 지배적 영화에 가장 중요한 신념은 '페티시적' 신념이다. 반면, 지식은 역사적 생산 양식에서 중심이 되는 모순에 대한 이해에서 출발한다. 그래서 지식은 페티시적 신념과 이데올로기적 거짓을 초월한다.

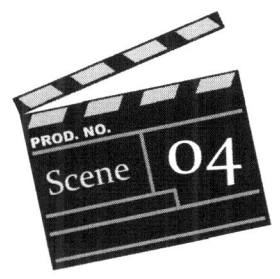

페미니즘과 영화

_ 시각적 즐거움과
동일시 행위

페미니즘 이론과 영화의 교차점은 영화 이론의 역사에서 매우 훌륭한 저작들을 탄생하게 만들었다. 실제로 지금까지 우리가 검토한 영화 이론의 모델들은 1980년대라는 기간을 통해 개인 정체성의 문제에 대한 질문에 의해 서서히 그리고 분명히 대치되어 왔다고 말해도 좋을 것이다. 일반 정치학에서 해방적 동일시의 정치학으로의 전환은 주로 페미니즘 영화이론의 영향 하에서 일어났다. 페미니즘 영화이론가들이 추구하는 바는 마르크스주의식 해방의 모델들을 다듬는 것이었다. 왜냐하면 그런 모델들이 대개는 남자로 시작해서 남자로 끝나기 때문이다. 페미니즘 영화이론은 따라서 남자의 일반화된 서사에 맞서 여성 정체성의 독특함과 차별성을 확인하는 것을 과업으로 삼는다. 이런 움직임의 의의를 과소평가해서는 안 될 것이다. 왜냐하면 영화의 페미니즘 모델과 이들이 여성의 정체성을 식별하고 옹호하는데 집중한 것은 1980년대와 1990년대 기간 동안 1970년대식의 마르크스주의 이론을 대체한 모델이기 때문이다. 이런 형식의 '정체성 정치학'은 페미니즘과 영화에 중요한 역할을 하지만 그것 또한 이 책의 다음 장에 영감을 준 이론의 모델이기도 했다. 따라서 영화이론에 페미니즘이 개입한 것은 지속적인 중요성을 미쳤다. 왜냐하면 페미니즘으로 인해 영화이론이 1970년대의 독단적이고 일반화된 경향에서 탈피하여 영화에 대한 좀 더 미묘하고 복잡한 안목으로 이동할 수 있었기 때문이다.

그렇다면 페미니즘 영화이론이 묻는 질문은 어떠한 것들인가? 출발점이자 기본 가정은 남자와 여자가 평등하지 않다는 것, 여자가 어떤 이유에서건 남자보다 열등하다고 규정된다는 것, 사회의 지배적인 구조가 여성을 남성의 지배 하에 두는 구조라는 것이다. 따라서 첫째로, 여성의 신분은 어느 정도 마르크스주의 이론에서의 프롤레타리아 신분을 위한 투쟁에 연결될 수 있다. 즉, 여성은 노동계층 사람들처럼 사회적 정치적 실존의 더 큰 구조에 의해 굴종의 위치에 붙잡혀 있는 것이다. 페미니즘이 1970년대 초에 영화학에서 처음으로 이론화되기 시작했을 때 영화학에서 너무나 영향력 있는 것으로 판명된 정신분석과 마르크스주의의 연합으로부터 참조점을 취했다. 『스크린』이론처럼 페미니즘 영화이론은 왜 사회가(특히 산업화된 서구 사회가) 노동자와 여성과 같은 구성원들을 부르주아와 자본계급 남자처럼 그들을 착취하는 사람들의 밑에 속하도록 구조화했는가를 심리적 차원에서 설명하려고 했던 정신분석학의 방식을 보면서 학문세계에 발 디딜 곳을 만들었다. 따라서 페미니즘 영화이론의 첫 단계는 전통적 방식의 영화가 여성을 굴종적 존재로 만드는 과정에 협조했던 방식을 설명하려고 했던 단계라고 전제할 수 있다. 여성의 굴종적 상태를 증명함으로써 이 초기 학자들은 여성 해방으로 이끌 수 있는 영화제작 방식과 전략을 상상하기 시작했다. 이 장에서 우리는 1975년에 나온 첫 번째 논문부터 2006년에 마지막으로 나온 마지막 논문까지 페미니즘 영화이론에 기여한 네 편의 논문에 집중하려고 한다. 이 네 편이 아우르는 논의의 범위가 1970년대 중반 이후 페미니즘 영화이론의 추이를 집약적으로 보여준다고 생각한다.

그러나 오늘날 좀 더 절박한 질문이 있을 수 있다. 페미니즘 영화이론이 1970년대에서 1990년대 사이에 영화학의 중심이었다면 오늘날 그 위치는 점점 더 압박을 받고 있다. 2004년에 출판된『기호(*Signs*)』의 특별호에서 표출된 목소리가 하나의 판단 근거가 된다면 페미니즘 영화이론의 프로젝트는 이제 급작스럽게 정지하게 되었다고 말해도 될 것이다. 어느 기고자가 표현했듯이 '많은 싸움이 승리를 거두었다'(Kuhn 2004: 1221)는 느낌이 든다. 오늘날 여성과 영화학에 있어서 더 중요한 것은 여성이 자신을 표현할 목소리를 찾는 것, 그리고 여성으로서 표현되어야 할 것을 표현하는 것의 중요성을 옹호하는 것이다. 그러한 표현의 의지(가령, 페미니즘과 영화에 관한 독보적 저널인『카메라 옵스큐라(*Camera Obscura*)』는 2006년 30주년 호 발간 이후 '미래를 위한 아카이브'를 구축해오고 있다), 페미니즘과 영화 간의 연결 이전에는 발화되지 못했던 태도, 즐거움, 신념의 표현들의 사례가 많이 있다.

로라 멀비, 「시각적 즐거움과 서사 영화(Visual Pleasure and the Narrative Cinema)」

(『스크린』16(3) 1975년 가을호, 6-18에 처음 실림. Mulvey, 『시각적인 것과 다른 즐거움들(*Visual and Other Pleasures*)[Mulvey 1989a]』에 수록. 인용문은 여기에서 따옴.)

멀비의 글은 여전히 놀랄 만한 글이다. 왜냐하면 몇 페이지 안되는 지면에 영화와 관련된 광범위한 개념들을 집약시켜 놓았기 때문이다. 그 개념들

중 많은 것들이 그 후 몇 년에 걸쳐 서서히 정리되고 해부되었다. 영화이론과 페미니즘은 멀비의 이 글이 발표된 이후 상당한 발전을 해왔지만 이 글의 중심에 있는 통찰력과 공식들은 여전히 학자와 학생들에게 영감을 주고 자극을 준다. 이 글에서 가장 도발적이면서도 멀비의 입장을 어느 정도 요약하는 진술은 다음과 같다.

> 성적인 불균형이 지배하는 세계에서 보는 즐거움은 적극적/남성과 수동적/여성으로 분리되어 왔다. 모든 것을 결정하는 남성의 시선은 여성의 몸에 판타지를 투사하고, 여성의 몸은 그에 따라 꾸며진다.
>
> (Mulvey 1989a: 19)

첫 번째로 주목할 것은 멀비가 보기에 이 세계가 성적인 불균형에 의해 지배되고 있다는 것이다. 남자와 여자는 동등하지 않으며, 이 불평등이 페미니즘 비평의 출발점이다. 둘째, 즐거움의 느낌과 보는 행위는 남성의 구체적인 필요에 부응하도록 구조화되고 형성되어 있다. 즐거움, 즉 보는 것과 보는 것의 즐거움의 구조는 단연코 남성적인 것이다. 남성은 보는 것에서 즐거움을 취하는 반면 여성은 보는 대상이 되기 위해 거기 있다. 그러한 구조의 결과는 보는 것과 즐거움의 과정에서 남성이 **적극적인** 역할을 취하는 반면, 여성은 수동적인 역할을 취한다는 것이다. 여성은 즐거움의 대상으로서, 이 구조 속에서 그녀의 역할은 바라보는 대상이 되는 것이다. 마지막으로, 남성의 시선 — 남성의 보는 행위 — 은 여성을 제한한다. 마치 여성은 남성의 욕망과 즐거움을 충족시키기 위해 존재하는 거나 마찬가지이다. 그러한 존재로서 여성은 '거기에 맞게 꾸며진다'고 멀비는 주장한다.

이러한 성적 — 혹은 젠더 상의 — 불균형은 멀비가 더 넓은 세상에서 존재한다고 믿는 것이지만 (왜냐하면 그것이 바로 그녀의 출발점이므로), 그것은 또한 주류 할리우드 영화에 의해 강화되고, 조장되고, 교사되는 것이기도 하다. 멀비는 주류 영화가 제시하는 것과 더 넓은 사회 사이의 등식을 성립시킨다. 그 말은 주류 영화가 더 넓은 세상에 존재하는 성적 불균형을 반영한다는 뜻이다. 그녀는 "할리우드가 아무리 자의식적이고 아이러닉하게 된다 하더라도 그것은 언제나 영화에 대한 주류의 이데올로기적 개념을 반영하는 형식적 미장센에 스스로를 한정시켰다"(Mulvey 1989a: 15)고 적고 있다. 이러한 할리우드 이데올로기의 구체적인 결과가 두 가지 있다. 멀비는 한편에서 할리우드 이데올로기에 도전할 수 있는 대안 영화를 옹호하면서 다른 한편에서는 할리우드 영화가 세상에서의 성적 불평등을 강화—그리고 실제로 악화— 시키는 방식을 평가한다. 그녀의 두 번째 주장부터 시작해보자.

할리우드는 두 개의 구체적인 형식적 전략에 의존함으로써 성적 불평등을 공고하게 했다. 첫째 할리우드 영화는 **스코포필리아**를 조장하며, 둘째 어떤 캐릭터와의 **동일시**를 부추긴다. 이런 과정이 어떻게 기능하는지 설명하기 위해 멀비는 정신분석 이론에 기댄다. 스코포필리아는 '보는 즐거움'이며 멀비는 이것이 할리우드 영화에서 어떤 특징적인 역할을 하는지 잘 설명한다.

> 영화가 실제로 상영되고 있고, 보이기 위해 존재함에도 불구하고, 영화 상영의 조건과 서사적 관행은 관객에게 내밀한 세계를 훔쳐보는 듯한 환상을 준다. 무엇보다도 영화에서 관객의 입장은 이런 노출증을 노골적으로 억압하는 것이며 억압된 욕망을 배우에게 투사하는 입장이다.
>
> (Mulvey 1989a: 17)

멀비가 보기에 이런 효과를 자아내는 조건은 심리적으로 복잡하다. '실제 세계'에서 그런 훔쳐보기의 과정, '내밀한 세계를 훔쳐보는' 과정에 몰입하는 사람이 그런 행동을 하는데 오히려 불편함을 느낀다면 영화를 볼 때에는 그러한 불편함이 없다. '실제 세계'에서 그러한 과정이 사회적으로 용인되거나 옹호되지 못하는 반면 영화에서는 그것이 긍정적인 필요이다. 멀비에 따르면 이것이 의미하는 바는 실제 세계에서 문제가 될 만한 것이 영화에서는 오히려 즐거운 만족을 준다는 것이다. 실제로 일상생활에서 당사자가 겪을 노출증의 느낌 ― 자신이 남의 시선을 받고 있다는 사실 ― 은 영화에서는 완전히 그리고 안전하게 무시될 수 있다. 모든 노출증의 느낌은 영화 속 배우들에게 투사될 수 있다. 왜냐하면 그들이 바로 응시의 대상이 되기 위해 거기 있는 사람들이기 때문이다. 따라서 주류 영화에서 중심이 되는 보는 즐거움은 스코포필리아의 문제이다. 그리고 프로이드(1977a)로부터 단서를 취한 멀비는 영화에서의 보는 행위가 구체적으로 성적인 성질의 즐거움을 생산한다고 주장한다. 즉, 스코포필리아는 다른 사람, 사물, 혹은 캐릭터 ― 자신과는 분리된 ― 를 보는 데서 생산되는 즐거움이다.

할리우드의 형식적 특징에 필수적인 두 번째 구체적 과정은 캐릭터와의 동일시 과정이다. 이번에는 '거울 단계'에 대한 자크 라캉의 설명(Lacan 2006c)에서 영감을 얻은 멀비는 **동일시**가 자신과 분리된 다른 사람이나 대상을 바라보는 문제가 아니라 오히려 **자신과 비슷한(혹은 자신이 닮고 싶은)** 캐릭터를 식별하는 문제라고 주장했다. 동일시는 대개 영화의 남자주인공과 이루어진다. 영화의 주인공은 결코 에로틱한 대상으로서 관객의 응시의 대상이 되지 않는다. 관객과 주인공의 관계는 스코포필리아의 관계가 아니다. 오히려 그것은 잠재적으로 자신과 비슷한 주인공을 보는 것이다.

따라서 이런 주장을 조합해보면, 영화에서 관객은 영화의 남자 주인공과 동일시하는 반면 영화의 여성은 스코포필리아적 보는 즐거움의 대상이다. 멀비가 보기에 이것이 할리우드 영화의 기본적인 구조적 장치를 구성한다. 이것과 함께 남자는 서사와 연관이 된다. 왜냐하면 서사를 몰아가는 것은 영화의 남자 주인공이기 때문이다. 반면 여성은 볼거리와 연관된다. 왜냐하면 그들은 볼거리의 대상이 될 뿐 아니라 동시에 (남성) 관객이 여성을 보는 행위가 서사의 흐름을 방해하지도 않기 때문이다. 간단히 말하면 여성은 전시적 목적으로만 거기에 있는 것이다 (멀비는 많은 아이디어를 프로이드의 글 '나르시시즘[Freud 1984]'에서 가져왔다).

이것이 멀비가 파악한 주류 할리우드 영화에서 기능하는 젠더 이분법의 기본이다. 그러나 그녀의 주장에는 더 복잡한 내용들이 있다. 가령 그녀는 정신분석 이론에 따르면 여성이 결핍의 기표라고 생각한다. 여성은 거세의 기호이며 따라서 그녀는 남성을 위해 즐거움뿐만 아니라 프로이드가 **거세불안**(성적인 차이를 의미하는 페니스의 '결핍'이 초래한 불안[이점에 관해서는 Freud 1977c; 1977d, Lacan 2006b를 보라])이라고 말한 불안감 또한 불러일으킨다. 한편, 멀비가 관음증이라고 부른 전략을 추구하면 여성 인물은 길들여지고, 노출되고, 신비가 벗겨지고, 극단적인 경우에는 처벌─다름 아닌 그녀가 여자라는 이유 때문에─될 수 있다. 그런 전략들은 느와르 영화에서 흔하지만 멀비는 특별히 앨프레드 히치콕이 감독한 세편의 영화(〈현기증(*Vertigo*)〉[1958], 〈이창(*Rear Window*)〉[1954]과 〈마니(*Marnie*)〉[1964])에 초점을 맞춘다. 이들 각각의 영화에서는 여성이 남성에 대한 잠재적 위협으로 등장하며 따라서 길들여지거나 처벌되어야 한다(1장에서 우리가 논의한 레이먼드 벨러의 〈새〉에 관한 글도 여기에서의 멀비의 논지와 그다지 다르지 않은 결론을 내린다는 점도 주목해야 할 것이다). 잠재적인 거세불안의 원천으로서의 여성을 할리우드 영화가 다루는 또 다른 전략은 이상화이다. 이것을 멀비는 **페티시적 스코포필리아(fetishistic scopophilia)**라고 부른다. 여기서는 영화가 여성을 비할 수 없는 아름다움과 미덕의 이상화된 인물로 변모시켜 완벽한 상태인 그녀가 남성에게 위협을 초래할 가능성이 전혀 없다. 멀비는 그러한 아름다움을 페티시와 동격으로 본다. 여성적 아름다움은 여성에게서 인식될지도 모르는 결핍을 덮어버리는 역할을 하는 것이다. 이런 전략을 멀비는 조셉 폰 스턴버그(Joseph von Sternberg)의 영화, 특히 마를렌 디트리히(Marlene Dietrich)가 여주인공으로 나오는 영화(가령 〈모로코(*Morocco*)〉[1930])에서 찾는다.

이처럼 멀비는 할리우드 영화가 남성을 인생의 주관자로 떠받드는 반면 여성을 무효화의 교묘한 전략으로 효과적으로 구속하고 침묵하게 만드는 데 온 힘을 경주하는 양태를 음울하게 묘사하고 있다. 그녀의 논지는 절대로 단순화시켜서 일축해서는 안될 것이다. 왜냐하면 오늘날의 많은 영화들이 멀비가 그토록 비판했던 조건들을 영속화시키고 있다고 우리가 믿기 때문이다.

멀비는 동시에 대안을 제시하는데도 열심이었다. 할리우드 영화가 세상에 존재하는 남녀 불평등을 악화시킨다 해도 모든 영화가 거기에 따라갈 필요는 없는 것이다. 실제로 할리우드의 남녀 불균형을 직접적으로 반박할 수 있는 영화 형식을 생각해볼 수 있는 것이다. 멀비는 단도직입적이다. 그녀의 글은 할리우드 영화의 즐거움을 파괴하고 싶은 욕망에서 쓰여졌으며, '욕망의 새로운 언어를 고안하기 위해 정상적인 즐거운 기대와 감히 단절하는'(Mulvey 1989a: 16) 데 관한 글이다. 따라서 이 글에 나타난 그녀의 안티 할리우드 동기는 『스크린』이론과 나란히 놓을 수 있다. 왜냐하면 그녀의 주장이 정치적으로 진보적인 대안으로 할리우드 영화를 대적하기 위한 욕망에서 비롯되었기 때문이다. 그녀는 "대안적 영화는 정치적이고 미학적 의미에서 급진적인 영화의 탄생을 위한 공간을 제공하고 주류 영화의 기본 전제를 도전한다"(Mulvey 1989a: 15)고 주장한다. 멀비 자신은 영화감독이었고 1970년대의 그녀의 영화는 할리우드 현상태에 대한 음울한 도전이었다. 그러나 샹탈 애커만(Chantal Akerman)만큼 페미니즘과 영화에 대한 논쟁에 심오한 영향을 미친 1970년대의 영화감독은 아마 없을 것이다. 이 시대에 만든 그녀의 뛰어난 영화들 〈나, 너, 그, 그녀(*Je Tu Il Elle*)〉(1974), 〈집에서 온 소식(*News from Home*)〉(1977), 〈안나의 랑데부(*Rendezvous d'Anna*)〉 (1978), 그리고 가장 뛰어난 〈잔느 딜망(*Jeanne Dielman*)〉(1974)은 남성적 즐거움과 관음증의 헤게모니에 도전하는 뉴 시네마를 만들고자 하는 욕망의 기념비적인 작품들이다 (이런 작품들에 대한 멀비의 접근에 대해서는 Mulvey 1989b를 보라).

멀비의 글에 대한 논의는 넘쳐나고 그녀의 글은 지금도 계속 관심을 일으키고 도전한다 (가령 Merck 2007를 보라). 의심할 여지없이 페미니즘 입장에서 가장 큰 비판은 멀비의 주장에 여성들이 설 자리가 없다는 것이다. 모든 관극성은 남성 전유물처럼 보인다 (이 점에 관한 그녀의 생각에 대해서는 Mulvey 1989c를 보라). 어쩌면 페미니즘에서의 가장 중요한 반응은 여성 관극성을 이론화하려는 욕망이었고 이것은 1980년대와 그 이후의 페미니즘 영화이론을 사로잡았던 프로젝트였다 (가령 Studlar 1988; Doane 1988, 1991; Penley 1989; Williams 1989; Clover 1992; Creed를 보라). 우리가 아래에서 검토하는 글은 여성의 관극성을 이론화하려는 추구의 일부로 볼 수 있으며 이제 그 글을 살펴보려고 한다.

엘리자베스 카우이, 「판타지아(Fantasia)」

(1984년 『m/f』9호에 처음 발표. Cowie, 『여성을 재현하기(*Representing the Woman*)』[Cowie 1997]에 개작되어 수록. 모든 인용문은 개작된 버전에서 따옴.)

1984년에 처음 발표된 카우이의 글은 우선 **판타지**라는 프로이드적 ― 그리고 프로이드 후기적 ― 개념에 대한 길고 복잡한 해석에 착수한다. 이 모든 해석과 설명 속에서 카우이가 말하려고 하는 것이 정확히 무엇인지 알아내기가 점점 어려워진다. 그러나 우리는 글의 마지막에 그녀의 입장에 대한 꽤 명확한 진술을 찾을 수 있다. 그녀는 이 글에서 논의하고 있는 영화 중 한 편인 〈가라, 항해자여(*Now Voyager*)〉(어빙 래퍼[Irving Rapper] 감독, 1942)와 같은 영화가 남성이 영웅으로 만들어지는 결말을 피하고 있다고 주장한다. 따라서 이 영화는 할리우드 영화이지만 멀비의 「시각적 즐거움」 논문의 초점이었던 영화들과는 아주 다르다. 게다가 판타지의 조건이 매우 중요한 것으로 드러난다.

> 따라서 판타지는 가부장제 이론에 바탕을 두는 페미니즘 정치학에
> 서 요구하는 고정되고 양극화된 남녀의 입장 — 그리고 정체성 — 을
> 만들지 않는다. 실제로 여성적 욕망이라는 이슈를 다루기는 하지
> 만... 이 '여성성'의 본질에 대한 문제가 대두된다. 그리고 여성성이
> 어떤 의미에서 여성의 속성인지, 또 만약 여성의 속성이라면 어느 정
> 도까지 항상 여성만의 속성인지에 대한 의문이 대두된다.
>
> (Cowie 1997: 164).

이처럼 카우이의 입장은 멀비와 비교할 때 의미심장한 방향전환을 나타낸
다. 이제 문제가 되는 것은 영화나 할리우드 영화에서 '성적 불균형이 지배
하는 세계'(Mulvey)를 발견하는 것이 아니다. 왜냐하면 카우이의 분석에
따르면 판타지는 그런 양극화된 대립을 낳지 않을 뿐 아니라, 남성에 의해
그리고 남성을 위해 결정되는 세계에서 여성이 종속되는 가부장제를 낳지
도 않기 때문이다. 만약 이것이 사실이라면, 페미니즘은 어디로 갔는가?
멀비가 분명히 밝힌 것처럼 양성간의 명백하게 불평등한 관계를 식별하고
극복하려고 노력하는 것이 페미니즘이 추구하는 바가 아니던가? 카우이가
이런 불평등에 주의를 끌려는 것이 아니라면 그녀는 도대체 무엇을 위해서
애쓰는가? 그녀의 대답은 복잡한 것이 아니지만, 페미니즘과 영화에서 완
전히 새로운 연구 프로그램에 깊이 뿌리박은 것이다. 이 단계에서 페미니
즘 영화이론은 **여성적 욕망**의 연구, 여성성의 본질, 여성성이 여성의 영역
으로만 축소될 수 있는 속성인지 아닌지의 문제를 다루는데 집중한다. 카우
이의 도전 — 그녀만의 도전이 아니라 많은 페미니즘 영화학자들(Studlar
1988; Williams 1989)을 사로잡은 도전 — 은 페미니즘 영화이론에 대한 멀
비의 공헌의 바탕이 되는 분명하고, 활력에 차고, 떠들썩한 특징과는 거리
가 멀어보인다. 그러나 넓게 보면 카우이가 제기한 문제들은 1980년대와
그 후의 페미니즘 영화이론의 중심을 이루게 된다.

그렇다면 카우이는 어떻게 결론에 도달하는가? 그녀의 중요한 개입은 영화에서 동일시의 본질에 관한 것이다. 멀비에게는 동일시가 관객과 캐릭터 간에 일어나는 어떤 것이었다. 우리가 지적한 것처럼 그녀의 설명에는 남성 관객을 위한 동일시의 입장만 있다. 왜냐하면 이 관객들이 영화의 남성 주인공과 동일시하기 때문이다. 카우이는 그와 반대로 우리가 영화의 캐릭터와 동일시하는 것이 아니라 캐릭터가 처한 **입장** 혹은 **상황**과 동일시한다고 강조한다. 따라서 카우이의 입장은 멀비와의 주장과는 실질적으로 차이가 있다. 멀비에게ー그리고 많은 다른 정신분석 영화이론가들에게ー동일시는 근본적으로 오인에 근거를 두고 있다. 즉, 명백히 자신이 아닌 사람 혹은 사물과 동일시하는데 근거를 둔 것이다. 이런 오인 때문에 영화에서 동일시는 왜곡의 과정이다. 카우이에게 있어서 판타지를 통해 발화된 동일시의 과정은 왜곡이 아니라 오히려 깊은 욕망의 표현이다. 따라서 〈가라, 항해자여〉와 같은 영화는 **깊은 소원**을 **표현하는 일련의 상황**을 제시하는 것이며 이런 소망의 표현이 영화 관객에게 동일시의 상태를 유발할 수 있다.

　우리가 이미 진술한 것처럼, 카우이의 글에는 복잡한 정신분석적 이론이 많이 포함되어 있다. 그러나 카우이의 주장의 근간을 형성하는 두 가지 중요한 요인이 있는 것처럼 보인다. 첫째는 자크 라캉의 제자인 장 라플랑시(Jean Laplanche)와 장 베르트랑 퐁탈리스(Jean-Bertrand Pontalis)가 1960년대에 발표한 매우 영향력 있는 글에서 각색한 판타지에 대한 설명이다(Laplanche and Pontalis 1986). 카우이는 그들의 글에서 한 가지 주요한 점을 취하고 있으며 이 점은 영화학에 지속적인 영향을 미쳤다.

> 판타지의 특징은 욕망하는 대상의 획득이 아니라 욕망의 배열, 욕망의 디자인, 즉 욕망의 진정한 연출이다. … 판타지는 특정 대상이 아니라 그것의 디자인에 달려 있다. 판타지의 즐거움은 대상을 가지는 것이 아니라 그것을 디자인하는 데 있다.
>
> (Cowie 1997: 133).

그러므로 판타지를 갖는다는 것은 그 대상이 사랑하는 파트너이건, 새 자동차이건, 좋은 집이건, 어떤 대상을 획득하는 데 대한 판타지를 갖는 것이 아니다. 오히려 그것은 자신이 어떤 상황 — 어떤 '신' — 에 있는 것처럼 상상하는 문제이며 그것이 즐거움의 가능성을 나타낸다. 그러한 판타지가 대개 가져다주는 것은 사회적 상황의 변화이다. 즉, 판타지를 갖는 것에서 중요한 것은 다른 사람과의 관계의 변화이다. 가령, 누가 새로운 직장을 잡는 판타지를 갖는다면 그런 판타지는 단순히 더 나은 직업을 갖는데 대한 것이 아니다. 그것은 또한 돈을 더 많이 소유하고, 자신과 가족을 더 잘 먹여 살리고 — 따라서 가족구성원이 보기에 자신의 위치가 올라가고 — 혹은 더 좋은 직업으로 인해 더 존경을 받는다고 상상하는 것을 의미하기도 한다. 한마디로 그런 판타지는 다른 사람, 가족, 동료, 사회 구성원과의 관계의 변화, 즉 사회에서의 자신의 위치의 변화를 의미한다 (카우이는 판타지 시나리오에서 누군가 취할 수 있는 여러 위치를 나열하기 위해 프로이드의 글 「한 아이가 맞고 있다(A Child Is Being Beaten)」[Freud 1955]를 참조한다).

    카우이가 정신분석 이론에서 취하는 두 번째 중요한 요점은 '창작 작가와 백일몽'에 관한 프로이드의 생각(Freud 1985)과 관련이 있다. 프로이드를 추종하면서 카우이는 백일몽과 여러 허구적인 작업에서 가장 중요한 것(소설과 영화에서 묘사되는 것과 같은)은 **현실로부터의 도피**가 아니라 판타지가 **현실**과 **교차**할 수 있는 방법을 찾는 문제라고 주장한다. 카우이의 주장에 의하면 판타지는 사회적 현실 상황에서의 변화를 소원하는 것이며, 창작 작가들, 영화감독들, 다른 허구의 공급자들이 성취하는 것은 사회적 현실이 달라질 수도 있는 방법을 공식적으로 표현한 것이다. 창작적 픽션 작가 — 혹은 영화감독 — 에게 있어서 중요한 것은 독자나 관객이 **판타지 속으로 들어갈** 수 있는 식으로 판타지를 작성하는 것이다. 그러므로 카우이에게 있어서 이처럼 판타지 속으로 들어가는 것이 어쩌면 허구 영화의 가장 중요한 면이다.

> 우리는 판타지 구조 속으로 들어가 그것이 마치 우리의 것인 양 동일시한다. 이것은 인지적 실수가 아니며, 우리가 허구에 속거나 미혹되는 것이 아니다. 우리는 영화의 허구의 타자성을 잘못 인식하거나 부인하지 않았다. … 우리는 캐릭터의 욕망을 우리의 것으로 취하는 것이 아니라 다른 캐릭터와의 관계에서 캐릭터가 취한 욕망의 입장을 동일시하는 것이다.
>
> (Cowie 1997: 140)

카우이의 가장 중요한 성취는 이것이다. 우리가 영화에서 동일시할 때 우리는 특정 캐릭터와 **동일시**해서 과정에서 우리 자아 존재감을 '상실'하는 것이 아니다. 오히려 우리는 다른 캐릭터와의 관계에서 어느 캐릭터의 **입장**이나 상황과 동일시한다. 이 장의 마지막에서 카우이는 〈가라, 항해자여〉와 〈무모한 순간(*The Reckless Moment*)〉(맥스 오퓔스[Max Ophuls] 감독, 1949)이라는 두 편의 영화를 논의한다. 각 영화에서 그녀는 캐릭터들이 처한 여러 상황을 적시하고 이러한 입장이 구체적인 '욕망의 환경'을 만들어내는 양태에 대해 지적한다. 여기서는 우리의 논의의 목적을 위해 〈가라, 항해자여〉에 초점을 맞추기로 한다.

카우이는 〈가라, 항해자여〉가 무엇보다도 일련의 소원을 제시한다고 주장한다. 이 영화가 결국 주인공인 샬롯 베일(베티 데이비스[Bette Davis])의 이야기이므로 소원은 그녀의 소원이다. 세 가지 주요한 소원을 자세히 이야기하자면 다음과 같다.

1. 중요한 존재로 인식되고 싶은 소원
2. '비밀스러운 사랑'에 대한 소원
3. 좋은 엄마가 되고 싶은 소원

다양한 '욕망의 환경'이 펼쳐지면서 이런 소원의 제시와 발전이 진행된다. 가령 샬롯은 멋없고, 자신감도 없고, 어머니의 손아귀에 꽉 잡힌 사람으로 묘사되며, 가족에서 그녀의 역할은 노년의 어머니를 보살피는 데 있는 것처럼 보인다. 그러나 영화의 초기에 재퀴스 박사(클로드 레인스[Claude Raines])는 그녀를 관심과 흥미를 가지고 인식하고 이해하기 시작하는데, 특히 그녀의 어머니가 인정하지 못하는 소설과 흡연에 대해 샬롯이 관심을 가지고 있음을 주목한다. 그가 그녀의 '비밀스런' 소원을 인정해주고 묵과해주면서 샬롯은 자신을 표현할 길을 찾기 시작한다. 그녀는 이어서 크루즈 여행을 떠나면서 배에 탄 많은 사람들에게 매력적인 여성으로 인정을 받아 활짝 피어나고, 특히 제리 듀란스(폴 헨레이드[Paul Henreid])의 인정을 받아 그와 연애를 하게 된다 (그림 4.1). 중요한 사람으로 인정받고 싶은 그녀의 소원이 크루즈에서 성취된다.

이 소원은 곧 약간 복잡하게 얽히는데, 특히 제리가 유부남이라는 사실로 인해 복잡해진다. 그 후 샬롯은 자격을 갖춘 매력적인 독신남 엘리엇 리빙튼(존 로더[John Loder])과 사귀게 되지만 — 중요한 사람으로 인정을 받을 수 있는 그녀의 능력을 또 한번 입증해 준 사건 — 샬롯이 그들의 약혼을 취소하면서 헤어지게 된다. 이것은 그녀가 전혀 원하지도 않는 소원을 '한번 시도해 본' 것으로 볼 수 있다. 카우이의 주장에 의하면 그녀가 엘리엇을 버린 것은 제리와의 '비밀스런 사랑'에 대한 소원의 증거이며, 이 비밀스런 사랑은 마침내 제리의 버림받은 딸 티나(재니스 윌슨)를 돌보는 형식을 띄게 된다. 이런 해결을 통해 샬롯은 다양한 입장을 취할 수 있게 된다.

- 그녀는 티나에게 엄마가 되며 자기 엄마가 하지 못했던 역할(나쁜 엄마가 아니라 **좋은** 엄마가 되는 것)을 한다.
- 동시에 그녀는 다시 딸이 된다. 왜냐하면 그녀가 엄마와의 갈등을 해결하는 것이 티나를 통해서이기 때문이다.

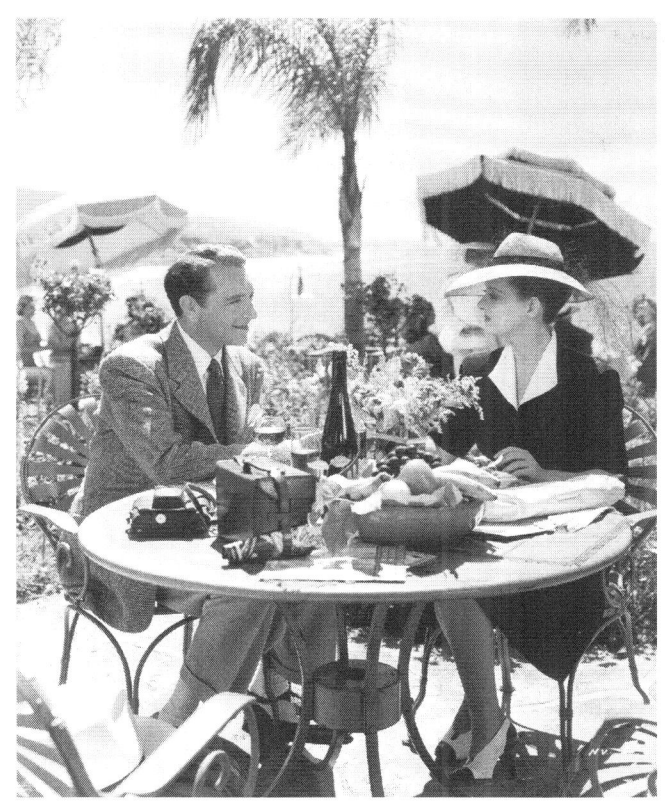

그림 4.1 〈가라 항해자여〉에서 제리 듀란스(폴 헨레이드)와 샬롯 베일(베티 데이비스).
출처: 영국영화연구소. 워너 브러더스.

- 티나를 돌봄으로써 그녀는 제리를 향한 '비밀스런 사랑'을 유지할 수 있게 된다. 왜냐하면 그와 접촉을 계속하는 것이 티나를 통해서이기 때문이다.

이 모든 것은 카우이가 보기에 〈가라, 항해자여〉가 욕망의 다양한 시나리오, 샬롯이 다른 사람과의 관계를 바꿀 수 있도록 하는 많은 다양한 판타지를 제시하고 있다는 것을 말하기 위함이다. 카우이는 또 샬롯이 많은 주체의 입장을 시도함으로써 영화의 관객들도 자신들의 입장을 시도해 볼 수 있게 된다고 결론 내린다. 영화의 판타지에 몰입함으로써, 샬롯이 참여하는 '욕망의 환경'과 동일시함으로써 영화의 관객 또한 그런 역할에 있는 자신들이 그런 입장을 취하는 것을 상상할 수 있다. 따라서 카우이의 주장은 "시각적 즐거움"에서의 멀비의 입장과 비교할 때 페미니즘과 영화의 토대를 급진적으로 바꿔놓는다. 멀비는 대중 할리우드 영화 상영에서 여성이 취할 수 있는 입장을 전혀 찾지 못한 데 비해 카우이는 대중 영화에서 재현된 판타지 시나리오와 관객 사이에서 매우 복잡한 일련의 관계를 발견한다. 카우이는 이런 판타지 시나리오가 여성들에게 동일시할 수 있는 다양한 입장, 그것을 통해 여성적인 것의 지위와 가치가 타협될 수 있는 입장을 제공한다고 주장한다.

재키 스테이시, 「여성적 매혹: 동일시의 문제인가?(Feminine Fascinations: A Question of Identification?)」

(『별 바라보기: 할리우드 영화와 여성 관극성(*Star Gazing: Hollywood Cinema and Female Spectatorship*)』의 제 5장으로 처음 발표됨 [Stacey 1994: 126: 75].)

스테이시의 책 『별 바라보기』는 페미니즘 영화이론에서 정신분석학의 편협한 적용을 넘어서는 것을 과업으로 설정한다. 스테이시는 정신분석학(특히, 제시카 벤자민[Jessica Benjamin]의 글을 원용[Benjamin 1990])의 몇몇 개념을 사용하기는 하지만 정신분석적 영화이론가들이 흔히 사용해 온 동일시의 방식을 넘어서고 올라서는 식으로 동일시의 개념을 재설정하려고 애쓴다. 이 점에서 그녀의 접근은 한편으로는 엘리자베스 카우이가 추구한 것과 나란히 놓을 수 있다. 카우이처럼 스테이시의 접근도 영화에서의 동일시 과정을 고정되고 단일한 정체성의 생산으로만 축소시킨 정신분석 영화이론가들(멀비, 보드리, 메츠 등)을 질책한다. 다중적이고 변화하는 동일시의 과정을 옹호한 카우이처럼 스테이시도 영화에서의 동일시가 관객이 변화하고, 다양하고 다중적인 입장을 취할 수 있는 과정이라는 점에 대해 단호한 입장을 보인다. 그러나 다른 한편에서 스테이시의 주장은 카우이의 주장과 매우 다르다. 스테이시는 정신분석에서 연유한 심리 구조 이론에 의존하는 대신 실제 관객의 증언, 즉 실제로 영화를 보러 가는 사람들(혹은, 스테이시의 연구가 역사적인 것이므로 영화를 보러 갔던 사람들)의 진술과 견해에 의존한다. '관객 연구'라고 알려진 연구 분야(관객 연구에 대해 더 자세히 알려면 9장을 보라)에 의존하는 스테이시의 시각을 고려할 때 그녀의 결론은 카우이의 결론과 약간 다르다.

스테이시의 저술은 어떤 면에서 페미니즘 영화이론에 기여하는가? 그녀의 저술은 1940년대에 영국에서 정기적으로 영화관람을 했던 여성들의 논평과 견해를 모은 것이다. 따라서 그것은 영화 관람이 전성기에 달했던 시기에 영화를 가면서 여성들이 가졌던 기대와 즐거움에 대한 정보를 수집하려는 시도였다. 그녀의 연구는 따라서 멀비의「시각적 즐거움」논문에서 표현된 이론의 직접적 검증으로 볼 수 있다. 멀비는 영화에서 여성들이 동일시할 만한 만족스러운 과정을 발견하지 못했던 데 반해 — 동일시는 대중영화의 남성 주인공들과 동일시하는 남성들만의 전유물이었다 — 스테이시는 과연 그 주장이 맞는가에 대해 경험적인 결정을 하기를 원했다. 그렇게 함으로써 그녀는 여성들에게 목소리를 부여했고 그들의 취향과 즐거움을 표현할 가능성을 허용했다. 말할 필요도 없이 멀비와 달리 스테이시는 여성들이 영화를 갈 때 가담했던 광범위한 동일시의 사례들을 발견했다.

스테이시는 연구의 대상이었던 여성들에게 두 가지 기본적인 영화적 동일시의 타입이 있다고 결론을 내렸다. 그것은 '영화적 동일시 판타지'와

'영화 외적인 동일시 행위'이다. 이 두 가지 주된 범주에는 다양한 하위타입이 있지만 우리의 목적을 위해 우리는 세 가지 타입에만 초점을 맞춘다.

1. 초월
2. 열망과 영감
3. 영화 외적인 동일시 행위

스테이시는 **판타지**에 빠지는 동일시와 실제 **행위**에 빠지는 동일시를 근본적으로 구분한다. 판타지 동일시는 관객의 상상 속에서만 일어나며 '가상'인 동일시이다 (Stacey 1994: 137). 반면 행위는 새로운 신발이나 옷을 획득하거나, 영화 속 캐릭터의 헤어스타일에 근거하여 새로운 헤어스타일을 취하는 등 관객의 물리적 변화로 이어지는 행동이다. 범주 (1)은 판타지에 근거한 동일시와 관련되는 반면 범주 (3)은 동일시 행위이다. 범주 (2)는 판타지와 행위 중간에 있다.

초월

스테이시가 초월이라고 부르는 행위에 가담하는 관객의 전형적인 진술은 응답자 중 한사람인 엘리자베스 로저스가 제공한다.

> 내가 영화를 가는 이유는 판타지, 부, 그리고 무엇보다도 매력의 세계로 도피하기 위해서이므로 나는 보통 여자와 다른 스타들을 선호해요. 나는 나와 다른 스타들을 선호하는데 그 이유는 잠시라도 나를 그들의 위치에 놓을 수 있고 나와는 다른 존재 — 아름답고, 매력적이고, 남성들에게 인기 있는 — 가 될 수 있기 때문이죠.
>
> (Stacey 1994: 150-1)

이런 상황에 대해 스테이시는 관객과 화면상 스타-캐릭터 간의 잠깐 동안의 동일시는 있겠지만 이런 동일시는 잠정적인 것에 지나지 않아 관객의 자아와 캐릭터의 자아는 여전히 분리된 채로 있다고 주장한다. '일시적인 판타지 자아가 점유하겠지만 여기서는 스타의 정체성이 여전히 1차적이다' 라고 스테이시는 말한다. 또 "이러한 일시적인 일방적 움직임이 관객 자신의 정체성을 변화시키지는 않는다"(Stacey 1994: 151)고 스테이시가 말을 잇는다. 여기서 작동되는 동일시는 따라서 일시적이어서 관객과 영화 스타 혹은 영화 캐릭터의 근본적인 정체성은 여전히 변화되지 않은 상태이다.

열망과 영감

스테이시가 발견한 두 번째 종류의 동일시는 관객들이 자신이 결코 스타처럼 되지 않을 것을 아는데도 불구하고 스타-캐릭터가 관객을 위해 '역할 모델' 같은 것, 뭔가 열망할 만한 것을 제공하는 것이다. 그러므로 이러한 동일시는 관객 자신의 정체성에 부분적인 변화를 포함한다. 왜냐하면 그들에게 열망할 대상, 목표로 삼는 무엇인가를 제공하기 때문이다. 이런 종류의 반응을 특징적으로 보여주는 사례가 바로 노라 터너이다.

> 영화 속의 역할을 하는 할리우드 스타들은 우리가 되기를 열망했던 모든 것을 대표한다. 그들은 우리가 결코 갖게 될 가능성이 없는 아름다운 옷과 보석으로 치장하고 우리가 감히 해 볼 용기가 없음을 아는 놀라운 일들을 한다.
>
> (Stacey 1994: 152)

또 다른 사례인 마리 버제스는 영화 스타들이 '달성할 가능성이 없는 것을 성취할 수 있을 것 같은 기분이 들게' 만들었다고 말하고 (1994: 159), 조운 클리포드는 "나는 강하고, 능력 있고, 독립적인 여성 캐릭터들을 보는 것을 좋아했는데 그 이유는 나도 그들처럼 되고 싶어서이다"(Stacey 1994:

154)라고 인정한다. 따라서 이런 범주의 동일시는 관객과 스타-캐릭터 간의 경계가 어느 정도는 흐려지는 동일시이다.

영화 외적인 동일시 행위

이러한 타입의 동일시에서는 이것이 관객의 행위에 물리적인 변화를 포함한다는 점에서 관객을 분명히 변화시킨다. 이것은 영화 밖에서 일어나는 변화이다. 따라서 스테이시는 이것을 '영화 외적'이라고 부른다. 그리고 이것은 일시적이거나 단명한 변화가 아니라 관객 쪽은 실질적인 투자와 헌신을 포함한다 (그림 4.2). 베라 카터는 이런 종류의 동일시를 요약한다.

> 나는 베티 데이비스의 열렬한 팬이었고 그녀를 〈어두운 승리(*Dark Victory*)〉에서 보던 것이 기억나요.… 그 영화는 내게 엄청난 충격을 주었어요. 집으로 돌아와서 거울을 보며 그녀처럼 보이기 위해 미친 듯이 머리를 빗던 것이 기억나요.
>
> (Stacey 1994: 167)

스테이시는 그러한 과정은 관객의 정체성이 스타-캐릭터와 어떤 물리적 방법으로 합병되려고 하는 과정이며, 그런 과정에는 '여성성의 문화적 이상에 따라 자신을 주체와 객체로 동시에 생산'(Stacey 1994: 168)하는 것이 포함된다고 결론을 내린다. 따라서 여기서는 관객과 스타-캐릭터의 경계가 확실히 흐려진다.

　스테이시의 저술이 영화에서 여성 동일시의 분야를 실질적으로 확장했다는 데 대해서는 의문의 여지가 없다. 여성 동일시가 전혀 없던 멀비의 입장으로부터, 영화에서 변화하는 다중의 판타지 동일시를 이야기했던 카우이를 거쳐, 스테이시의 저술에서는 다양한 범위의 여성들이 '영

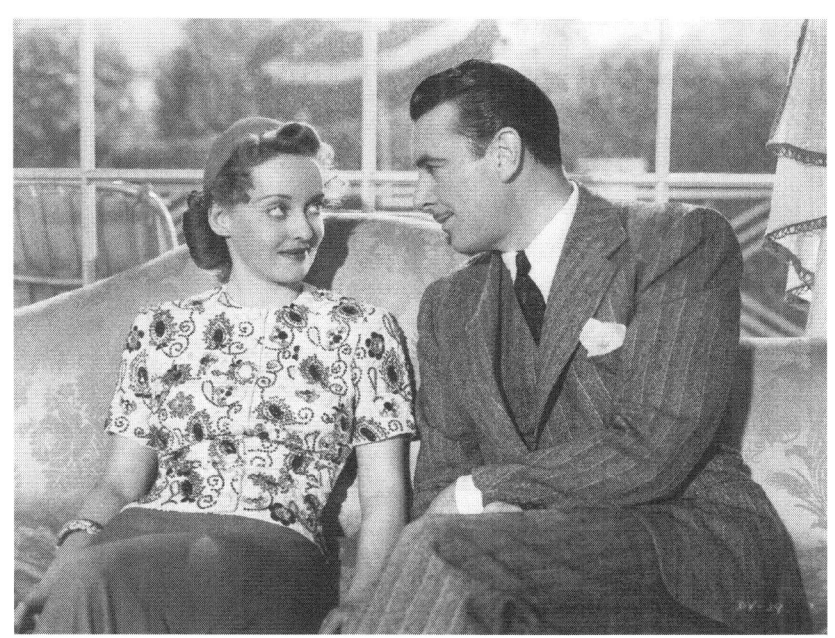

그림 4.2 〈어두운 승리〉에서 주디스 트라헌 역의 베티 데이비스와 프레드릭 스틸 박사 역의 조지 브렌트.
출처: 영국영화연구소. 워너 브러더스.

화를 보러 갈' 때 기능하는 온갖 종류의 작용들에 접근하게 된다. 스테이시의 책에서 가장 주목할 만한 것은 여성이 자신의 주체성의 모델을 찾기 위해 영화를 간다는 생각이다. 그들이 영화를 가는 것은 여성의 불평등이나 굴종에 대한 부정적인 판타지를 찾기 위해서가 아니라 여성들이 갈망할 수 있고 여성의 삶에 적극적이고, 구체적인 변화를 이끌 수 있는 모델을 찾기 위함이다. 스테이시는 "동일시는 단순히 기존의 여성성을 수동적으로 재생산하는 것이 아니라 변화하는 정체성에 적극적으로 참여하고 생산하는 것을 포함한다"(Stacey 1994: 172)고 말한다. 영화를 가는 것은 여성들이 새로운 정체성을 취하고, 자신들의 존재 방식을 가능한 한 변화시키고, 새로운 존재 양식을 채택하는 기회였다.

바바라 클링거,

「예술 영화, 감동, 그리고 여성 관객: 다시 보는〈피아노〉(The Art Film, Affect and the Female Viewer: *The Piano Revisited*)」

(『스크린』47(1): 2006 [Klinger 2006])

바바라 클링거의 최근 논문은 여성 관객과 영화의 관계를 생각하는 새로운 방식을 열어준다. 그러나 클링거의 주장을 자세히 살펴보기 전에 먼저 페미니즘 영화이론이 영화이론에서의 논쟁의 방향을 좀 더 일반적인 차원에서 전환시킨 것에 대해 이해하는 것이 좋겠다. 페미니즘 이론은 마르크스주의와 장치이론과 연관된 논쟁 — 일반적 해방이라는 메타 서사에 기초를 둔 — 의 방향을 개인 정체성의 표현과 발화에 대한 논쟁으로 바꾸게 했다. 가령 스테이시는 모든 관객에게 유효한 결론을 맺는 데 목을 매지도 않으며, 모든 여성들이 앞으로 매달려야 할 관극성의 모델을 찍어내야 한다고 생각하지도 않는다. 오히려, 그녀는 개별 여성들이 영화와 관계를 맺게 될 수많은 방법들을 자세히 설명하는데 신경을 쓴다. 따라서 그녀의 주장은 모든 여성을 해방해야 한다는 주장을 하기 보다는 영화에서 여성들에게 작동하는 다양한 관극성의 양태를 우리가 더 잘 이해하도록 노력한다. 따라서 그녀의 주장은 영화이론을 모든 사람의 해방과 연관된 입장으로부터 차이의 발화가 가장 중요한 입장으로 이동시킨다.

클링거의 주장은 스테이시의 혁신을 잠정적으로 발전시킨 것으로 볼 수 있다. 영화에 대한 개인적 반응의 적절성을 출발점으로 삼으면서 클링거는 특정 영화의 특정 장면에 대한 자신의 매우 개인적인 반응에 대한 이해를 심화하는 쪽으로 작업을 한다. 이 장면에 대한 자신의 반응을 세밀하게 검토하면서 그녀는 영화를 관람할 때 기능하는 많은 복잡한 관계와 영향을 밝히는 쪽으로 작업을 한다. 그 장면이 끌어낸 개인적인 생각들 속으로 가능한 한 깊이 파고듦으로써 클링거는 자신의 특별하고 개인적인 정체성의 이해를 고양시키는 쪽으로 나아간다. 그녀의 표현대로 그녀의 논문은 '정체성과 자기인식의 중대한 변화에 초점을 맞추어 여성적 경험을 특별히 구조화하려는 맥락 속에서 어떤 시각적 청각적 요소의 조합'(Klinger 2006: 40)을 풀어내려는 시도이다.

우리는 또 다시 이런 질문을 할 수 있다. 클링거의 글은 페미니즘 영화이론에 어떤 기여를 하는가? 매우 개인적이고 주관적인 것을 그녀가 강조하는 것은 1970년대와 1980년대에 콜린 맥케이브, 스티븐 히스 등이 제기한 정치적 주장의 연장선이라고 우리는 주장할 수 있겠다. '영화에서의 리얼리즘'에 대한 맥케이브의 주장을 다시 생각한다면, 그는 '객관적 담론'이라고 치부되던 것들의 단점을 부각시키고 특정한 주관적 반응의 표현을 옹호했다고 할 수 있다 (3장을 보라). 이것을 통해 필요성이 제기된 것은 줄리아 크리스테바의 글에서 원용한 용어인 '과정중의 주체'(Kristeva 1998을 보라)의 이론화, 그리고 '주체의 새로운 정치적 모델'(MacCabe 1985b: 9)이다. 게다가 맥케이브는 '우리의 다양한 동일시 속에서 진정한 이질성과 모순을 허용'(MacCabe 1985b: 10)할 수 있는 '정체성의 이론'을 생산하려고 애썼다. 페미니즘 영화이론은 '과정 중의 주체'를 이론화하는 방법과 '다양한 동일시'의 본질을 발견하는 데 많은 발전을 해온 것처럼 보인다. 그리고 이 발견들은 카우이, 스테이시, 그리고 많은 다른 페미니즘 영화이론가들의 작업에서 분명히 드러난다. 클링거는 한 세대 이상의 페미니즘 영화이론가들의 발견들을 확장하고 그것을 개인화된 정교함의 새로운 차원, '과정 중의 주체'를 드러내는 새로운 차원으로 가져간다. 이것은 영화학에서 전에 볼 수 없었던 '다양한 동일시'의 합성이라고 할 수 있다. 그녀가 구체적으로 여성적인 시점을 표현한 것은 여성적 정체성의 이해에 한 층 더 보탬이 된다.

클링거는 이미 많은 페미니즘 비평의 초점이 되어 온 제인 캠피온(Jane

Campion)의 1993년 작 〈피아노〉에 매우 자세하게 집중한다. 〈피아노〉는 19세기 후반 뉴질랜드의 소외된 정착지를 배경으로 잔인하고 애정이 없는 결혼생활에 갇힌 여성을 다룬, 특히 울림이 있는 영화이다. 영화의 여주인공인 에이다 (홀리 헌터[Holly Hunter])는 불행한 결혼생활 속에서도 피아노를 연주하는 데서 위안을 찾는다. 동시에 그녀는 가무잡잡하고 문신을 한 원주민 조지 베인즈(하비 카이텔[Harvey Keitel])에게 낭만적으로 끌리게 된다. 그녀는 마침내 남편과 헤어지고 베인즈와 피아노와 함께 뉴질랜드를 떠난다. 뉴질랜드 해변을 떠나 항해하는 도중 그녀는 피아노를 바다 속으로 던져버리기로 결심한다. 아마 그것이 그녀의 옛 생활, 사랑이 없는 결혼생활을 엄숙하게 상기시켜주는 물건이었기 때문일 것이다. 영화는 이제 그녀가 새 삶을 시작할 수 있고 더 이상 피아노가 필요 없다고 말하는 것 같다. 피아노가 바다 밑바닥에 가라앉을 때 에이다의 발목이 피아노를 붙들어 맨 로프에 걸리고 그녀도 바다에 빠진다. 그녀는 로프를 풀고 다시 배 위로 안전하게 귀환한다.

영화의 마지막에 그녀는 베인즈와 행복한 삶을 살고 있다. 그러나 영화는 피아노가 바다 바닥에 떨어질 때 에이다가 피아노에 묶였던 것을 다시 상상하는 것으로 끝난다. 이것이 클링거의 논문에서 그녀를 사로잡는 장면이다.

> 에이다는 결코 과거를 완전히 떠난 것이 아니다. 그녀는 꿈, 소원, 혹은 홀림의 혼합으로 시각화된 자신의 죽음에 대한 생각을 여전히 품고 있다. 자신의 내면의 목소리를 통해 에이다는 자신이 거의 직면할 뻔 했던 운명에 대해 밤마다 생각하고 있음을 이야기한다. 그녀는 바다 속 무덤에 있는 피아노를 상상하고 자신이 한때 그랬던 것처럼 로프에 발목이 걸린 상태로 구속된 자신을 본다.
>
> (Klinger 2006: 22)

클링거는 이 장면을 언급하고, '사로잡는 이미지'(arresting image)의 한 사례로 그녀가 이 장면에 대해 보였던 정서적이고 감정적인 반응을 이야기한다. 이 장면은 그녀에게 ― 모든 사람에 해당되는 것은 아니다. 클링거는 자신의 반응을 일반화하려 하지 않고 오히려 그것을 **주관적인 것**으로 탐구하려고 한다 ― 특별한 정서적 충만함을 지니며, 이것은 사진과 관련해서 롤랑 바르트가 사진의 점(punctum)이라고 지칭했던 것(Barthes 1981)에 비할 수 있다. 사로잡는 이미지는 맥케이브가 객관적 담론이라고 불렀던 것의 직접적인 대칭점이다. 왜냐하면 이것은 극히 개인화되고, 주관적이고, 모호하고, 상반되며 불확실한 형식의 담론적 발화이기 때문이다.

클링거는 〈피아노〉에서의 이 특별한 장면이 왜 자신에게 그러한 감정적 **효과**를 미치는지 알기 위해 자신의 경험을 파헤치려 한다. 그녀는 자신이 보았던 다른 영화들(히치콕의 〈레베카(*Rebecca*)〉[1940], 고다르의 〈내가 그녀에 대해 아는 두세 가지 것들(*Two or Three Things I Know About Her*)〉[1966], 그리고 쿠퍼(Cooper)와 쇼드색(Shoedsack)의 〈킹콩(*King Kong*)〉[1933])에서 비슷한 이미지와 환기된 생각들을 발견하지만, 궁극적으로 〈피아노〉의 '사로잡는 이미지'의 울림은 클링거를 개인적 고백의 한계까지 밀어붙인다. 이 장면의 감정적 힘이 충만한 것은 클링거가 자신의 과거로부터의 한 요소에 대해 반응하기 때문이며, 자신의 과거와 〈피아노〉가 불러일으킨 과거가 교차하기 때문이다. 클링거에게 그토록 감동을 준 〈피아노〉의 마지막 장면은 어린 시절의 꿈을 그녀에게 일깨워준다.

> 악몽을 꿀 때 나는 심장이 두근거리며 나쁜 꿈에서 깨어났는데, 그 때마다 문간에 서 있는 큰 물체를 보았다. 그 물체는 알고 보니 큰 털 복숭이 원숭이였는데 나를 쫓아 온 시골구석을 다니기 시작했다. 탈출하려고 마지막 안간힘을 쓰면서 나는 사진이나 영화 이미지에서 처럼 '드림 숏'으로 공중에 높이 뛰어올랐다. 이 프레임 속에서 나는 내 발목과 발이 공중에, 나를 쫓는 원숭이의 앞발과 팔이 밑에서 나를 향해 뻗는 것을 볼 수 있다. … 그때 원숭이가 내 발목을 붙잡고

나는 이제 끝장이라는 걸 깨닫는다. 잠시 후 나는 진짜 깨어나 그것
이 단지 꿈이었다는 걸 깨닫는다.

(Klinger 2006: 36-7)

클링거는 이 꿈의 프로이드적 해석을 피하고 대신 〈피아노〉의 마지막 장면
을 볼 때 꿈이 만들어낸 감정적 반응이 다시 촉발되었던 방식에 집중한다.
클링거의 주장에서 중요한 것은 바로 이러한 감정적 울림이다. 영화가 이
런 차원에서 작동할 능력 ㅡ 즉 과거와 현재의 혼합으로서, 현재 보고 듣고
느끼는 것과 교차하는 퇴행과 기억이라는 역학의 관점에서 ㅡ 이 있다는 것
을 지적하는 것이 클링거의 분석의 목표이다. 그녀는 다음과 같이 결론을
내린다.

따라서 관객들 간의 특수한 사정은 분명 다르겠지만 〈피아노〉는 개인
화를 부추긴다. … 관객의 경험과 이질적인 방식으로 교차할 가능성을
가진 여성 정체성의 드라마를 적나라하게 재현함을 통해.

(Klinger 2006: 40)

클링거의 주장은 페미니즘과 관련해 영화이론에서 일어나고 있는 의미심
장한 지각변동의 정점이다. 중요성을 인정받고 탐색 받는 개인화된 여성적
반응은 멀비의 「시각적 즐거움」(그리고 보드리나 메츠와 같은 다른 이론가
들의) 논문에서 여성들이 위임받았던 남성성으로의 귀결과는 천양지차이
다. 이 장의 서두에서 천명했듯이 페미니즘이 영화이론에 끼친 공헌은 과
소평가될 수가 없다. 왜냐하면 영화이론의 전체 지각변동이 급격하게 일어
나고 있는 것도 바로 페미니즘의 영향이기 때문이다. 그 지각변동은 영화
관람의 즐거움이 해로운 것은 아니라 하더라도 매우 의심스러운 눈총을 받
았던 1970년대의 교조적인 마르크스주의에서부터 구체적인 영화적 즐거
움을 더 분명하고 더 공감을 가지고 이해하려는 희망에서 수용하고 질문하
는 것으로의 변화이다.

용 어 해 설

- **거세불안**: 정신분석 이론에서 거세불안은 자신이 거세될 것에 대한 무의식적 두려움을 지칭한다. 따라서 남성에게 이 불안은 어머니와 함께 하고 싶은 욕망의 결과로 아버지에게 처벌받을 것이라는 두려움, 그리고 오이디푸스 콤플렉스와 밀접하게 연관되어 있다. 사내아이는 페니스를 소유하지 않은 인간들(여자들)도 있다는 것을 알기에 이 처벌이 거세의 형식을 취할 것이라는 구체적 두려움을 가진다. 따라서 거세의 두려움은 오이디푸스 콤플렉스의 소멸과 밀접히 연관되어 있다.

- **관음증**: 관음증은 스코포필리아와 일반적으로 동의어로 간주된다. 그러나 로라 멀비는 여성 캐릭터가 남성 관객에게 제기한 위협을 할리우드 영화가 다스리는 방법으로 관음증을 이론화한다. 관음증 상태 하에서 어떤 할리우드 영화들은 여성 캐릭터를 남성의 통제 하에 두기 위해서 그들을 제압하거나 처벌한다.

- **동일시**: 영화학에서 많은 논란이 되는 용어. 크리스티앙 메츠에게 동일시는 1차와 2차 동일시로 나뉜다. 1차는 넓게 말해서 관객이 카메라와 동일시하는 것인 반면 2차는 관객이 캐릭터와 동일시하는 것이다. 로라 멀비에게 있어서 동일시는 관객이 자신이 영화 속 캐릭터라고 상상하는 과정이며 따라서 관객은 닮고 싶은 캐릭터와 동일시한다. 반면 재키 스테이시는 관객이 취할 수 있는 여러 타입의 동일시가 있다고 말하고, 엘리자베스 카우이는 관객이 캐릭터와 직접적인 동일시보다는 캐릭터가 서사에서 점유하는 다양한 역할과 입장과 더 많이 동일시한다고 주장한다.

- **스코포필리아**: 로라 멀비가 이론화한 정신분석 관점에서 나온 용어로 문자적으로 '보는 즐거움'을 뜻하는 스코포필리아는 할리우드 영화가 (남성) 관객에게 시각적 보는 즐거움을 장려하는 방식을 지칭한다.

- **판타지**: 동일시처럼 판타지도 영화학에서 논란이 많은 용어이다. 엘리자베스 카우이는 판타지가 욕망의 환경을 지칭한다는 것을 주장하기 위해서 라플랑시와 퐁탈리스와 같은 정신분석학자의 책에서 정의를 가져온다. 그 결과,

판타지는 인간이 욕망하기를 배우는 방식을 지칭한다. 그와 대조적으로 재키 스테이시에게 영화에서의 판타지 동일시는 가상이며 관객의 상상력에서만 일어나는 것이다. 이런 이유에서 스테이시는 판타지를 실행과 반대 개념으로 생각하며, 실행은 가상이 아니라 '실제' 경우를 포함한다.

- **페티시적 스코포필리아**: 정신분석 이론의 결과물인 페티시적 스코포필리아는 성적 물체를 보는 데서 얻는 즐거움에서 연유한 성적 만족과 구체적으로 연관된다. 로라 멀비가 보기에 페티시적 스코포필리아는 여성 캐릭터가 야기한 잠재적 거세불안을 무효화하는 구체적인 한 방법이다. 여성 캐릭터를 매력적인 욕망의 대상으로 만듦으로써 할리우드 영화는 남성 관객이 페티시적 스코포필리아에 가담하여 거세불안을 억압하게 한다.

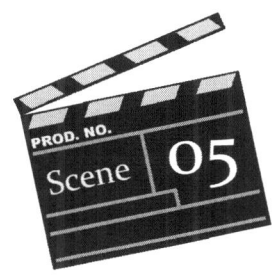

타자의 영화
_ 탈식민주의, 인종과 퀴어 이론

우리가 여기서 '타자의 영화'라고 부르는 것은 넓게 말해서 『스크린』이론과 페미니즘 영화이론에 빚을 진 영화이론의 세 가지 운동을 설명하기 위한 시도이다. 그것은 **탈식민주의** 영화이론, **인종**과 영화에 관한 이론들, 그리고 **퀴어** 영화이론이다. 이 운동들은 마이너리티 그룹, 즉 영화에서 불충분하게 재현되거나 잘못 재현된 사람들의 집단에 관심을 보인다는 점에서 궤를 같이 한다. 이런 마이너리티 그룹에 관심을 돌림으로써 이 집단들은 자신을 대변하고 재현할 용기를 가질 수 있다. 그렇다면 이런 이론들의 목적 중 하나는 마이너리티 그룹들이 주류 지배적 양식에 의해 결정되지 않은 방식으로 자신을 재현할 수 있도록 지배적 중심―특히 할리우드―으로부터 재현의 부담을 덜어주는 것이다. 이런 입장이 페미니즘 영화이론과 어떻게 부합되는지 우리는 금방 알 수 있을 것이다. 왜냐하면 페미니즘 영화이론은 여성들이 영화에서 자신을 위해 말할 수 있는 입장, 하나의 목소리를 부여하려는데 기반을 두고 있기 때문이다. 영화에서 여성의 위치가 남자에 의해 결정되었다면 페미니즘 영화이론의 과업은 영화에서 여성의 위치를 여성의 손에 다시 되돌려 놓는 것이다. 같은 문제가 이 장에서 접근하는 '타자성'의 영역들을 직면하고 있다. 식민지 국가들, 마이너리티 인종, 게이, 레즈비언과 다른 퀴어 정체성들이 모두 주류 재현 양식 ― 대개 백인, 유럽 남성의 양식 ― 에 의해 결정되어 왔다면 타자의 영화를 정의하는 과업은 정체성과 운명에 문제가 있는 사람들에게 그것을 돌려주기 위해 그 결정권을 중심부로부터 빼앗아 오는 것이다.

'타자의 영화'와 페미니즘 영화이론 간의 상관관계는 처음부터 분명해 보이지만 『스크린』이론이나 장치 이론과의 관계는 어떠한가? 우선, 장치 이론과 『스크린』이론 모두 유럽의 영화제작 전통에 초점을 맞추고 유럽의 사상적 전통(구조주의, 기호학과 프로이드 정신분석학)으로부터 나왔다는 데는 의심의 여지가 없다. 그러나 동시에 장치에 대한 장 루이 보드리의 비판은 주류 영화가 관객을 주체로(Subject 대문자 S) 생산하는 **고정성과 보편성**을 비판하는 것이었다. 영화적 장치의 주류 양식에 대한 그의 비판은 **다른 종류의 영화**, 할리우드의 이데올로기적 장치의 고정성과 보편성을 무너뜨릴 수 있는 영화에 대한 호소였다. 새로운 종류의 영화에 대한 『스크린』이론의 호소 또한 반 리얼리즘적이고 모더니즘적인 충동에 기반을 둔 것이지만 그러한 호소가 '타자의 영화'를 옹호하는 데서 반복되는 것을 많이 볼 수 있어서 크게 볼 때 타자의 영화의 이론화는 『스크린』이론이 표현한 입장의 연장선이라고 말할 수 있을 것이다. 가령 어떤 작가들은 타자의 영화가 고전 리얼리즘(콜린 맥케이브가 부여한 의미의)에 의존할 수 없다고 주장하는가 하면 다른 작가들은 브레히트식의 전경화와 거리두기 전략이 바로 타자의 영화를 생산하는 데 필요한 것이라고 주장하기도 한다. 이런 주장들이 어떻게 펼쳐지는지 이 장을 통해 살펴볼 것이다.

재현을 넘어서기

'타자'의 영화를 이론화하는 것은 영화학에서 오랜 역사를 지니고 있다. 그러나 대부분의 학자들은 1980년대까지는 그런 연구들의 대다수가 이론적으로 순수했다는 데 의견을 같이 한다. 따라서 1980년대 이전에는 그런 주장의 핵심은 할리우드 영화(그리고 프랑스, 이탈리아, 영국 등 주류 영화의 다른 지류)가 유럽 출신의 백인 이성애 남성의 재현에 특전을 주어 다른 형태의 인간은 이 주류에 종속되었다는 것이다. 따라서 백인 남성 카우보이는 미국 인디언의 후진성을 측정할 수 있는 잣대였다. 아랍이나 아시아 테러리스트는 그들의 제거가 백인 주인공의 정력과 성공의 표시 역할을 하는 '악당'이었다. 흑인 하녀 혹은 집사(혹은 그보다 더 나쁜 것은 D.W. 그리피스의 악명 높은 〈국가의 탄생(*The Birth of a Nation*)[1915]〉에 나오는 거스(월터 롱[Walter Long])와 같은 캐릭터가 대표하는 악한 야만인)는 올곧은 백인 사회가 판단을 받을 수 있는 복종상태의 '타자'였다. 한편 일탈된 섹슈얼리티의 재현은 영화에서의 엄격한 이성애의 요구에 의해 거의 완전히 숨겨져 있었다. 그러므로 타자의 영화를 연구하는 데 관심이 있는 학자들은 주류 영화에서 마이너리티 주체의 입장이 재현된 부정적 스테레오타입을 공격함으로써 시작했다. '타자' 주체가 주류(백인, 남성) '주체'(대문자 S)에 의해 종속된 방식을 지적하는 것은 따라서 주류영화의 재현 전략의 한계를 비판하는 수단이었다.

이러한 부정적인 고정관념을 발굴하는 과정과 함께 재현에 반발하는 전략도 등장했다. 즉, 그것은 이전에 잘못 재현된 '타자' 주체의 **긍정적인** 이미지를 제공하는 영화 제작 방식이었다. 미국의 언더그라운드 영화의 한 지파—1960년대의 앤디 워홀(Andy Warhol), 케네스 앵거(Kenneth Anger), 잭 스미스(Jack Smith)의 작품이 대표하는—는 영화에서 게이와 레즈비언의 자아재현의 청사진을 제공했다. 또 1970년대 초 미국의 블랙스플로이테이션(blaxploitation) 영화의 부상은 흑인들의 자기 재현의 출구를 제공했다 (흑인을 위해 만들어진 영화는 미국에서 오랜 역사를 가지고 있지만). '타자' 국가들 — 가령 아프리카와 남미 — 의 영화감독들은 식민지 국가의 무시된 주체들의 긍정적인 재현을 제공하려는 욕구를 가지고 1960년대와 그 이후에 번성했다.

할리우드와 유럽의 '예술' 영화의 이론화에 몰두한 영화이론이 실제 영화 제작 **행위**와는 10년 정도의 격차가 있다는 주장은 부인할 수 없는 사실이다. 타자의 영화가 어느 정도의 이론적 복잡성을 가지고 접근되기 시작했던 1980년대에 이론가들 사이에서 유행하던 비유는 이런 영화들을 이론화하기 위해서는 긍정적 부정적 이미지의 이분법을 넘어서는 것이 필요하다는 느낌이었다. 영화이론이 타자의 부정적 이미지를 비판하고 긍정적인 이미지를 내세우는 것만으로 충분하지 않았다. 왜냐하면 그런 논란들은 어쩔 수 없이 영화 이미지를 리얼리스틱한 것으로 취급하는 주장들이기 때문이다. 로버트 스탬(Robert Stam)과 루이스 스펜스(Louise Spence)는 「인종차별주의, 식민주의, 그리고 영화」라는 『스크린』 1982년 특집호에 실린 중요한 서문에서 이런 주장을 한다 (Stam and Spence 1985). 그들은 다음과 같이 말한다.

> 리얼리즘에 대한 강조는 서사의 개연성과 모방의 정확성, 부정적 스테레오타입과 긍정적 이미지에 관한 적절한 질문들을 제기하면서도 종종 예술 전반과 특히 영화에 대해 핍진성의 가능성에 대한 믿음을 과장하여 영화란 결국 구축물, 조작, 재현에 그치지 않는다는 사실을 외면했다.
>
> (Stam and Spence 1985: 634)

따라서 스탬과 스펜스가 요구하는 것은 타자성의 **영화적** 가능성에 대한 특별한 관심, 단순히 타자성의 이미지가 긍정적이냐 부정적이냐를 지적하는 것을 넘어서는 관심이다. 타자성의 긍정적 이미지와 부정적 이미지 사이의 싸움은 여전히 이 이론들이 전개될 심한 논쟁의 싸움터가 될 것이다. 우리는 이 장을 통해 이론적인 접근들이 좀 더 민감해진 이 때에도 긍정적인 이미지와 부정적인 이미지를 구분하는 것이 여전히 과장되었지만 중요한 논란의 분야로 남아 있는지 살펴볼 것이다.

스튜어트 홀(Stuart Hall)은 이런 이슈들을 다룬 주요한 글 중에서 이런 논란들을 섭렵해보는 방법을 논의하고 있다. 홀은 텔레비전과 영화에 관한 글을 주로 다루며, 영국 내 문화연구 분야에서 큰 영향력을 미친 뛰어난 문화연구 학자이다. 그는 또한 자메이카에서 태어난 카리브 계의 학자이기도 하며 성인의 삶을 영국에서 보냈다. 1989년에 카리브영화제 창립행사의 개막식 연설을 해달라는 권유를 받고, 그는 자신을 '카리브인'이라고 규정하는 것이 어떤 의미인가에 대해 생각해보았다. 그는 카리브 정체성을 규정하는 것이 유사성과 차이점의 양극점 사이에 위치할 수 있다고 생각했다.

■ 한 쪽 극단에서 정체성은 유사성, 즉 그것을 통합하는 문화의 양상에 의해 정의된다. "이런 정의의 조건 하에서 우리의 문화적 정체성은 공통의 역사적 경험과 공유된 문화적 코드를 반영한다. 이런 경험과 코드는 '하나의 국민'으로서의 우리에게 안정되고 변함없는 참조와 의미의 틀을 제공한다"(Hall 2000: 705). 따라서 어떠한 문화적 정체성도 문화적 유산의 유사성에 의해 통합된다.

■ 다른 극단에서 홀은 어떤 문화의 정체성이 언제나 차이에 의해 침투되는 방식을 강조한다. 그는 어떤 문화의 구성원들 사이에서도 차이는 언제나 존재할 것이기 때문에 어떠한 문화적 통일성도 유사성의 면을 식별하고 생산하면서 동시에 그것을 정의하는 구체적 차이들을 설명해야한다고 주장한다. "이런 관점에서 문화적 정체성은 고정된 핵심이 절대로 아니다"고 홀은 주장한다 (Hall 2000: 707). 오히려 이런 정체성의 개념은 끊임없는 '되어가기'에 의해 규정되는, 어떤 정체성이 역사를 통해 변화하고 변모해가는 방식에 의해 규정된다는 개념이다.

문화적 정체성에 대한 요구는 그런 정체성이 식민 지배나 문화적 지배에 의해 오염되기 전에 존재했던 '진정한' 혹은 '순수한' 유산, 근원으로 돌아가자는 주장이 될 수 없다고 홀은 지적한다. 진정한 유산의 개념은 이미 역사 속으로 사라져 버렸고 다시 되찾을 수가 없다. 그러므로 홀이 강조하고 싶은 것은 문화, 특히 마이너리티 문화가 과거의 유사성을 반영하고 미래의 차이를 바라볼 수 있는 방식으로 자신의 정체성을 끊임없이 변화시키고 재정의하려고 노력해야 한다는 것이다. 홀은 결론을 내린다. "**디아스포라** 경험은 핵심이나 순수가 아니라 필연적인 이질성, 다양성에 의해 정의된다. 차이에도 불구하고가 아니라 차이를 통해 차이와 함께 살아가는, **혼종성**에 의해 살아가는 '정체성'의 개념에 의해 정의된다" (Hall 2000: 713). 우리는 '타자의 영화'들을 각각 분석하면서 이런 입장들이 어떻게 발화되고 논의되는지 살펴볼 것이다.

탈식민주의 영화와 이론

(로버트 스탬과 루이스 스펜스[Robert Stam and Louise Spence], 「식민주의, 인종차별주의, 그리고 재현[*Colonialism, Racism, and Representation*]」 니콜스 편, 『영화와 방법』제 2권 [Stam and Spence 1985].)

우리는 1982년에 나온 「식민주의, 인종차별주의, 그리고 재현」에 관한 스탬과 스펜스의 중요한 글을 이미 언급할 이유가 있었다. 그들은 식민주의와 탈식민주의 영화가 결정적으로 반식민주의적이라고 생각될 수 있는 방법을 고안하기 위해서는 재현의 이론을 넘어설 필요가 있음을 강조한다. 그러나 그런 방법이 어떻게 효과를 발휘할 수 있을지 설명하기에 앞서 그들은 식민주의, 인종차별주의, 제 3세계에 대한 정의를 제기한다. **식민주의**는 유럽의 열강(미국 포함)들이 힘이 약한 나라들, 특히 아프리카, 아시아, 남미에 있는 식민지와 예전 식민지에 대해 지배력을 행사하는 것을 지칭한다. 제3세계는 식민화의 과정에서 역사적으로 희생된 자, 즉 식민화의 여파를 겪은 국가와 국민들을 지칭한다. 스탬과 스펜스는 나아가 **인종차별주의**가 본질적으로는 식민주의 정책의 결과라고 주장한다. 흑인, 아시아인, 아프리카인, 아랍인, 그리고 다른 원주민들이 유럽 정복자들에 의해 체계적으로 지배당했으며 계속 지배당하고 있다는 것이다.

식민지 영화감독들은 압제자의 세력에 도전하려는 구체적 시도로 식민지 국민들에게 긍정적인 목소리를 부여하고 그들이 자신의 이야기를 할 수 있는 영화를 제작하려고 했다. 그러나 그러한 많은 영화들은 우리가 3장의 리얼리즘 논의에서 만났던 것과 비슷한 **진보적 리얼리즘**의 형식이었다. 스탬과 스펜스는 진보적 리얼리즘이 식민 압제와 같은 정치적 문제의 밑바탕이 되는 구조적 원인을 지적하는데 결코 만족스럽지 못하다는 맥케이브의 판결에 동의한다. 그들은 맥케이브를 반향하면서 "리얼리티'는 자명하게 주어지지 않으며 '진실'은 카메라로 금방 포착될 수 있는 것이 아니다"고 주장한다 (Stam and Spence 1985: 639). 그 결과 스탬과 스펜스는 반식민주의 영화제작에 대한 요구에서 등장할 수 있는 구체적인 영화적 특징이 필요하다고 강조한다. 그러한 영화제작은 매체의 파워에 대한 인식을 보여주어야 한다는 것이다. "영화가 강조해야 하는 것은 원래의 '실제' 모델 혹은 원형에 대한 충실도, 혹은 재현의 완벽한 정확성보다는 서사의 관행, 장르의 관행, 영화 스타일이 되어야 할 것이다"(Stam and Spence 1985: 641). 여기서 그들은 우리가 초점을 맞추어야 할 타자의 영화의 두 가지 양상을 강조한다. (1) 압제받는 국민을 긍정적으로 재현하는는 것만으로는 충분하지 않다. (2) 이 국민들이 자신을 표현하기 위해 그들의 '본질'로 돌아갈 수 있는 길은 없다. 오히려 재현의 과정은 문화적 정체성의 혼종성에 초점을 맞추어야 한다.

스탬과 스펜스는 자신들의 주장을 예시할 영화로 알제리아에서의 식민투쟁에 대한 질로 폰테코르보(Gillo Pontecorvo)의 획기적인 비판인 〈알제리 전투(*The Battle of Algiers*)〉(1966)를 선택한다. 그들은 폰테코르보의 영화가 주류 영화에서 전형적으로 작동하는 메커니즘을 잘 알고 있으며, 따라서 이 영화가 보통 픽션 영화에서 사용되는 것과 같은 테크닉을 사용함으로써 알제리인의 시각에서 프랑스 압제에 대해 의문을 제기하려고 했다고 주장한다. 그 결과 〈알제리 전투〉에 나오는 알제리인 캐릭터들은 세련되고 대담하며, 심지어 영화적 응시의 유혹적인 대상으로 제시된다. 그러나 그러한 인상은 자신들이 유혹한 응시를 이들이 고의적으로 되받아칠 때 반격을 당하며, 이것은 교묘하게 조작된 방식으로 이루어진다. 스탬과 스펜스는 세 명의 알제리 여인이 알제리의 유럽인 구역에 쉽게 들어가기 위해 프랑스 여자의 의상, 메이크업, 태도를 고의로 취하는 장면(그림 5.1)을 돋보이는 시퀀스로 꼽는다. 여성 중 한 명은 심지어 프랑스 군인의 응시를 적극적으로 끌어내며, 군인의 희롱하는 말은 알제리인의 위장이 매력적이며 성공적이라는 것을 즉시 보여줄 뿐 아니라 외모로 인간의 정당성을 그토록 쉽게 판단하는 프랑스인의 응시를 동시에 비난한다. 여성들이 각자 유럽 구역의 여러 카페와 바에 폭탄을 설치함으로써 성공적인 테러 공격을 감행할 때 이 비판은 더욱 더 통렬하다. 스탬과 스펜스는 이 영화가 알제리인의 정체성의 본질을 주장하지 않는다는 단순한 이유에서 이러한 전략에 감명을 받는다. 이 시퀀스는 알제리인들이 프랑스 압제자보다 더 남을 배려하거나 더 진정성이 있다는 것을 드러내려 하지 않는다. 그와 반대로 이 영화는 알제리인들이 합당한 어떠한 전략을 사용해서라도 식민지 압제자들을 속이고 맞받아칠 수 있으며 그럴 의지가 있다는 것을 보여준다. 이런 전략에는 대규모의 무차별적 살인이나 다른 무자비한 테러행위가 포함될 수 있다. 그러나 스탬과 스펜스가 보기에 이것보다 중요한 것은 이 영화의

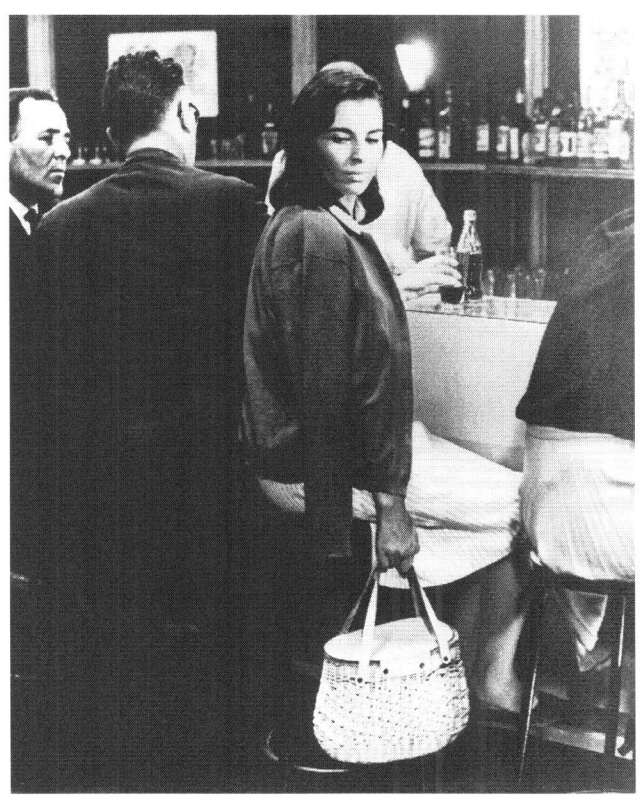

그림 5.1 〈알제리 전투〉에서 프랑스 사람으로 '통하기'.
출처: 코발 컬렉션 제공. 이고르 영화사.

전략이 본질적으로 영화적이라는 것이다.

> 이 영화는 꼭 정치적인 동정에서가 아니라 영화적 동일시라는 메커
> 니즘을 통해 관객으로 하여금 이 여성들이 과업을 수행하기를 원하
> 게 만든다. 비율(클로즈 숏이 세 명의 여성을 개별화한다), 오프스크
> 린 사운드(세 여성의 청각적 입장에서 듣는 것처럼 성차별적 논평이
> 들린다), 그리고 특히 시점 편집이 바로 그러한 메커니즘이다.
>
> (Stam and Spence 1985: 642)

스탬과 스펜스의 요점은 반식민주의 영화를 만들기 위해서는 반식민주의를 공감적으로 묘사해야 하지만 그러한 공감을 끌어내기 위해서는 영화의 테크닉과 기법을 이용해야 한다는 것이다. 식민 정권의 냉대를 그릴 수 있는 '진정한' 스토리를 묘사하는 것만으로 충분치 않다. 훨씬 더 필요한 것은 정권에 대한 반감이 적극적으로 표현될 수 있고 억압받는 이들에 대한 동정이 만들어질 수 있는 정치적 무기로서의 영화와 그 테크닉을 취하는 것이다. 스탬과 스펜스는 주장한다. "실제로 영화를 전체적으로 검토해보면 폰테코르보가 주류 지배의 미디어에서는 좀처럼 볼 수 없는 정치적 시점을 표현하기 위해 매스미디어 보도의 테크닉 ― 핸드헬드 카메라, 잦은 줌, 롱 렌즈 ― 을 '하이재킹'한다고 말할 수 있다"(Stam and Spence 1985: 643).

그러나 〈알제리 전투〉가 탈식민주의 영화인가? 단지 반식민주의 영화인 것은 아닌가? 탈식민주의적이라는 말은 일반적으로 독립을 위한 투쟁의 결과로 생긴 나라에 해당하는 조건을 지칭한다. 탈식민주의는 전에 식민지였던 국가의 다문화적 용광로에서 생겨난 혼합, 긴장 뿐 아니라 긍정성까지도 지칭한다. 따라서 탈식민주의 영화는 알제리, 인도 혹은 아이티뿐 아니라 영국(가령 〈새미와 로지 잠자리에 들다(*Sammy and Rosie Get Laid*)〉〈스티븐 프리어스[Stephen Frears] 감독, 1987), 〈맨스필드 파크(*Mansfield Park*)〉(패트리샤 로제마[Patricia Rozema], 1999), 혹은 〈슈팅 라이크 베컴(*Bend it Like Beckham*)〉〈거린더 차다[Gurinder Chadha], 2002) 혹은 미국(〈미시시피 마살라(*Mississippi Masala*)〉[미라 내어(Mira Nair), 1992], 혹은 오스카 수상작 〈크래시(*Crash*)〉[폴 해기스(Paul Haggis), 2005]) 혹은 오스트레일리아(〈그들은 괴상한 군중(*They're a Weird Mob*)〉[마이클 파월, 1966], 〈라 스파뇰라(*La Spagnola*)〉[스티브 제이콥스(Steve Jacobs) 2001]) 영화도 될 수 있다. 꼭 영화에 초점을 맞추는 것은 아니지만 탈식민주의의 주요 이론가는 에드워드 사이드(Edward Said, 1978, 1993)와 호미 바바(Homi Bhabha, 1994)이며 독자들은 그런 저작들을 참고해 볼 수도 있다. 그러나 우리는 탈

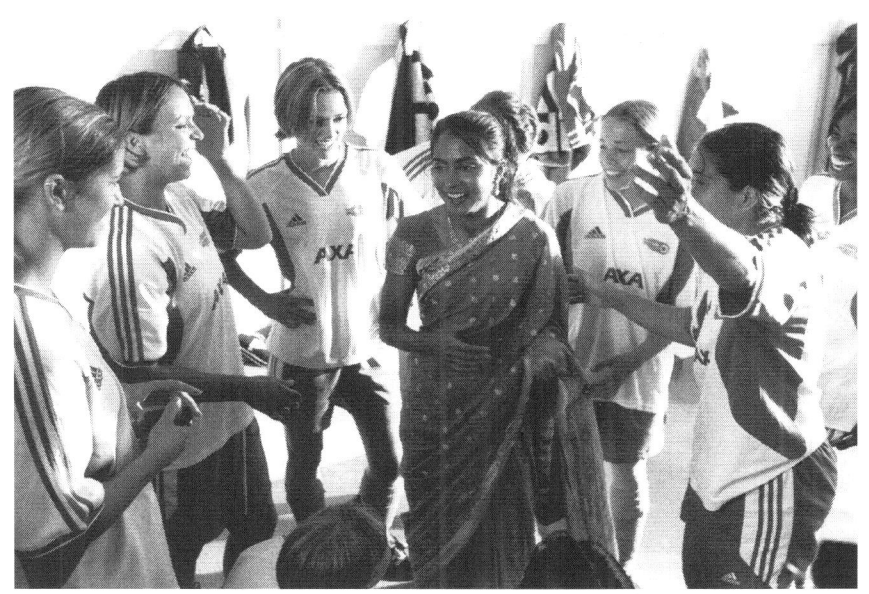

그림 5.2 〈슈팅 라이크 베컴〉에서 팀 동료들과 함께 한 제스민더 밤라(파르민더 나그라).

출처: 영국영화연구소 제공. 20세기 폭스.

식민주의 분야를 여전히 분쟁의 분야로 옹호하고 싶으며, 따라서 소위 '탈식민주의' 영화들이 혼종성과 다양성의 풍부함을 찬양할 수도 있지만 사회 분야의 구조를 이루는 권력 관계의 종류에 의문을 제기할 만큼 대담하기도 하다.

가령 〈슈팅 라이크 베컴〉과 같은 영화는 많은 이슈들을 제기한다. 이 영화는 〈해변의 바지(*Bhaji on the Beach*)〉(1993), 〈신부와 편견(*Bride and Prejudice*)〉(2004)을 감독한 전형적인 탈식민주의 감독 거린더 차다의 작품이다. 〈슈팅 라이크 베컴〉은 10대인 2세대 인도 이민 제스민더 밤라(파르민더 나그라)의 이야기를 들려주며, 이 소녀의 삶의 주된 목표와 욕망은 축구를 하는 것이다 (그림 5.2). 그녀는 재능 있는 축구선수이지만, 그런 재능은 부모에 의해 높이 평가받지 못한다. 그녀의 부모는 인도의 문화적 전통의 특징을 유지하려고 다짐한다. 따라서 영화는 탈식민지, 다문화적 삶의 주된 도전 중 하나를 묘사한다. 다른 문화로 이주했을 때 자신의 문화적 전통을 어떻게 유지할 것인가? 나아가 자신의 문화적 정체성의 일부가 된 전통을 계속 유지하면서 동시에 새로운 문화와의 가치 있는 유대를 어떻게 유지할 것인가? 이런 도전이 스튜어트 홀이 유사성과 차이점이라는 면에서 정의한 바로 그 도전이다.

〈슈팅 라이크 베컴〉은 제스민더가 여성 축구선수로 성공하는 이야기로 의기양양하게 끝난다. 그러나 이 영화는 탈식민주의의 다문화적 용광로를 찬양하는 한편 동시에 다문화적 긍정성의 이면에 깔린 식민지 의식구조의 부단한 투쟁을 나타내기도 한다. 제스민더의 아버지가 마침내 축구를 하려는 딸의 욕망을 수용하는 주된 이유 중 하나는 자신이 영국에 정착했을 때 크리킷을 할 기회를 거부당했기 때문이다. 그는 자신이 스포츠에서 성공을 거두는 것을 막았던 식민주의적 인종차별주의가 딸의 경우에도 되풀이되면 안될 것이라고 결심을 한 것이다. 따라서 〈슈팅 라이크 베컴〉의 중심에서 계속되는 반식민주의적 메시지가 〈알제리 전투〉에서 재현된 식민지 투쟁과 일관성을 보인다는 점을 강조할 수 있다. 어쩌면 여기서 중요한 교훈은 탈식민주의적이 되려면 우선 반식민주의가 되어야한다는 것일지 모른다.

영화와 인종:
〈똑바로 살아라〉(*Do the Right Thing*)의 세 가지 읽기

(휴스턴 베이커, 「스파이크 리와 상업의 문화[Spike Lee and the Culture of Commerce]」[Baker 1993: 154-176]; 더글러스 켈너, 「스파이크 리 영화의 미학, 윤리학, 정치학[Aesthetics, Ethics, and Politics in the Films of Spike Lee]」

[Kellner 1997: 73-106]; 조나단 로젠바움, 「똑바로 말해라[〈똑바로 살아라〉][Say the Right Thing 〈*Do the Right Thing*〉]」[Rosenbaum 1997: 13-21]).

흑인 미국 대통령이 백악관에서 거주하고 있고, 흑인 영화 배우(시드니 포이티에에서 에디 머피를 거쳐 오늘날의 스타인 덴젤 워싱턴, 윌 스미스 혹은 할리 베리에 이르기까지), 팝스타(리틀 리처드에서 스누프 도그, 다이애나 로스에서 비욘세까지), 스포츠 스타(재키 로빈슨부터 카림 압둘 자바에서 윌리엄스 자매까지)들이 넘쳐나는 마당에 아직도 인종 '문제'가 있는가 의아하게 생각할 수 있다. 그러나 스타들과 그러한 스타덤에 오르지 못하는 사람들의 삶과 운명은 전혀 별개의 것이다. 미국에서 — 그리고 세계의 다른 많은 국가(영국, 오스트레일리아, 프랑스, 독일 등)에서 — 흑인과 유색인이 사회적 재정적으로 불리한 위치에 있다는 것은 자명한 사실이다. 이런 불리함이 체계적으로 구축되고 있다는 사실은 여전히 검토와 정치적 행동이 필요한 영역이다. 여기서 우리는 적절한 답변은 말할 것도 없고 적절한 질문을 식별하기가 어려운 영역을 상상해야 한다. 우리가 인종적 평등을 목표로 한다면 그것은 흑인이 백인과 같아져야 한다는 것을 자동적으로 의미하는가? 즉 흑인이 〈수색자〉(1장을 보라)와 같은 영화에서 제시된 것처럼 백인문화에 동화되어야 하는가? 아니면 인종적 문화적 차이를 옹호하는 '다문화적' 입장을 변호해야 하는가? 게다가 흑인 자신들은 스스로 유사성/차별성의 이분법을 협상해야 하는 문제를 직면하고 있다 (흑인은 어떻게 자신의 '흑인성'에 '진실'할 수 있는가?). 인종과 영화의 문제는 여전히 인종적 고정관념을 등장시키고 흑인을 어쨌거나 부족한 존재로 재현하는 (유모나 집사, 까불이와 잡종이라는 예전의 고정관념을 대신한 오늘날의 범죄자 혹은 마약중독자로서) 많은 주류 영화의 결점을 노출하는 것이 되어야 하는가? 아니면 영화이론이 모든 인간의 근본적인 '인간성'을 긍정하기 위해서 흑인 캐릭터가 백인과 평등해질 수 있는 방법을 발화해야 하는가? 아니면 〈알제리 전투〉에서의 식민지 투쟁을 본받아 영화이론이 영화에서 흑인을 위해 도전적이고 도발적인 역할, 즉 자신을 억압하는 체계적인 사회적 정치적 세력에 대해 필요하다면 폭력적인 방법으로 대항하는 역할을 옹호해야 하는가?

영화와 영화의 이론들은 이 모든 것을 하려고 노력해야 한다. 그리고 그러한 질문들을 해결하려고 하다보면 영화이론은 알튀세르 식의 **이론의 호명**과 다시 맞부딪혀야 한다. 그러나 그 질문들은 오랜 역사를 가진 어려운 질문들이다. 여기서 우리는 그런 질문들과 그것이 영화와 관련되어 벌인 투쟁의 역사를 기록하려는 것이 아니다. 대신 우리는 한편의 특별하고 획기적인 영화인 스파이크 리의 〈똑바로 살아라〉(1989)에 대한 세 개의 해석을 검토하려고 한다. 그런 질문에 대답할 방법은 많지 않지만 수많은 질문들이 마음에 떠오를 수 있다. 흑인 영화는 어떻게 만드는가? 흑인 미학이라는 것이 있는가? 흑인에 대한 긍정적인 재현을 어떻게 긍정적으로 제시할 수 있는가? 그들을 백인과 똑같이, 즉 백인들이 열망하는 것과 같은 것을 열망하게 만들어야 하는가? 아니면 백인 사회(결국 흑인의 억압의 결과로 많은 성공을 구축한 사회)가 상징하는 모든 것에 대립적으로 만들어야 하는가? 하지만 〈똑바로 살아라〉에 재현된 다른 '인종' — 이탈리아인, 히스패닉, 한국인 등 — 혹은 종족들은 어떻게 되는가? 그들은 흑인 세력에 대해 대립적인 것으로 비난받아야 하는가, 아니면 광범위한 종족적 인종적 투쟁의 일부로 위치시켜야 하는가? 마지막으로 흑인 정치학이라는 것이란 있는 것인가? 만약 있다면 그것과 영화의 관계는 무엇인가?

〈똑바로 살아라〉는 중요한 영화이지만, 누구에게 중요한가? 영화는 개봉 당시 많은 논란을 야기했다. 왜냐하면 이 영화가 젊은 도시 흑인들의 어려움에 대해 도전적인 시각을 제공한다고 해서 흑인 사회의 지지를 받으면서, 동시에 영화의 엔딩이 인종 폭력을 선동할 수 있다고 영화를 비난한 보수적 비평가들의 분노를 견뎌야 했기 때문이다. 영화에 대한 해석은 완벽한 해결을 찾으려는 어려움을 여전히 겪고 있으며 따라서 영화는 그 성과로 인해 찬사를 받고 있지만 비평가들은 〈똑바로 살아라〉의 성과가 충분치 않다고 확신하는 것 같다. 한마디로 하면 영화는 '옳은 것을 하려고' 애쓰지만 대부분 비평가들이 보기에 그 일을 충분히 잘하고 있지는 않은 것이다.

이것은 영화이론이 처한 궁지를 잘 보여준다. 왜냐하면 많은 영화이론이 '옳은 일을 하는' 영화를 찾는 일에 어려움을 겪고 있기 때문이다 (이런 궁지에 대한 『스크린』이론의 버전을 보려면 3장 끝부분을 보라). 그 결과 영화이론가들은 분석 대상 영화에서 결점을 찾는데 과도하게 열을 올려 왔다. 그런 탐색은 약간 부질없어 보인다. 왜냐하면 마음만 먹으면 어떤 것이라도 결점을 항상 찾을 수 있기 때문이다. 〈똑바로 살아라〉는 무엇보다도 그 전략과 수수께끼 같은 특성 때문에 영화를 특정 미학과 정치적 범주로 축소시키려는 어떠한 시도라도 능히 넘어서며 능가하기 때문에 이론을 와해시키는 영화의 좋은 사례라고 해도 좋을 것이다. 〈똑바로 살아라〉는 다른 건 몰라도 영화이론이 스스로의 어려움을 직면하게 만드는 영화처럼 보인다.

영화가 개봉된 지 얼마 되지 않아 발표한 논문에서 휴스턴 베이커는 〈똑바로 살아라〉처럼 브룩클린의 베드포드-스튜이브선트 동네를 배경으로 한 스파이크 리의 이전 작 〈조의 베드 스튜이 이발소: 우리는 머리를 자른다(*Joe's Bed-Stuy Barber Shop: We Cut Heads*)〉(1983)보다 이 영화에서 도시 흑인의 곤경이 더 긍정적으로 제시되어 있다고 주장했다. 베이커는 이런 동네에서 사는 흑인들의 일상적 투쟁인 '하루하루 살아가기'와 '밥벌이 하기'의 패턴에 집중한다. 그가 주장하는 대로 "〈똑바로 살아라〉에서는 급료를 받는 것이 중요하다"(Baker 1993: 173). 영화의 마지막에 무키(스파이크 리)가 두 배의 급료를 받을 때 베이커는 이 결과를 그의 행동에 대한 의미 있는 긍정으로 보았다. 그 전 날 저녁 영화의 클라이맥스 장면에서 무키는 자신이 배달원으로 일하는 그 지역 이탈리아식 미국 피자 가게인 살의 피자리아의 창문에 쓰레기통을 던져 약탈과 폭동을 야기하고 그

가운데 살의 가게는 불에 타버린다 (그림 5.3). 베이커는 무키의 행동을 폭력 ─ 민권운동 당시 흑인 정치 지도자였던 말콤 엑스(그에 대해서도 리는 영화를 만들었고, 마틴 루터 킹과 함께 그에 대한 기억이 〈똑바로 살아라〉에는 크게 떠오른다)가 주창했던 식의 폭력적인 정치적 행동 ─ 의 상징으로 해석한다. 이를 통해 베이커는 영화의 메시지가 궁극적으로 폭력을 통한 흑인의 권력의 강화라고 본다. "만약 무키가 정말 '옳은 일'을 한 것이라면 이 영화는 흑인의 폭력적인 혁명의 에너지가 흑인의 권력 강화로 연결될 수 있다는 것을 보여준다"(Baker 1993: 173).

    이러한 읽기는 분명히 대답해야 할 많은 질문을 제기한다. '흑인' 영화란 무엇인가? 베이커가 보기에 적절한 흑인 영화는 흑인의 권력화를 옹호하는 영화인 것 같다. 이런 시각에서 본다면 흑인 영화는 흑인들이 사회적 경제적 상황을 개선하기 위해 정치적으로 행동을 할 수 있는 방법의 모델을 제공해야 한다. 그렇게 사회경제적 권력화를 선언하는 것에 트집을 잡을 수는 없지만 영화가 그러한 아젠다의 어떤 부분에 들어맞을 수 있을지는 찾기 어려운 문제이다. 영화이론의 지도원리가 "영화란 무엇인가?" 그리고 "영화는 어떻게 의미를 만드는가?"라면 베이커에게서 유추될 수 있는 그런 질문에 대한 답변은 편협할 수 밖에 없다. "영화란 무엇인가?"라는 질문에 대한 그의 대답은 "영화는 특정 정치 투쟁의 발전을 위한 도구이다"일 것이다. 게다가 영화가 의미를 어떻게 만드는가에 대한 그의 대답은 행동 방법에 대한 긍정적 (혹은) 부정적 모델을 제공함으로써 의미를 만든다는 대답일 것이다. 다른 말로 표현하면 영화는 어떻게 '옳은 일을 할' 것인가를 보여주어야 한다.

    그러나 옳은 일을 하는 것은 겉보기처럼 그렇게 단순하지 않다. 베이커는 무키의 행동을 긍정적이고 권력을 부여하는 것으로 보지만 다른 이들은 그를 역할 모델이라기보다는 도시 흑인의 무감각과 이기적 개인주의의 증상일 보이는 문제성 많은 캐릭터로 해석한다. 가령 에드 게레로(Ed Guerrero)

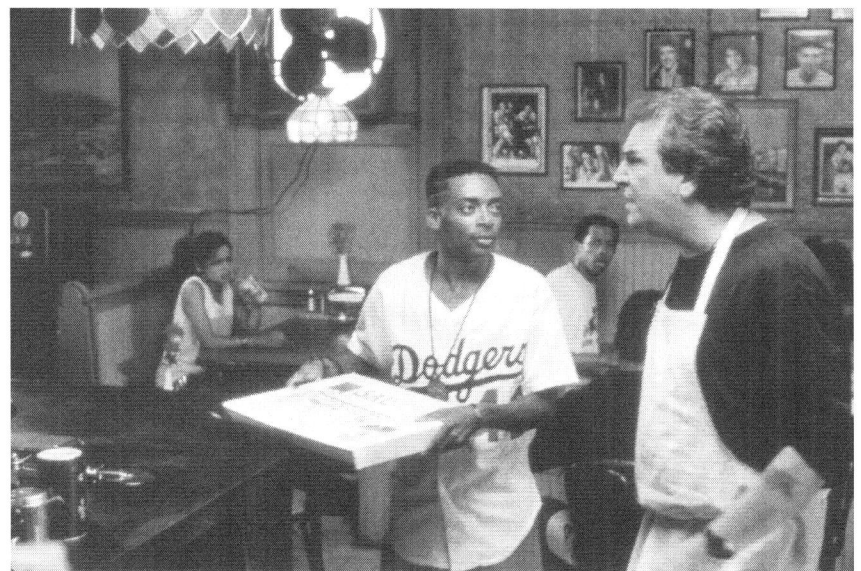

그림 5.3 〈똑바로 살아라〉에서 무키 역의 스파이크 리와 살 역의 대니 아이엘로. 출처: 영국영화연구소 제공. 40에이커와 노새 영화공장.

는 "무키는 쓸모없는 브로커, 게으름뱅이, 잘리지 않을 정도로 간신히 할 일만 하면서 이웃의 다양한 인종적 요인과 복선들을 이기적으로 협상하는 데 혈안이 된 도시의 생존 자본주의자"(Guerrero 2001: 33)라고 묘사한다. 이것은 〈똑바로 살아라〉라는 영화가 그 복잡성으로 인해 야기하는 어려운 해석의 문제점들이지만 우리는 또한 그런 해석의 시도가 결정적 결과를 가져다줄지에 대해서도 의문이 든다. 오히려 그런 논란이 영화를 긍정적 부정적 이미지의 표현으로 축소시키는 것으로 보이며 그것은 인종과 영화 연구에 만연한 주요 문제이다. 우리가 주저 없이 무키를 긍정적인 인물로 해석할 수 있다면 창문으로 쓰레기통을 던지는 그의 행동은 긍정적인 것으로 비칠 수 있다. 우리가 그를 부정적 역할 모델로 해석한다면 그의 행동은 의문시될 수 있고 영화의 마지막에 돈을 움켜쥐는 행동은 극히 기회주의적인 행동이다. 무키를 보는 좀 더 도전적인 방식은 부정적이고 긍정적인 특징을 모두 구현하는 인물로 그를 보는 것이지만, 그런 시각을 채택하는 것은 정치적 점수를 쉽게 득점할 수 없는 훨씬 더 복잡한 인물로 그를 만든다.

더글러스 켈너는 영화의 명백한 미학적 전략에 착안한 몇몇 비평가 중 한사람이다. 첫째, 그는 〈똑바로 살아라〉의 접근이 브레히트식 모더니즘의 접근과 비슷하며 따라서 영화에서 오랜 역사를 가진 (3장을 보라) 전략이라고 지적한다. 둘째, 그는 영화의 미장센, 특히 영화의 캐릭터들이 입은 옷의 스타일이 도시의 일상적 삶에 대한 다중적 참조들로 가득 차 있다고 지적한다. 따라서 브레히트적 시점에서 본다면, 〈똑바로 살아라〉는 다양한 입장들이 발화되고, 많은 '할 일'들이 전제되지만, 결국에는 어떤 '옳은 일' 혹은 정당한 입장이 인정받지 못하는 '배우는 연극'의 일종이다. 그 외에도 너무나 명백하고 뚜렷한 브레히트식 전략들이 있다. 특히 찬사를 받은 악명 높은 '인종적 욕설' 시퀀스가 있는데 이것은 서사의 흐름을 결정적으로 끊어 놓으면서 영화적 환상을 절단한다 (브레히트가 영화 이론가들에 의해 채택된 방식에서 일관성 있게 찾아볼 수 있듯이). 켈너는 정체성과 스타일의 문화적 정치학의 시각에서 캐릭터들의 티셔츠, 운동화, 혹은 음악적 기호가 그들의 정체성을 규정하는데 주된 역할을 하는 수많은 방식들을 추적한다. 켈너는 "정체성은 이처럼 대량생산된 이미지에 의해 중재되며, 이미지와 스타일은 개인의 정체성 구축에 점점 더 중심적이 되어가고 있다" (Kellner 1997: 81)고 주장한다.

켈너는 문화적 스타일의 소비주의 이데올로기가 궁극적으로는 영화의 브레히트적 전략을 뒤엎는다고 단정한다. 그가 보기에 리의 정치성은 너무나 산만하고 개인주의적, 중산층, 소비주의 윤리에 물들어 있어서 〈똑바로 살아라〉가 어떤 진지한 체계적인 정치적 비판이 되기는 어렵다는 것이다. 그는 "리의 정치성은 대부분 인종, 성, 개인적 정체성과 관련된 도덕적 결정과 흑인 정체성에 초점을 맞추는 문화주의자의 것이다" (Kellner 1997: 90)라고 쓰고 있다. 이것이 사실이라면 리는 "계급적 억압의 현실과 역동성을 다루지 못하고 있다"(Kellner 1997: 91)고 켈너는 결론짓는다. 그러므로 우리에게는 〈똑바로 살아라〉가 올바른 일을 하지 못하고 있다는 비판이 남는다. 켈너가 보기에 영화의 비평적 판단에서 문제가 되는 것은 현실이 무엇인지 정확하게 반영하는 이 영화의 능력이다. 이런 시점에서 본다면, 현실은 계급적 억압의 문제이며, 스타일의 문화적 정치성은 계급의 체계적 억압―그 중 상당 부분을 차지하는 흑인의 계급적 억압―을 무시하거나 가려버리는 수많은 방법에 지나지 않는다. 〈똑바로 살아라〉가 이처럼 소위 현실이라고 불리는 것을 정확하게 반영하지 못한다면 영화는 켈너의 현실 테스트에서 실패하고 있다. 이번에도 영화이론의 관점에서 본다면 영화를 평가하는데 이런 식으로 접근하는 것은 심한 오류가 있는 것 같다. 이런 접근은 미학적 전략과 브레히트적 양식을 주장하려고 하면서도 영화를 긍정 혹은 부정적 이미지로 축소시켜버리고 있다.

이 영화에 대한 좀 더 도전적인 해석 중 하나는 '옳은 일'은 없으며 〈똑바로 살아라〉는 바로 옳은 일이 무엇인지 결정하는 것의 어려움에 대한 영화라고 인정하는 것이다. 조나단 로젠바움은 영화에 대한 자세한 평에서 영화를 보러 갈 때 관객들이 갖는 전형적인 기대에 따라 〈똑바로 살아라〉를 분석하려고 한다. 〈영 미스터 링컨〉에서처럼 (1장을 보라) 관객들은 대개 옳고 그름의 차이에 대한 메시지를 듣기를 원한다. 즉, 관객들은 무엇인지 '틀린 일'이고 무엇이 '옳은 일'인지 분명히 보여주기를 원하는 것이다. 〈똑바로 살아라〉에서 리는 무엇이 '옳은 일'인지 말해주기를 단연코 거부하며, 이것이 이 영화의 가장 감명 깊은 도전이다. 로젠바움은 주장한다.

> 〈똑바로 살아라〉가 전제하는 바가 ― 나는 그렇다고 생각하는데 ― 영화에 묘사된 사회적 상황에 이미 존재하는 분열을 놓고 볼 때 어떤 캐릭터가 다른 캐릭터와의 관계에서 '옳은 일'을 하는 것이 불가능하다는 것이라면 어찌할 것인가?
>
> (Rosenbaum 1997: 16)

사실상 우리가 지금 대하고 있는 것은 콜린 맥케이브가 했던 것처럼 행동에 대한 포괄적인 객관적 시점의 거부이다. 오히려 〈똑바로 살아라〉는 일련의 주관적 시점을 제시하며, 이들 중 그 어느 것도 다른 것에 우선하지 않으며, 각각은 다른 것과 관련하여 나름의 결점이 있다. 〈똑바로 살아라〉에서는 누가 옳은 일을 **했는지** 그리고 하지 **않았는지**에 대한 구체적 결론을 내리는 것이 불가능하다. 이것은 특히 영화의 종결 장면에서 더욱 더 그렇다고 로젠바움은 주장한다. 그는 단언한다.

> 영화의 몇몇 흑인 캐릭터들이 피자 가게 파괴를 '권력과의 싸움'과 연결한다고 이해할 수 있지만 그들의 생각이 맞다는 것을 보여줄 증거가 영화에는 하나도 없다.… 실제로 영화는 그보다 흥분되지 않은 상황에서 '권력과의 싸움'을 가장 많이 떠벌이는 캐릭터들이 — 라디오 라힘, 버킹 아웃, 스마일리 — 비교적 근시안적이고 잘못된 생각을 가지고 있다는 것을 애써 보여준다.
>
> (Rosenbaum 1997: 17)

물론 이들이 **잘못**되었다고 주장할 길은 없다. 그리고 로젠바움이 보기에 그것이 바로 핵심이다. 그들의 행동과 시각은 어떤 상황, 어떤 환경, 어떤 사람들에게는 **옳을지** 모르지만 모든 상황, 환경, 사람들에게 확실히 옳은 것은 아니다. 이것은 영화의 어떤 지점보다 무키가 쓰레기통을 던지는 장면에 적용될 수 있다. 라힘의 죽음에 어떻게 반응해야 할지 결정해야 하는 괴로운 순간에 그는 도대체 무엇이 옳은 일인지 알 수가 없다. 게다가 그는 그가 무슨 행동을 하든 그것이 어떤 사람들에게는 옳고 다른 사람에게는 잘못된 것이라는 것을 안다. 따라서 영화와 영화의 묘사와 캐릭터에게 중심이 되는 딜레마는 이것이다. 사람은 어떻게 옳은 일을 할 수 있을까? 그것은 명백한 답이 없는 질문이다.

따라서 우리는 〈똑바로 살아라〉에 대한 세 가지 견해를 제공하였다. 첫 번째인 휴스턴 베이커는 그것이 어느 정도의 권력을 획득하는 수단으로서의 역할을 한다고 주장하면서 영화에서 흑인 폭력의 묘사를 옹호한다. 두 번째인 더글러스 켈너는 자신이 보기에 (『스크린』 이론과 비슷한 방식으로) 사회적 현실의 적절한 묘사에 필수적인 계급 갈등의 근원적 원인을 정확하게 발전시키지 못했다고 이 영화를 비난하고 있다. 조나단 로젠바움의 세 번째 읽기는 영화의 모호성, 무엇이 옳은 일인지 확정하지 않는 점을 옹호한다. 우리는 이런 견해가 영화에서 인종에 대한 논의가 직면할 수 있는 어려움과 복잡성에 대해 통찰을 제공했기를 바란다.

퀴어 영화이론: 〈브로크백 마운틴〉에 대한 세 가지 읽기

(D.A. 밀러, 「〈브로크백〉의 보편성에 대해[On the Universality of *Brokeback*]」 [Miller 2007]; 찰스 엘리엇 멜러[Charles Eliot Mehler], 「오스카 시상식에서의 〈브로크백 마운틴〉[*Brokeback Mountain* at the Oscars]」[Mehler 2007]; 히람 페레즈(Hiram Perez), 「고향에 간 게이 카우보이[Gay Cowboys Close to Home]」[Perez 2007])

〈브로크백 마운틴〉은 퀴어 영화인가? 동성애 커플을 등장시키는 이 주류 할리우드 영화의 성공은 영화의 인식된 특징에 대해 퀴어 사회에서(그리고 그것을 넘어서) 널리 그리고 가끔은 고약한 논쟁을 불러 일으켰다. 그런 시각에서 보자면 퀴어 영화이론을 퀴어 문제에 대한 단순한 '예스' 혹은 '노' 채점표로 축소시키고 싶은 유혹을 받을 수 있다. 그러나 우리는 퀴어 이론이 단순히 동성애를 긍정하고, 퀴어 섹슈얼리티의 고정관념화된 부정적 재현을 비판하는 것 이상이라는 사실을 강조하고 싶다. 또한 퀴어 영화이론이 무슨 수를 써서라도 동성애를 방어하고, 따라서 정상적인 이성애를 후진적이고 무력화하는 섹슈얼리티로 일축하는 것으로 보지도 않는다. 그러한 논란은 단지 퀴어 영화이론을 긍정적·부정적 이미지의 문제로 축소시키고 만다. 우리가 주장하고 싶은 바는 퀴어 영화이론이 모든 섹슈얼리티의 잠재적 퀴어성을 긍정하는, 즉 영화의 게이, 레즈비언, 바이섹슈얼, 트랜스젠더 혹은 다른 가능성을 지적하고 발화하는 문제라는 것이다.

　이 장에서 접근한 타자 영화에 대한 모든 다른 이론적 접근처럼 퀴어 영화이론은 권력을 표현하는 영화의 양태를 의문시하는데 몰두한다. 탈식민주의 영화이론이 식민지와 탈식민지 환경에서 권력관계를 의문시하고, 영화에서 인종에 대한 접근이 인종과 관련하여 권력의 문제를 다룬다면, 퀴어 영화이론은 섹슈얼리티와 권력의 관계를 영화가 어떻게 표현하는지를 질문한다. 주된 질문은 어떤 타입의 성적 행위와 관계가 다른 성적 행위, 어쩌면 일탈적이고 도착적인 성적 행위와 비교하여 어떻게 묘사되는가에 관한 것이다. 주류영화는 식민적이고 인종적인 타자를 종속시킨 것처럼 이성애적인 관계와 핵가족을 다른 타입의 성적관계보다 우위에 위치시켜 왔다 (이 점에 관해, ‘실종 어린이’ 영화의 긴 역사를 주목해보기 바란다. 〈방랑객에 의한 구출[Rescued by Rover]〉[세실 헵워스(Cecil Hepworth), 1905] 혹은 D.W. 그리피스의 〈돌리의 모험[The Adventures of Dollie]〉[1908]에서 히치콕의 〈너무 많이 안 사나이[The Man Who Knew Too Much]〉[1956]를 거쳐 〈나홀로 집에[Home Alone]〉[1990~1997] 시리즈에 이르기까지 할리우드 영화의 중심 플롯 중 하나는 핵가족을 원래의 완벽한 상태로 되돌리는 것이었다). 주류영화는 또한 이성애 가족의 신성함을 위협할 수 있는 불법적 성관계를 무시하거나 불법화하는 경향이 있었다 (예, 〈위험한 정사[Fatal Attraction]〉[애드리안 라인(Adrian Lyne), 1987], 혹은 오토 프레밍거(Otto Preminger)의 〈충고와 동의[Advice and Consent]〉[1962]). 주류영화가 고집스럽게 이성애적인 상태를 유지하는 동안, 그럼에도 불구하고 거의 극영화 제작 초기 시절로 거슬러 올라가는 게이와 레즈비언 영화의 중요한 역사가 있다 (Dyer 1990을 보라). 따라서 퀴어 영화이론의 한 가지 과업은 이런 제작물의 역사를 발굴하고 영화의 역사를 통해 이들이 게이, 레즈비언 그리고 다른 섹슈얼리티를 위해 표현의 수단을 제공해 온 방식을 검토하고 설명하는 것이다. 이런 영화들은 주로 게이와 레즈비언에 의해 그리고 그들을 위해 만들어졌으며, 그렇기 때문에 주류 밖에서 유통되었다. 몇몇 이론가들은 이것이 바로 퀴어 시네마의 존재 이유가 되어야 한다고 생각한다. 주류 밖에서 주류에 대해 끊임없이 필요한 도전을 제공해야 한다는 것이다. 이 모델에서는 퀴어 시네마가 카운터 시네마가 되어야 한다. 이것은 퀴어 행위가 주류 성적 행위의 결함과 제한을 와해시키고 지적하려는 대항 행위인 것과 같다. 퀴어 영화가 주류 관객에게 거부감을 준다면 그것이 바로 퀴어 영화가 해야할 일이다. 왜냐하면 '퀴어'는 정의상으로 뭔가 괴상한 것, 뭔가 이상하고 **정상적이지 않은** 것이며, 정상화하려는 어떤 시도라도 거부하기에 더욱 더 전복적인 것이기 때문이다. 퀴어 이론의 기조를 다진 최근의 주요 사상가는 아마 주디스 버틀러(Judith Butler, 1990, 1993)일 것이다. 퀴어 영화이론가들이 취하는 또 다른 접근은 주류 영화를 퀴어 관객을 위해 재탈환하는 것이다. 이런 식의 접근은 '거슬러 읽기(reading against the grain)'의 문제이다. 즉, 표면적으로는 명백히 이성애적이지만 더 자세히 혹은 구체적인 퀴어의 시각으로 검토할 때 퀴어한 것으로 인정될 수 있는 영화를 검토하는 것이다 (Doty 2000를 보라).

퀴어 영화연구와 퀴어 영화는 영화들이 시장에 쏟아져 나오던 1990년대 초에 결정적인 전환점을 맞이했다. 이 영화들은 영화제 시장에서 주목을 끌었으나 몇몇 영화(가령 〈아이다호[*My Own Private Idaho*]〉[구스 반 샌트(Gus Van Sant), 1991]; 〈포이즌(*Poison*)〉[토드 헤인즈(Todd Haines), 1991]; 〈리빙 엔드(*The Living End*)〉[그레그 아라키(Gregg Araki), 1991])는 주류 시장으로 넘어와 '뉴 퀴어시네마'라는 명칭을 얻을 만큼 충격을 줬다 (Rich 2004를 보라). 여기에는 많은 시너지가 작용하였다. 게이와 레즈비언 사회는 1980년대 중반과 후반에 맹위를 떨쳤던 에이즈 위기의 두려움과 위험이 지나가자 자신감을 다시 구축하기 시작했다. '퀴어'라는 용어는 레즈비언, 게이, 바이섹슈얼, 트랜스젠더 별칭인 LGBT를 접수했다 (원래 동성애혐오론자들이 다른 섹슈얼리티를 비난하기 위해 경멸의 명칭으로 사용하던 '퀴어'는 흑인들이 '니거'라는 단어를 전용한 것처럼 1980년대에 LGBT 커뮤니티에서 긍정적인 용어로 재획득하였다). 이 영화들의 퀴어성 자체는 단지 게이나 레즈비언이 아닌 새로운 행위와 섹슈얼리티들을 전경화했다. 이것들은 섹슈얼리티, 인종, 계급, 젠더뿐 아니라 불법 마약 사용, 매춘, 그리고 제니 리빙스턴의 〈파리가 불타고 있다(*Paris is Burning*)〉 (1990)의 경우처럼 뉴욕의 드래그 무도회 장면 등 다른 행위들을 혼합하여 더 반항적으로 하이브리드인 섹슈얼리티와 행위들이었다. 뉴 퀴어 시네마는 자신감, 자기표현, 저항의 새로운 시대를 알렸다.

몇몇 작가들은 뉴 퀴어 시네마가 김이 빠졌거나 그 시대가 이미 지나갔다고 최근에 주장한 바 있다. 구스 반 샌트의 초기 퀴어 취향의 작품들(〈아이다호〉[1991], 〈카우걸 블루스[*Even Cowgirls Get the Blues*]〉[1993])을 1990년대 후반의 좀 더 보수적인 작품들(〈투 다이 포[*To Die For*]〉[1995], 〈굿 윌 헌팅[*Good Will Hunting*]〉[1997])과 비교하거나, 피터 잭슨이 퀴어 성향의 〈천상의 존재(*Heavenly Creatures*)〉(1995)에서 〈반지의 제왕(*Lord of the Rings*)〉 삼부작(2001~2003)과 〈킹콩〉(2005)으로 선회한 것, 워쇼스키(Wachowski) 형제가 〈바운드(*Bound*)〉(1996)로 시작했다가 퀴어 성향이 덜한 〈매트릭스〉(*Matrix*) 영화들(1999~2003)로 전환한 것을 보면 이런 주장이 맞다고 느낄 것이다. 그럼에도 불구하고, 최근에 성공을 거둔 작품들이 있었고, 토드 헤인즈의 〈파 프롬 헤븐(*Far From Heaven*)〉(2003)은 특히 주목할 만하다. 그러자 할리우드가 지금까지 가장 주류 퀴어 영화라고 할 수 있는 영화를 제작했는데 그것은 바로 〈브로크백 마운틴〉(이안 감독, 2006)이다. 그런데 영화가 개봉된 이후 논평자들을 괴롭혀왔던 질문은 이것이 정말 퀴어 영화인가 하는 것이다.

우리는 이 질문에 정답 혹은 오답을 옹호하려고 하지 않는다. 그럼에도 불구하고 이 질문은 중요한 질문이며 이 영화의 동성애 재현이 긍정적인가 부정적인가를 둘러싼 질문은 퀴어 영화이론의 현 상태를 우리가 탐색하는 것을 가능케 할 정도로 퀴어 커뮤니티를 분리시켰다. 이 영화에 대한 퀴어 커뮤니티의 문제는 많은 부분 영화의 홍보, 즉 이안(Ang Lee) 감독과 제작자 제임스 샤무스(James Schamus)가 영화의 게이 양상을 대수롭지 않게 깎아 내린데서 기인한다. 그들은 이 영화가 단순히 게이 영화—혹은 게이 카우보이 영화—가 아니라 사실상 보편적인 러브 스토리임을 강조하고 싶어했다. 퀴어 비평가들은 퀴어라는 것은 보편적인 어떤 것에도 적대적이 되는 것을 의미하며, 따라서 영화의 게이적 특징을 경시하려는 것은 영화가 퀴어라는 것을 자동적으로 인정하는 것이 된다고 항의했다. 그러나 그런 주장에 맞서서 많은 퀴어 비평가들은 비교적 최근에 (영화의 배경은 1962년에서 1983년까지이다) 미국에서 게이로 산다는 것의 어려움을 절제된 뉘앙스와 감동적인 묘사로 표현한 작품으로 이 영화를 옹호했다.

이러한 혼란의 도가니에 마지막으로 양념을 보태면서 미국의 유명 미디어 인사들 사이에서는 동성애공포증이 상당히 크게 표출되었다. 이들은 게이임이 드러날까 봐 이 영화를 보러가는 것조차 겁을 냈는데, 그 자체가 미국의 많은 사람들이 여전히 얼마나 무식하고 편협된 생각을 가지고 있는지 극단적으로 보여주는 셈이었다 (적어도 미국에서는 그렇다. 데이비드 레터만[David Letterman]과 래리 데이비드[Larry David]는 이런 동성애 공포증을 가장 공식적으로 표출한 사람들이다. 이 점에 관해서는 Rich 2007을 보라). 2007년 『필름 퀴털리(*Film Quarterly*)』에 주로 유명한 영화 역사가와 이론가들이 〈브로크백 마운틴〉에 대한 자신들의 반응을 기록했는데, 거기서 로빈 우드—공개적으로 게이임을 밝힌 노장 영화학자—는 대중 매체들이 이 영화에 대해 약간의 두려움을 표현하긴 했지만 그것은 자신이 토론토에 있는 큰 영화관에서 이 영화를 보았을 때의 경험과는 천지 차이라고 회고했다.

> 지금 우리는 20년 전이라면 끔찍하게 대했을 영화를 앞에 두고 있
> 다. 영화가 시작한지 30분이 되지 않아서 젊은 관객에게 잘 알려진
> 두 명의 잘 생긴 젊은 남자들이 세심하게 준비된 맛깔스런 키스의 교
> 환을 훨씬 넘어서 격렬하고 열정적인 항문 성교를 가지며 그것을 다
> 양한 출신성분의 관객들이 거의 보편적인 열정으로 수용하고 있다.
>
> (Wood 2007: 29)

우즈는 이것을 큰 발전이라고 보며, 그래서 서슴치 않고 이 영화를 옹호한
다. "이 영화의 영향력은 긍정적일 수밖에 없다"라고 그는 쓰고 있다 (Wood
2007: 28).

그러나 '보편적인'이라는 단어가 또 문제이다. 이 점이 바로 같은『필름
퀄털리』호에서 D. A. 밀러가 이 영화에 대해 지금까지 발표된 중에서 가장
이론적인 색깔로 공격을 하고 있는 점이기도 하다. "두 남자가 성교를 하는
장면이 있음에도 불구하고 감히 앞으로 나와 영화에 성적인 흥분이 있다고
증언하는 사람은 아무도 없었다" (Wood 2007: 50). 그러므로 밀러가 주장
하는 것은 이 영화가 섹슈얼리티의 퀴어성을 억압하고 있다는 것이다. 이
런 상태에서 어떻게 이 영화를 퀴어로 간주할 수 있겠는가 하는 말이다. 영
화에 대한 비판을 확장하면서 밀러는 이 영화를 표준화된 주류 할리우드
형식에 의해 제한된 영화로 비난한다. 다시 말하면 이 영화는 콜린 맥케이
브가 고전 리얼리즘이라고 부를 (3장에서 묘사된) 만한 영화의 사례이다.
영화는 객관적인 시점 — 카메라와 관객의 입장 — 과 주관적인 시점 — 에니
스 델 마(히스 레저[Heath Ledger])와 잭 트위스트(제이크 질렌할[Jake
Gyllenhaal])의 입장(그림 5.4) — 을 분명히 구분하고 있다. 그러므로 그
결과 객관적이고, 주도적이고, 포괄적인 서사적 시점은 이성애적인 반면,
게이 캐릭터의 주관적 시점은 객관적, 이성애적 기준의 위반 혹은 일탈이 되
는 영화적 서사가 된 것이다. 따라서 영화를 '보편적인 사랑의 이야기'로 만

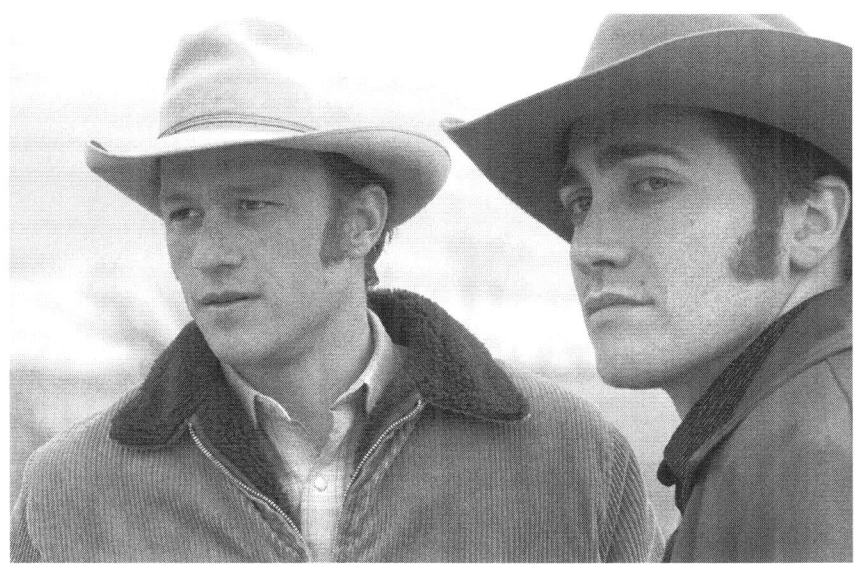

그림 5.4 〈브로크백 마운틴〉에서 에니스 델 마(히스 레저)와 잭 트위스트(제이크 질렌할).

출처: 영국영화연구소 제공. 포커스 영화사/파라마운트.

드는 것은 스토리텔링의 영화적 양태, '고전 리얼리즘'의 산물인 것이다. 여기서는 어떠한 보편적인 러브스토리든지 언제나 이성애적 노선을 따라 정의되는 러브스토리가 될 것이다. 이것이 바로 밀러의 글의 주된 주제이다.

　　그러나 게이와 퀴어 커뮤니티에서도 영화에 대한 열렬한 옹호자들이 있었다. 어떤 저자들은 퀴어 감수성의 중요하고 용감한 표현으로 이 영화를 지지하도록 퀴어들을 종용하려고 하는가 하면 또 다른 논평가들은 이 영화가 퀴어 이론 자체의 특징인 이론적 과잉을 고의적으로 거부하면서 의문시한다고 주장하는 지경까지 나아갔다. 그 중 한 사람인 찰스 엘리엇 멜러는 〈브로크백 마운틴〉이 정치의 좌우 양극단을 모두 불쾌하게 했다고 주장한다. 우파들은 동성애 서사로 인해 기분이 거슬리게 된 반면, 좌파의 목소리로서 퀴어들은 이 영화가 충분히 게이답지 못하다고 분노했다는 것이다. 여기서 어쩌면 가장 중요한 것은 이 영화가 파벌 미학을 거부했다는 것이다. 멜러는 〈브로크백 마운틴〉이 공개적이고 솔직하게 동성애적이라는 점에서 안티 퀴어로 간주될 수 있다고 주장함으로써 한단계 더 나아간다. 다시 말하자면 〈브로크백〉이 혼합된, 잡종인, 극단적인, 인종간의, 혹은 어떠한 형태의 퀴어 섹슈얼리티를 찬양하는 대신 전적으로 표준화되고 약간 평범한 게이 관계에 초점을 맞추었다는 것이다. 멜러의 주장대로 "전형적인 퀴어 이론가가 '남자처럼 보이는 남자를 좋아하는 남자처럼 보이는 남자'(Mehler 2007: 147)"라는 카테고리를 설정하는 것을 상상하기란 어려울 것이다. 따라서 멜러는 이 영화를 적절하게 '퀴어'로 만들 벨, 휘슬, 가발, 임플란트 혹은 부착물이 없는 '보통' 게이 관계를 〈브로크백〉이 재발견한다고 주장한다. 그러나 그는 또한 이것이 영화의 주된 장점이라고 본다. 동성애의 묘사를 과잉의 묘사로부터 멀어지게 하는 역할을 한다는 것이다. 즉, 동성애자로부터 이국적인 것의 망령을 제거하여 완전히 평범한 사람으로 만든다는 말이다. 에니스와 잭 묘사에 있어서 철저한 평범함은 정치적 스펙트럼의 좌우 양극단에게는 모욕과 같은 것이었다.

> 사실상 〈브로크백〉은 평범함의 묘사에 있어서 괄목할 만하다. 그러나 할리우드 이성애 헤게모니(자칭 퀴어 문화의 헤게모니의 경우도 마찬가지)의 불문의 코드는 동성애자를 선정적인 존재, 안전한 거리에 있는 동성애자로 볼 것을 권장한다. 이런 코드에 순응하지 못함으로써 〈브로크백 마운틴〉은 할리우드 이성애 권력구조 뿐만 아니라 퀴어 이론에도 위협을 제기했다.
>
> (Mehler 2007: 148)

영화에 대한 가장 세련된 방어는 히람 페레즈가 썼는데 그는 왜 퀴어 커뮤니티에서 이 영화를 "게이 영화가 아니다"라고 쉽게 규정했는지 이해하려고 노력한다. "'게이 영화가 아니다'라는 카테고리는 정체성의 새로운 가능성을 열어놓기 보다는 정체성의 내재적 모순에 대한 어떠한 개입도 배제한다"(Perez 2007: 72). 그러므로 그는 멜러가 그랬듯이 게이와 퀴어의 정의가 도시에서의 정체성 믹싱과 하이브리드 섹슈얼리티 행위에 너무 초점을 맞춘 나머지 도시 불빛과 대도시의 지하 환경에서 멀리 떨어진 조용한 동성애 관계는 퀴어로 인정될 수 없는 카테고리가 되어버렸다고 주장한다. 보고서와 인터뷰에 따르면 〈브로크백 마운틴〉이 미국의 시골 소도시에 사는 많은 게이들에게는 반향을 일으켰기 때문에 그 차원에서의 효과를 과소평가해서는 안된다고 페레즈는 날카롭게 지적한다.

페레즈의 대담한 해석적 시도는 에니스 델 마를 '퀴어성의 특별한 표현'으로 보고자 하는 것이다. 그는 게이 카우보이이며 페레즈가 보기에 카우보이 유산은 에니스의 퀴어성을 정의하는데 매우 중요하다. 전통적으로 카우보이라는 존재는 문명화된 사회의 변경과 종종 법의 테두리 밖에 거주한다 (우리는 1장의 〈수색자〉 논의에서 그러한 사례를 보았다). 이것이 자동적으로 에니스의 존재를 퀴어 쪽으로 기울게 한다. 현대 사회 생활의 '문명화'되고 '정상화'된 양태에 견주어볼 때 그는 현대적 감수성이 정상적이거나 바람직하다고 간주할 영역 밖의 정체성을 수용하는 국외자이다. 페레즈는 에니스의 퀴어성을 잭의 억압과 비교해서 강조한다. 잭이 에니스와 게이 결혼과 비슷한 것을 원하는 사람인 반면 에니스는 방랑과 목동으로서의 일과 결혼한 상태라는 것이 페레즈의 주장이다. 에니스는 자신의 결혼 생활을 버렸으며 결혼하지 않은 상태를 가장 편하게 생각하는 사람이다. 그는 잭과 이따금 성적인 만남을 갖는데 만족하며 결혼의 속박에 억지로 얽매이고 싶지 않다. 왜냐하면 같이 도망치자고 에니스를 열정적으로 조르는 것은 잭이며, 에니스는 그런 일을 절대로 하고 싶어하지 않을 사람이기 때문이다. 따라서 영화는 두 명의 동성애자가 행복하게 사는 것을 사회가 어떻게 방해했나에 대한 이야기가 아니라 두 명의 게이가 자신들의 관계를 처리하려는 다른 방식에 대한 이야기이다. 잭은 결혼을 원하는 반면 에니스는 자신이 사랑하는 남자와 열정적인 성적 만남을 가끔씩 갖는 카우보이의 변경-무법자 신분을 선호한다. 잭은 이성애적 로맨스와 같은 게이의 삶을 원한다. 이것은 페레즈가 게이 동화(assimilation)라고 부르는 입장, 즉 게이들이 마치 이성애자처럼 받아들여지는 것을 의미한다. 그와 대조적으로 에니스의 입장은 더 급진적으로 퀴어하다. 그는 어떠한 사회 규범으로부터도 멀어진 삶을 원하며 이 영화에 급진적 특징을 부여하는 것은 바로 그의 캐릭터이다.

〈브로크백 마운틴〉의 퀴어성 — 혹은 퀴어성의 결핍 — 의 문제는 틀림없이 계속해서 논란이 될 것이다. 여기서 우리는 세 가지의 주장을 제시하였다. 하나는 D. A. 밀러가 이성애적일 수 밖에 없는 사실주의적 서사 담론을 이 영화가 취한 것을 비난하는 주장이었다. 또 다른 주장은 영화의 공공연한 퀴어성보다는 동성애적인 면을 옹호한 찰스 멜러의 주장이었다. 히람 페레즈의 세 번째 주장은 영화의 뚜렷한 퀴어성이 '게이 카우보이'인 에니스 델 마의 어깨에 놓여있다는 것이었다.

용어 해설

- **디아스포라:** 디아스포라는 이런 저런 이유로 자신의 고향을 떠난 종족을 지칭한다. 가령 아프리카 디아스포라는 종족적 근원이 아프리카인 사람들이 카리브에서 영국에 이르기까지 전세계로 흩어진 것을 지칭한다.
- **식민주의/탈식민주의:** 식민주의는 제국주의적인 유럽 국가들이 정복대상인 나라(식민지)의 원주민을 예속시킨 양식을 지칭한다. 가령 프랑스는 알제리(다른 나라도 있지만)의 원주민을 예속시켰고, 영국은 오스트레일리아에서 인도와 북미에 이르기까지 넓은 범위의 원주민들을 예속시킨 책임이 있다. 그와 대조적으로 탈식민주의는 더 이상 식민지는 아니지만 이전의 식민지 권력의 양상들을 일상의 태도와 행위에 통합시키는 사람들의 새로운 사회 문화

적 경험을 묘사하고 분석하는 방식을 가리킨다. 이런 시각에서 볼 때 탈식민주의는 전에 식민지였던 나라의 국민들이 식민주의 유산의 영향을 긍정적 부정적 양면에서 채택한 방식을 지칭한다.

- **인종차별주의:** 인종차별주의자는 인간이 구체적인 인종적 혹은 종족적 특징에 의해 구별될 수 있다고 믿는다. 그런 구별을 하면서 인종차별주의자는 어떤 인종이 다른 인종보다 우월 혹은 열등하다고 주장하기 위해서 인종간의 차이를 강조한다. 따라서 인종차별주의는 인간이 인종적 특징에 따라 질적으로 구별될 수 있다는 생각이다.

- **퀴어:** 원래 이상하거나 특별하다는 뜻을 가진 단어인 퀴어는 20세기 중엽에 동성애를 지칭하는 부정적 용어가 되었다. 그러나 최근에 이 단어는 게이, 레즈비언, 양성애, 혹은 트랜스젠더 정체성과 같이 광범위한 비이성애적정체성의 단면을 포괄하는 긍정적 용어로 재탈환되었다. 그러나 이 용어는 퀴어적인 성적 행위에 참가할 수도 있는 이성애자를 반드시 배제하지는 않는다.

- **혼종성:** 탈식민주의 이론에서 혼종성은 일반적으로 종족적 합성을 지칭한다. 이런 면에서 혼종성은 인종적 순수성과 대립된 개념이다.

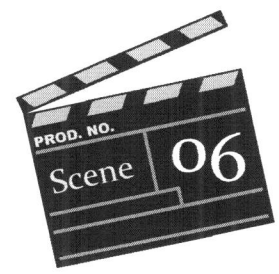

철학자들과 영화
_ 질 들뢰즈와 스탠리 카벨

이 책의 처음 여섯 장은 현대 영화이론이 영화의 정치성을 정의하려는 노력을 통해 발전해왔음을 이야기를 하였다. 영화이론은 처음에는 구조주의와 기호학의 영향을 받았다가 궁극적으로는 젠더, 인종, 섹슈얼리티, 탈식민주의 이론의 영향에 의해 전경화된 다양성과 타자성의 이론으로 옮겨갔다. 이제 우리가 만나게 될 각 이론들이 궁극적으로는 지금까지 개괄한 이론과 엮여 있기는 하지만 이 책의 나머지 네 장은 구조주의로 시작된 영화이론의 노선과는 근본적으로 구별된다. 이 장에서는 구조주의와 『스크린』 이론에 바탕을 둔 논란과 나란히 등장한 두 개의 영화이론을 다루지만 각 이론들은 지금까지 살펴본 정치적 성향의 반응과는 상당히 다른 영화 사유방식을 제공한다.

질 들뢰즈(Gilles Deleuze)와 스탠리 카벨(Stanley Cavell)은 철학자이다. 많은 철학자들이 영화에 대해 글을 써왔지만 들뢰즈와 카벨의 저작은 영화연구에 지속적인 영향을 미쳐왔다. 그들의 저작은 우리가 지금까지 검

또한 영화이론의 가닥들과 흥미롭고 논쟁적인 방식으로 교차한다. 이 철학자들이 각각 영화이론에 기여한 부분에 대해 쓰인 2차적인 문헌들이 상당히 많이 있으며 이들의 영향은 앞으로도 오랫동안 느낄 수 있을 것 같다 (들뢰즈에 대해서는 Rodowick, 1997; Flaxman 2000; Bogue 2003; Pisters 2003을 보라; 카벨에 대해서는 Rothman과 Keane 2000; Mulhall 2008을 보라). 이런 이유에서 우리는 이들이 영화에 공헌한 부분을 설명하는 것이 중요하다고 생각한다.

질 들뢰즈 (1925~1995)

들뢰즈는 영화에 큰 애정을 가졌던 프랑스 철학자였다. 그는 많은 철학서를 남긴 작가였고 영미권에서는 펠릭스 가타리(Felix Guattari)와 공저한 『안티 오이디푸스(*Anti-Oepdipus*)』와 『천개의 고원(*A Thousand Plateaus*)』(Deleuze and Guattari 1977, 1987)과 같은 도발적인 작품으로 가장 잘 알려져 있다. 그가 영화에 대해 쓴 두 권의 책 —『시네마 1: 운동 이미지(*Cinema 1: The Movement-Image*)』와 『시네마 2: 시간 이미지(*Cinema 2: The Time-Image*)』(Deleuze 1986, 1989) — 은 이해하기 엄청나게 어렵지만 영화학 분야에서 중요한 영향을 미쳤다. 영화 연구에 대한 들뢰즈의 접근은 영화에 대한 그의 책이 영화가 생산하는 기호의 종류에 따라 영화를 분류했다는 점에서 철저하게 기호학적이다. 이점에서 그는 크리스티앙 메츠와 다른 구조주의 영화이론가들에 영감을 준 페르디낭 드 소쉬르의 언어이론보다는 미국 철학자 찰스 샌더스 퍼스(Charles Sanders Peirce, 1839~1914)가 제창한 기호학 체계에 의해 영향을 받았다.

들뢰즈의 『시네마』 책들에서 퍼스가 중요한 하나의 영향력이었다면, 그의 역할은 프랑스 철학자 앙리 베르그송(Henri Bergson, 1859~1941)에 비하면 2차적이라 할 수 있다. 『시네마』 책들은 영화사와 이론에 대한 책이면서 동시에 베르그송 철학에 대한 논평이기도 하다 (Deleuze 1988a를 보라). 우리의 목적을 위해서 들뢰즈가 베르그송에게서 취하고 있는 두 가지 기본적인 점들을 살펴볼 필요가 있다. 첫 번째는 (두 번째는 잠시 후 다룰 것이다) '이미지'가 무엇인가에 대한 베르그송의 이해와 관련이 있다. 베르그송이 보기에 무언가의 이미지는 우리가 그것에 대해 가지고 있는 의식이다. 무슨 뜻이냐 하면 내가 나무를 바라볼 때 그런 인식적 사건이 나무라는 것과 나무에 대한 나의 의식이라는 것으로 양분될 수가 없다는 것이다. 게다가 나무에 대한 나의 의식은 베르그송이 말한 '이미지'이다. 그 말은 나무의 이미지는 나무의 존재와 분리된 것이 아니고 나무의 이미지가 바로 그 나무라는 뜻이다. 이 모든 것이 너무 철학적으로 들리겠지만 베르그송은 무엇보다도 철학자였다. 들뢰즈가 보기에 베르그송의 입장이 영화 이론에 미친 결과는 지대하다. 사물과 그 사물에 대한 나의 의식 사이에 구분이 없다면 따라서 영화에 대한 나의 의식과 영화 자체 사이에도 구분이 없다. 마찬가지로 영화와 현실 세계 사이에도 구분이 없다. 왜냐하면 둘 다 의식이 만들어낸 '이미지'의 상태를 지니고 있기 때문이다. 어떤 것이 다른 것에 우선한다고 할 수 없는 것이다. 여기서 추론할 수 있는 바는 들뢰즈가 보기에 영화의 지속시간 동안, 내가 영화를 보는 동안, 내가 영화를 의식하는 동안은 그 영화가 현실 세계이다. 그렇다면 들뢰즈가 자신의 『시네마』 책을 시작하는 것도 바로 이런 입장에서이다.

『시네마』 책들에서 들뢰즈의 목표는 그 자체가 영화적인 방법으로 영화를 묘사하려는 것이다. 따라서 그의 주된 질문은 "영화는 어떻게 의미를 만드는가?"이며 그 질문에 대답하는 그의 방식은 절대적으로 미학적이고 분류적이다. 즉, 영화는 구체적인 제시의 방법을 생산함으로써 의미를 만든다. 즉, 편집, 서사배열, 미장센, 연기 등의 특징을 사용함으로써 영화는 그것을 통해 의미를 창조하고 영화의 경험이 정의될 수 있는 구체적인 '기호'를 생산한다. 영화가 의미를 만드는 내재적이거나 본질적인 방식은 없는 것이다. 들뢰즈는 가령 '이데올로기적 장치'나 '상상적 기표'와 같은 개념에 동의하지 않는다. 대신 각 영화와 영화제작자는 구체적인 의미 체계를 만들기 위해 영화 재료의 양상을 활용한다. 이것이 들뢰즈에게 의미하는 바는 영화가 의미를 생산할 수 있는 방식을 설명하는 엄청난 수의 용어들과 분류적 구분이 있다는 것이다 (적어도 그가 책을 쓰던 1980년대까지는). 그런 용어들 — 구체적인 것은 우리가 여기서 관심을 가질 필요가 없다 — 은 '이미지'라는 면에서 배열되어 『시네마 1』에서는 액션-이미지, 인식-이미지, 감정-이미지, 충동-이미지, 관계 — 이미지 등의 용어가 나오고 『시네마 2』에서는 옵사인(opsign)과 손사인(sonsign)(혹은 '옵티칼'과 '사운드' 이미지)에서부터 누사인(noosign), 렉토사인(lectosign), 그 외 많은 용어들이 있다. 우리는 여기서 엄청난 범위의 기호를 모두 설명하기를 희망하지 않는다. 그러나 들뢰즈가 집중하는 영화 기호 체계의 중요한 구분, 즉 **운동-이미지**와 **시간-이미지**의 구분에 집중하려고 한다. 다음에서 우리는 들뢰즈의 영화철학을 독자에게 소개하기 위해 각각 하나의 사례에 집중할 것이다.

운동–이미지

(질 들뢰즈[Gilles Deleuze], 「액션-이미지: 큰 형식[The Action-Image: The Large Form]」[Deleuze 1986: 141–501].)

첫째, 운동-이미지와 시간-이미지의 구분은 역사적인 것이다. 운동-이미지는 역사의 어떤 지점에서 영화가 기능했던 특정한 방식을 지칭하는 반면 시간-이미지는 영화가 기능하는 방식을 이해하는 또 다른 방법이다. 들뢰즈가 보기에 영화 역사상 중요한 전환점은 제2차 세계대전이다. 제2차 세계대전 이전에 만들어진 영화는 운동-이미지의 영화이며 전후에 만들어진 영화는 시간-이미지의 영화다. 그러나 이것은 엄격하고 손쉬운 역사적 구분이 아니다. 운동-이미지 영화가 제2차 세계대전 때 갑자기 끝난 것도 아니고 ― 실제로 운동-이미지 형식은 지금도 계속 흔하게 볼 수 있다 ― 시간-이미지도 갑자기 그 시점에서 시작한 것이 아니다. 오히려 들뢰즈는 운동-이미지와 시간-이미지가 영화 표현의 다른 양태를 구성하며, 시간-이미지가 제2차 세계대전 이전에는 흔하거나 지배적이지 않았던 영화 인식의 다른 방식이라는 것을 강조하려고 한 것이다. 따라서 한마디로 하자면 들뢰즈의 운동-이미지와 시간-이미지 구분은 역사적인 것이지만 이런 구분을 하면서 그는 매우 특별한 종류의 '역사'를 지적하고 있다 (들뢰즈는 여기서 프랑스 역사철학자 미셸 푸코[Foucault, 1970, 1984; Deleuze 1988b])의 영향을 받았다).

그렇다면 운동-이미지는 무엇인가? 들뢰즈가 보기에 '시간이 운동에 종속되는' 이 구분을 '운동-이미지'라고 명명하는 데는 복잡한 철학적 이유가 있다. 이런 이슈들은 시간-이미지를 다룰 때 논의될 것이다. 그러나 지금으로서는 운동-이미지의 두 개의 결정적인 특징에 집중하려고 한다. 운동-이미지의 영화들은:

- 결정적인 결과를 향하여 나아가는 영화들이며
- 행동을 통해 그런 결과를 일으키는 캐릭터가 등장한다.

두 가지 짧은 사례로 이 점을 명확하게 설명할 수 있다. 미국 장편 영화의 탄생이라고 보통 간주되는 D. W. 그리피스의 ⟨국가의 탄생⟩(1915)은 흑인들의 반란을 KKK단이 진압하는 이야기를 다루고 있다. 이 진압은 커뮤니티에 질서와 안전이 회복되는 결정적인 엔딩으로 연결된다. 결정적인 결과는 안정된 지역사회의 회복이며, 이 결과는 KKK 단원들의 영웅적인 행동에 의해 이루어졌다. 세르게이 에이젠슈테인의 〈전함 포템킨(*Battleship Potemkin*)〉(1925)도 마찬가지로 훌륭한 사례이다. 오데사 시민들은 포템킨에 승선한 반란을 일으킨 수병들을 지지하는데 단합된 힘을 보이고 결국 다른 전함의 수병들이 포템킨 선원들과 동조하는 해피엔딩으로 연결된다. 여기서도 결정적인 결과(이 경우 '해피엔딩')를 달성하는 것은 캐릭터들의 행동이다.

이미 이야기한 것처럼 들뢰즈가 『시네마』에서 사용하는 많은 구분과 각각의 세부 분류가 있다. 운동-이미지를 논의하는데 있어서 우리는 『시네마 1』의 6장 「액션-이미지: 큰 형식」이라는 하나의 장에만 집중하려고 한다. '미국 영화의 보편적인 승리'(Deleuze 1986: 141)를 나타낸다고 들뢰즈가 언급한 것은 바로 이런 형식의 운동-이미지이다. 그는 무엇보다도 큰 형식의 액션-이미지를 하나의 리얼리즘으로 묘사하며, 그가 염두에 두고 있는 리얼리즘은 우리가 3장에서 본 것처럼 콜린 맥케이브가 고전 리얼리즘이라고 부른 것과 유사하다. 그러나 더 구체적으로 들뢰즈는 '큰 형식의 액션-이미지'를 식별할 수 있는 두 가지 주된 특징을 밝히고 있다. 그것은 다음과 같다.

- **환경**
- **행동양식**

이 용어들은 무엇을 의미하는가? 환경은 영화의 배경 혹은 상황에 해당된다. 가령 우리가 서부영화를 생각한다면 우리는 그것의 배경이 미국의 광활한 서부 풍경이라고 기대한다. 그러나 환경은 단순히 배경 이상의 것을 지칭한다. 따라서 영화가 서부영화라면 플롯을 진행되는 범위는 무엇일까? 영화의 행동은 술집(〈자니 기타[*Johnny Guitar*]〉[니콜라스 레이(Nicholas Ray), 1948]), 혹은 길고 힘든 소몰이길(〈레드 리버[*Red River*]〉[하워드 혹스(Howard Hawkes), 1948])에 집중될 수 있다. 혹은 캐릭터들이 광활한 들판(〈빅 스카이[*The Big Sky*]〉[하워드 혹스, 1952]) 혹은 마을이나 건물 안에 번갈아 갇혀 있을 수(〈유마로 가는 3시 10분차[*3:10 to Yuma*]〉[델머 데이브스(Delmer Daves), 1957])도 있다. 따라서 환경이란 영화의 '상황,' '무슨 일이 벌어지고 있는지'와 '무엇이 문제인지?'를 파악하려고 하는 방법이다.

들뢰즈가 '행동의 양식'이라고 부른 것은 캐릭터로 어느 정도 축소시킬 수 있다. 그러나 그것이 지칭하는 바는 특정 캐릭터에게 어떤 종류의 행동이 가능한가의 문제이다. '액션-이미지의 큰 형식' 영화에 나오는 캐릭터들은 자신들이 수행할 수 있는 행동이나 행위의 종류에 의해 결정된다. 이번에도 서부영화의 문제를 계속 따라가자면 서부영화의 결정적인 특징 중 하나는 주인공이 도전을 '받아들일 수 있는가'의 문제이다. 그가 성공할 만큼 강하고, 결단력이 있고, 지적인 캐릭터인가? 따라서 액션-이미지의 큰 형식을 결정하는 주된 방법은 행동의 양식을 통해서이다. 왜냐하면 이 타입의 영화의 액션이 설정되는 것은 캐릭터의 행동 양식을 통해서이기 때문이다.

환경과 행위의 양식은 서로 연관이 되어 있다. 왜냐하면 어떤 캐릭터의 행동양식이 시험대에 오르는 것은 그가 특정 환경에 처하면서이기 때문이다. 영화의 주인공—왜냐하면 큰 형식의 영화들은 항상 주인공을 등장시키기 때문에—은 그가 처한 환경 때문에 행동을 할 수 밖에 없게 된다. 들뢰즈는 주인공이 "상황과 환경의 요구에 맞게 존재(아비투스)의 새로운 양식을 획득하고 존재의 양식을 키워야 한다"(Deleuze 1986: 141-142)고 쓰고 있다. 다시 말하자면 주인공은 플롯의 해결을 끌어내기 위해서 환경에 의해 밝혀진 상황을 처리할 방법을 찾아야만 한다. 많은 면에서 이런 형식은 서사이론의 매우 고전적인 수사를 따른다. 이런 서사에서는 원래의 상황이 불안정하게 되어 원래의 안정적인 상황의 재설정(원래 상황의 회복이나 새로운 상황의 성취)을 가져올 수 있는 행동이 필요하도록 플롯이 배열되게 된다. 좀 더 간단히 말하면 영화서사에는 시작, 중간, 끝이 있다. 약식으로 쓰자면 (칼 마르크스의 『자본론』의 1권에 나오는 '자본의 일반적인 공식'을 모델로 장 뤽 고다르가 제안한 공식을 따르자면), 들뢰즈는 이런 서사 배열을 S-A-S'라는 공식으로 지칭하고 있다 (Godard 1972를 보라). 이것은 상황-행동-조정된 상황을 의미한다. 원래의 상황(시작)이 행동에 의해 조정되고(중간) 조정된 상황(끝)을 가져올 수 있게 된다.

이런 용어가 액션-이미지의 큰 형식에서 어떻게 기능하는지 설명하기 위해서 들뢰즈는 다큐멘터리에서 사회문제 영화를 거쳐 서부영화, 그리고 더 많은 영화까지 다양한 범위의 사례에 의존한다. 그러나 이미 우리가 설명한 대로 무엇보다도 큰 형식은 '미국 영화의 승리'(Deleuze 1986: 141)의 표시이며 우리의 목적을 위해 우리는 한편의 영화, 엘리아 카잔(Elia Kazan)의 〈워터프론트(*On the Waterfront*)〉(1954)에 집중하기 원한다. 들뢰즈는 『시네마 1』에서 카잔의 영화에 몇 페이지를 할애하고 있지만 〈워터프론트〉에 대한 그의 코멘트는 특히 계시적이다. 그는 카잔 영화의 주된 수사 중 하나가 잘못된 세계에서 잘못된 일을 당하는 남자, 정의롭지 못한 세계에서 부당한 대접을 당하는 남자, 따라서 그 세계를 바로 잡기 위해서 곤란을 무릅쓰고 싸워야 하는 남자의 수사라고 설명한다. 그는 이것을 카인(카인과 아벨의 기초적인 성경 이야기에서처럼)에 비견할 만한 신학이라고 부른다. 그는 계속해서 설명한다.

> 〈워터프론트〉는 이 신학을 충분히 발전시킨다. 즉 내가 남을 배신하지 않으면 나 자신과 정의를 배신한다는 것이다. 사람은 타락이 팽배한 상황, 굴욕적인 폭발적 상황도 많이 겪어야 한다. 그것을 통해 우리를 정화시키는 감명과 우리를 구하거나 용서하는 폭발을 목격하기 위해서라면 … 카잔에게 있어서 흥미로운 것은 미국적 꿈과 액션-이미지가 같이 더 거칠어지는 방식이다. 미국적 꿈은 점점 더 꿈으로, 꿈에 지나지 않는 것으로 확증된다. 그러나 그것은 이것으로부터 증가된 힘의 갑작스러운 분출을 끌어내게 된다. 왜냐하면 이제 그것이 배신과 중상과 같은 행동을 포함하기 때문이다. … 그리고 바로

이런 전쟁이 끝난 후 — 미국적 꿈이 몰락하고 액션-이미지가 결정적인 위기에 접어드는 바로 그 순간 — 꿈은 가장 비옥한 형식을 찾게 되고, 행동은 가장 격렬하고, 가장 폭발적인 스키마를 찾게 된다.

(Deleuze 1986: 157-158)

〈워터프론트〉의 주인공인 테리 멀로이(말론 브란도[Marlon Brando])는 자신의 양심과, 또 부두의 일자리를 좌지우지하는 마피아 보스인 자니 프렌들리(리 제이 콥[Lee J. Cobb])의 힘과 맞싸워야 한다. 영화의 상당 부분 테리는 형인 찰리(로드 스타이거[Rod Steiger])처럼 마피아가 시키는 일을 하면서 이득을 챙기다가 에디(에바 마리 세인트[Eva Marie Saint])와 사랑에 빠지면서 마피아의 타락이 도를 넘었다고 생각하고 그들로부터 결별하고 법정에서 그들에게 불리한 진술을 감행한다 (그림 6.1). 들뢰즈 식으로 하면 테리는 '환경' — 부두에서 마피아의 타락된 관행 — 을 발견하고 그 타락을 해결하기 위해 행동의 양식을 결정한다. 테리의 선택 능력에 많은 강조점이 주어지기 때문에 행동의 양식은 영화에 필수적이다. 그는 마피아를 선택할 수도 있고(형처럼), 마피아에게 불리한 진술을 함으로써 들뢰즈의 표현대로 '남들을 배신'하는 것을 선택할 수도 있다. 마피아를 배신함으로써 그는 더 이상 자신이나 정의를 배신하지 않는다. 이 교훈은 우리에게 영화의 윤리적 비전을 제시하며 이것은 또한 미국적 꿈에 대한 카잔의 비전이기도 하다.

그러므로 환경과 행동의 양식과 함께 큰 형식의 액션-이미지를 구성하는 두가지 다른 요소가 있는데 그것은 **결투**(혹은 일련의 결투)와 **윤리**이다. 큰 형식의 영화에서 전형적으로 볼 수 있는 것은 한 캐릭터 혹은 캐릭터 그룹과 다른 캐릭터 간의 갈등이다. 종종 큰 형식은 일련의 결투, 즉 '단번에 모든 것을 결정짓도록' 계획된 마지막 결투에서 궁극적으로 절정에 달하는 대립된 세력 간의 일련의 갈등, 혹은 대결을 일으킨다. 〈워터프론트〉에서 이 형식이 어떤 모양을 갖추게 되는지는 테리가 마피아들과 일련의 갈등을

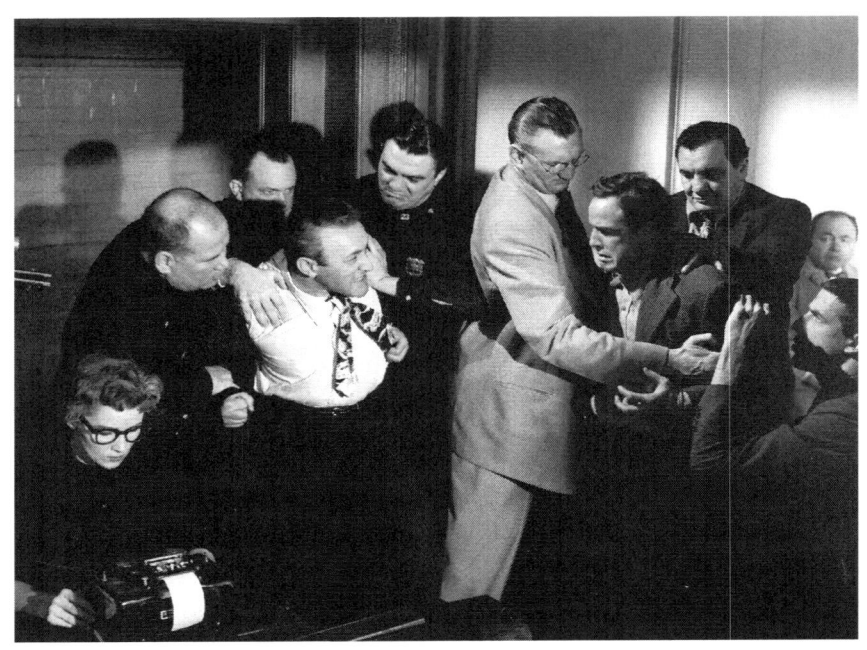

그림 6.1 〈워터프론트〉에서 자니 프렌들리(리 제이 콥)과 테리 멀로이(말론 브란도)는 법정에서 거의 주먹다짐을 할 뻔 한다.
출처: 코발 컬렉션 제공. 컬럼비아 영화사.

벌이다가 마지막 장면에 부두에서 자니 프렌들리와의 주먹다짐으로 끝을 내는 것에서 볼 수 있다. 이 일련의 결투가 윤리적 노선을 따라서 구성되어 있는 것을 주목하는 것이 중요하다. 적대자들은 기분에 따라, 혹은 단지 서로가 싫어서 싸우는 것이 아니라 세계관이 극단적으로 다르기 때문에 싸우는 것이다. 영화적 관점에서 중요한 문제는 단순히 두 사람 혹은 집단 간의 앙심이 아니라 대립된 세계관, 즉 윤리의 싸움이다. 들뢰즈에 따르면 카잔에게 있어서 이 윤리적 싸움은 다름 아닌 미국적 꿈을 위한 싸움이다. 그 꿈은 전후에 점점 더 지탱하기가 힘들어졌지만 〈워터프론트〉를 비롯한 카잔의 영화들이 끊임없이 재천명하려고 애쓰는 꿈이다. 더 일반적인 면에서 우리는 선과 악이 대결하며 마지막 결투에서 선이 승리하고 악이 처벌받는 플롯을 미국 영화 — '미국 영화의 승리' — 가 선호하는 구체적 방법이라고 볼 수 있다. 액션-이미지의 큰 형식이 미국 영화의 필수부가결한 부분으로 소중히 여기는 것, 〈워터프론트〉의 핵심이라고 할 수 있는 것은 바로 선이 악을 이기는 미국적 꿈이다.

시간-이미지

(질 들뢰즈[Gilles Deleuze], 「시간의 크리스털[The Crystals of Time]」[Deleuze 1989: 68-97].)

가장 명백한 형식에서 운동-이미지가 악에 대한 선의 승리를 향하여 나아간다면 시간-이미지는 니체의 표현을 빌자면 '선과 악을 넘어서' 나아가려고 한다. 위에서 우리는 무엇보다 운동-이미지를 규정하는 것은 운동-이미지 영화가 확실한 결과를 향하여 나아가며 그 영화에 그 결과를 가져올 수 있는 행동을 하는 캐릭터가 등장한다고 주장했다. 시간-이미지 영화에는 그런 가능성이 더 이상 남아있지 않다. 그 결과는 더 이상 결정적이지 않으며 캐릭터들은 그 결과로 이끌만한 방식으로 행동을 할 수도 없다. 시간-이미지에서는 선악의 구분이 더 이상 명확하지 않다. 따라서 캐릭터들은 선의 승리로 이끌 수 있도록 행동하는 것이 무엇인지 더 이상 모른다.

이런 정의는 어쩌면 너무 부정적인지 모른다. 시간-이미지 영화에서 캐릭터가 행동할 수 있는 능력의 면에서 정의되지 않는다 해도 우리는 이것을 한계라고 보면 안될 것이다. 왜냐하면 캐릭터를 정의하는 다른 많은 방법이 있기 때문이다. 시간-이미지 영화에서 캐릭터들을 생각하는 또 다른

방법은 그들이 자신의 통제 밖의 상황에 붙잡혀 있는 경향이 있다는 점이
다. 그들이 행동을 할 수 없는 것이 아니라 그들이 처한 상황에서는 어떤 행
동이라도 적절하지 못한 것이다. 어쩌면 로베르토 로셀리니의 〈독일, 영
년〉(로베르토 로셀리니, 1948)이라는 영화는 들뢰즈가 보기에 시간-이미지
미학을 정의하기 시작하는 전쟁 직후의 네오리얼리즘 영화라는 점에서 결정
적인 사례가 될지 모르겠다. 〈독일, 영년〉에서 어린이 주인공 에드문드(에드
문드 모쉬케[Edmund Moeschke])는 선악의 구분을 더 이상 할 수가 없다.
그는 어떤 행동이 선하고 어떤 것이 악한지 결정할 수 없으며 어떻게 행동
해야 하는지 더 이상 알 수 없는 세계에 사로잡혀 있다. 자신을 배신한 세계
에서 그는 죽음을 택할 수 밖에 없고 영화는 그의 비극적인 자살로 끝난다.
선의 이름으로 행동하려고 했던 캐릭터는 선이 자신이 생각한 선이 아니라
는 것을 발견한다. 그 과정에서 그는 행동할 수 있는 능력을 상실한다.

　　시간-이미지는 왜 시간-이미지라고 불리는가? 들뢰즈가 보기에 운동-
이미지 영화들은 운동에 종속된 것으로의 시간, 즉 시간의 **간접적 이미지**
를 제시할 뿐인데 반해 시간-이미지의 영화들은 **시간의 직접적인 이미지**를
보여준다. 들뢰즈에 따르면 이것은 베르그송에서 파생된 복잡한 철학적 명
제에 해당된다. 실제로 이것은 들뢰즈가 베르그송에게서 가져 온 두 번째
요점이다. 우리의 목적을 위해 운동-이미지와 시간-이미지 사이의 철학적
차이를 가리킬 수 있는 최선의 방법은 무엇보다도 운동-이미지에서는 시간
적 면에서 **모든 것이 제자리를 찾는다**고 선언하는 것이다. 즉, 과거, 현재,
미래가 분명하게 식별될 수 있다. 우리는 과거에 무슨 일이 일어났는지 알
며, 또한 과거가 현재와 앞으로 올 미래와 분명히 구분될 수 있음도 안다.
따라서 운동-이미지의 영화에서는 서사의 모든 사건이 시간 선상에 배열될
수 있다. 우리는 〈워터프론트〉에서 과거에 테리가 권투 선수가 될 수도 있
었으며 그가 매디슨 스퀘어 가든에서 싸웠다는 사실을 안다. 〈워터프론트〉
에서의 과업 중 하나는 테리가 "그건 그때이고 이건 지금이다"라는 것과,

가든에서 다운을 당함으로써 그가 자신을 배신했다는 것을 깨닫게 되는 것이다. 자신의 과거를 현재나 미래와 분명히 구분할 수 있는 지금에서야 그는 자신에게 다시 진실할 수 있고 자신을 배신하는 것을 중단할 수 있다.

그렇다면 시간-이미지의 영화는 연대기적 시간이 '혼동된' 영화인가? 오늘날 우리는 〈펄프 픽션(*Pulp Fiction*)〉(퀜틴 타란티노[Quentin Tarantino], 1994), 〈파이트 클럽(*Fight Club*)〉(데이비드 핀처[David Fincher], 1999), 〈메멘토(*Memento*)〉(크리스토퍼 놀란[Christopher Nolan], 2000)와 같은 획기적인 영화와 함께 시간적 순서를 섞어놓은 영화들을 보는 데 아주 익숙하다. 그러나 그런 종류의 많은 영화들이 여전히 과거-현재-미래 연대기를 결론에서 확증하며, 영화 내의 시간의 혼합이 감독의 트릭(〈펄프 픽션〉)이거나, 서사적 시간의 유희적 효과(〈메멘토〉), 혹은 어느 캐릭터의 착각된 시점(〈파이트 클럽〉)일 경우가 많다. 순수하게 시간-이미지에 속하는 영화들은 서사적 관행을 가지고 단순히 유희하는 것과 다르며 어쩌면 〈시민케인(*Citizen Kane*)〉(오슨 웰즈[Orson Welles], 1941)이 다른 어떤 영화보다도 여기서 중요한 본보기 역할을 할 것이다. 〈케인〉의 마지막에 가면 우리는 찰스 포스터 케인에 대한 진정한 이야기가 무엇인지 전혀 확신할 수 없다. 대신 〈시민케인〉이 우리에게 보여준 것은 케인에 대한 일련의 주관적 묘사이며, 그중 어떤 것은 다른 것과 상충되고, 그 모든 것을 합쳐보아도 도저히 합쳐지지가 않는다. 어쩌면 그것이 시간-이미지에서 가장 중요한 것일지 모른다. 운동-이미지와 대조적으로 시간-이미지에서는 **모든 것이 제자리를 찾는 것이 아니다.** 다시 말하자면 시간-이미지 영화에서는 모든 것이 과거, 현재, 미래가 분명하게 식별되는 타임라인에 배치될 수 있는 것이 아니라는 말이다.

시간-이미지에 대해 언급할 면이 한 가지 더 있다. 이번에도 시간-이미지가 운동-이미지와 구별되는 점에 관한 것인데, 그 차이는 다음과 같다.

- 운동-이미지에서는 인식이 **행동**과 **연관**된다.
- 시간-이미지에서는 인식이 **기억**과 **연관**된다.

운동-이미지 영화에서는 캐릭터가 사건을 보고, 듣고, 감지하며, 테리가 자신이 보는 것에 대한 반응으로 거기에 대항했듯이 캐릭터는 행동을 취함으로써 사건에 반응한다. 반대로 시간-이미지의 캐릭터는 자신이 보고 듣는 바에 대해 행동을 취함으로써 반응하지는 않는다. 대신, 그가 보고, 듣고, 느끼는 바는 기억을 불러일으키는 촉매 역할을 한다. 그것은 그를 과거로 강제로 몰아넣는다. 베르그송의 말을 빌려, 들뢰즈는 질문한다. **기억은 언제 형성되는가?** 기억은 현재 형성되지만 그것은 곧바로 과거로 떨어진다. 이러한 기억의 이중성을 설명하기 위해 — 현재와 과거에 동시에 존재하는 것 — 들뢰즈는 현재의 실제 이미지와 공존하는 기억 이미지가 있어야 한다고 주장한다. 게다가 이것은 현재에 대한 우리의 경험이 현재의 인식과 현재의 기억이라는 두 가지 형태를 항상 가져야 한다는 것을 의미한다 (Bogue 2003: 117–118).

이것은 분명히 복잡하고 논란이 많은 철학적 주장이지만 들뢰즈가 〈시간-이미지〉의 4장에서 **크리스털-이미지**의 개념을 구축하는 기초 역할을 한다. 영화에서 크리스털-이미지는 현재와 과거의 분리, 실제 현재와 과거가 환기하는 현재의 기억의 분리, 들뢰즈가 **실제** 이미지와 **가상** 이미지라고 부른 것의 분리, 현재의 실제 이미지와 과거로부터의 가상 이미지의 분리를 촉발한다. 그러나 파악해야 할 가장 중요한 점은 크리스털 이미지가 과거와 현재를 분리하는 것이 아니라 오히려 그 차이를 **식별가능하지 않게** 한다는 점이다. 크리스털-이미지에서는 과거와 현재가 겹쳐지고, 서로 혼동되며, 서로 엉킨다. 이것을 표현하는 한 가지 방법은 어디서 현재가 끝나고 과거가 시작되는지를 안다는 것이 얼마나 어려운지를 크리스털-이미지가 보여준다는 것, 현재에 대한 우리의 경험은 언제나 우리의 과거의 기억과

엉켜있으며 과거의 기억은 항상 현재의 경험에 의해 소환될 — 따라서 연루될 — 수 있다고 생각하는 것이다. 들뢰즈가 이런 생각을 베르그송뿐 아니라 마르셀 프루스트(그 자신도 베르그송의 영향을 받았으며 들뢰즈에게는 언제나 참조가 되는 인물)에게 얻었음은 의심의 여지가 없다. 프루스트의 카스테라(Proust's madeleine)는 크리스털-이미지의 완벽한 선구자인 듯 보인다 (Proust 1998: 60; Deleuze 2000을 보라).

〈돛단배(*And the Ship Sails On*)〉는 시간-이미지 영화의 위대한 작가 중 한 사람인 페데리코 펠리니(Federico Fellini)의 1983년 작 영화이다. 이 영화는 과거를 탐색하는 영화이며 그 과거는 단연코 영화적인 방식으로 탐색되고 있다. 영화의 오프닝 신은 처음에 침묵의 흑백 프레임에서 세피아색 톤과 사운드를 거쳐 마침내 컬러가 등장할 때까지 움직이면서 특별히 과거를 환기하는 분위기이다. 이 영화는 역사에 대한 영화 — 배경은 제1차 세계대전 직전이다 — 이며 동시에 영화의 역사, 즉 영화가 어떻게 역사를 포착하고, 기록하고 재현하는지에 대한 영화이다. 따라서 이런 면에서 영화는 실제와 가상의 관계에 대한 영화이다.

- 실제 현재(1983)와 가상의 과거(1914)의 관계
- 캐릭터들의 실제 현재와 과거에 대한 가상기억의 관계. 왜냐하면 배에 함께 탄 캐릭터들은 최근에 작고한 오페라 가수 에르미아 테투아의 재를 뿌리기 위해서 모였으며 그들의 대화는 그녀를 추모하는 대화이기 때문이다. 즉, 우리는 그녀의 기억에 대한 다중의 환기를 통해 에르미아의 캐릭터에 접근한다 (〈시민케인〉과 그다지 다르지 않은 방식으로).
- 브레히트 식으로 관객에게 직접 말하는 내레이터인 올란도(프레디 존스[Freddie Jones])가 있다. 그는 실제 현재(1983)에 속한 사람인 것 같으면서 동시에 영화 속 이야기의 가상과거에 위치해있다. 이것은 일어나게 될 클라이맥스적 사건을 그가 우리와 논의하는 영화의 마지막에 매우 분명해진다. 배가 가라앉고 있으며 그는 분

명히 사건 **이후**의 시점에서 우리에게 말하면서 여전히 사건의 속에 있어서 "사건의 정확한 순서를 재구축하는 것이 거의 불가능하다."

그러므로 영화의 내레이터인 올란도가 명확하게 밝히고자 하는 것은 여기서는 실제와 가상을 구분하는 것, 실제로 일어난 사건(실제로서)과 상상되거나 역사적 전설의 일부가 된 것(가상으로서)을 구분하는 것이 불가능하다는 것이다. 오히려 여기 이 영화에서는 현재와 과거, 실제와 가상이 **식별가능하지 않게** 된다.

〈돛단배〉는 또한 메타 차원에서 실제와 가상을 식별할 수 없음을 전경화한다. 결말의 몇 장면에서 영화가 제작된 거대한 스튜디오 세트가 영화 내내 배의 움직임을 전달했던 엄청난 크기의 기계장치는 말할 것도 없고 카메라, 모니터, 마이크, 조명기구가 갖춰진 채 우리에게 모습을 드러낸다. 이점에서 영화 자체가 실제와 맺는 관계가 의문시된다. 영화는 그 작위성을 전경화하지만 단순히 "이건 모두 환상이다" 혹은 "이건 모두 가상이다"라는 것을 주장하기 위해서 그러는 것은 아니다. 오히려 실제가 어디서 끝나고 가상이 어디서 시작하는지 식별하는 것이 불가능하다는 것을 인정하는 하나의 방편으로 이렇게 하는 것이다. 〈돛단배〉는 전형적인 크리스털-이미지를 전달한다.

더 구체적으로 말하자면 들뢰즈는 〈돛단배〉의 크리스털-이미지를 선상의 공간적이고 사회적인 구분 속에 위치시킨다. 배의 선원들과 노동자들은 원래 자신들이 상갑판에서 시중을 드는 오페라 연기자들에게 복종하는 위치에 속한다. 그러나 영화가 진행되면서 이런 구분이 역전되어 연기자들이 배의 내부 속에 있는 기관실과 부엌에서 연기함으로써 선원들을 섬기는 신세가 된다. 후반부에 배에 세르비아 피난민들을 승선시키자 이 난민들이 오페라 가수들과 자리를 바꾸어 난민들이 노래하고 춤추며 가수들은 관객으로 전락한다. 들뢰즈는 "여기서도 실제와 가상의 교환이 이루어진다"(Deleuze 1989: 73) (그림 6.2)고 주장한다.

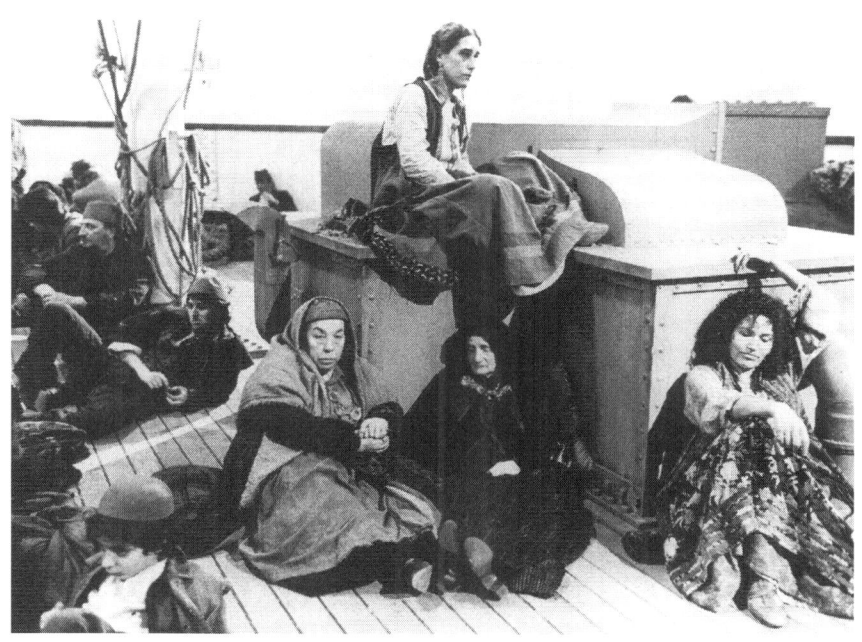

그림 6.2 〈돛단배〉에서 갑판 위의 피난민들.
출처: 코발 컬렉션. RAI.

전혀 일목요연하지는 않지만 운동-이미지와 시간-이미지에 대한 들뢰즈의 설명은—『시네마』책에서 정의되는 다른 많은 타입의 이미지와 함께— 영화와 영화사를 이해하는 흥미롭고 신선한 방법을 제기한다. 이 카테고리가 얼마나 내구성이 있을지는 두고 볼 일이다.

스탠리 카벨 (1926년생)

카벨은 영화에 대한 세 권의 책을 썼다. 그것은 『바라본 세상(*The World*

Viewed)』(Cavell 1979a), 『행복의 추구(*Pursuits of Happiness*)』(Cavell, 1981), 『교전 눈물(*Contesting Tears*)』(Cavell 1996)이다. 그는 또한 영화에 관한 수많은 글을 썼는데 거의 모든 글이 『카벨의 영화관(*Cavell on Film*)』(Cavell 2005)에 수록되어 있으며, 그리고 최근에 나온 『말의 도시 (*Cities of Words*)』(Cavell 2004)라는 책에서 카벨은 『행복의 추구』 『교전 눈물』에서 논의한 많은 영화들을 다시 다루고 있다 (이 책을 영화에 관한 그의 네 번째 저서로 볼 수 있다). 철학자로서 그는 또한 많은 철학책을 썼는데 그중 가장 중요한 것이 『이성의 주장(*The Claim of Reason*)』(Cavell 1979b)이다. 카벨은 영화학에 개입함으로써 어떤 철학자보다 더 지속적으로 영화매체와 연관을 맺었다. 왜냐하면 그것은 지금 독자들이 읽고 있는 책에서 커버하고 있는 전체적인 역사에 해당되는 40년이라는 기간에 걸쳐 있기 때문이다. 그가 영화이론에 기여한 세 편의 저서를 따라 그의 논지를 하나씩 살펴보려고 한다.

『바라본 세상』

1971년에 출간된 『바라본 세상』의 부제는 「영화의 존재론에 관한 명상 (*Reflections on the Ontology of Film*)」이며, 따라서 책의 전체적인 목적은 영화란 무엇인가라는 질문에 대답하려는 것이다. 이 책은 길고 만연체의 책이지만—카벨의 문체 또한 길고 만연체이다—『바라본 세상』의 중심에는 두 가지 주요 이론이 있는 것 같다. 첫 번째는 영화가 세상을 **스크린**한다는 것이고 두 번째는 영화는 **회의주의**의 움직이는 이미지라는 것이다.

카벨은 영화가 세상을 스크린한다는 말을 무슨 뜻으로 한 것인가? 그의 의미는 영화가 대개 세상으로부터 소재를 얻는다, 즉 세상으로부터 취한 이미지와 사운드를 우리에게 제공한다는 뜻이다. 이러한 이미지와 사운드는 곧 영화 스크린에 우리를 위해 투사된다. 따라서 스크린에 대한 카벨의 개념은 영화가 사운드와 이미지를 취해 오는 세상을 어떻게 스크린하는지를 파악하려고 하는 것이다. 그에게 스크린이라는 말은 적어도 두가지 의미가 있다. 첫째, 스크린은 영화의 이미지와 사운드가 투사되는 표면 역할을 한다. 다시 말하면, 영화는 스크린을 통해 세상을 우리에게 보여준다. 우리가 세상을 볼 수 있도록 하는 것이다. 그러나 더 중요한 것은 영화 스크린이 세상에 대한 장벽 역할도 한다는 것을 카벨이 주장한다는 점이다. 영화는 세상으로부터 우리를 단절시킨다는 의미에서 세계를 스크린한다. "움직이는 그림의 세계는 스크린된다. 그것은 그것이 담고 있는 세계로부터 나를 스크린한다 ― 즉, 나를 보이지 않게 만든다. 그리고 그 세계를 나로부터 스크린한다. 즉, 그 존재를 나로부터 스크린한다"(Cavell 1979a: 24)라고 그는 쓰고 있다.

스크린과 세상의 관계에 대한 이런 진술은 영화의 본질에 대한 카벨의 두 번째 중요한 주장으로 연결된다. 그것은 영화란 회의주의의 움직이는 이미지이다는 것이다. 세상을 스크린하는 과정에서 영화는 관객으로서의 우리를 세상으로부터 스크린한다. 카벨의 말대로 스크린은 "나를 보이지 않게 만든다." 따라서 우리는 세상이 우리를 볼 수 없을 지라도 이 세상을 볼 수 있다. 영화에서 우리에게 스크린된 세계에 대해 우리는 보이지 않는 존재이며, 우리는 보이지 않는 상태에서 그 세상을 본다 (Cavell 1979a: 40). 카벨은 계속해서 "영화를 볼 때 비가시성은 현대의 프라이버시 혹은 익명성의 표현이다"(Cavell 1979a: 40)라고 주장한다. 다른 말로 하면, 카벨이 말하고자 하는 바는 영화는 우리가 세상을 보도록 허용하지만 그 세상에 참여하도록 허용하지는 않는다는 뜻이다. 우리는 영화에서 우리에게 보여진 세상으로부터 단절되었다.

그런데 이것이 영화의 부정적인 면이라고 카벨이 주장하는 것은 아니며, 우리가 참여할 수 있는 세상을 우리에게 보여줄 수 없기 때문에 영화가 비현실적이거나 거짓이라고 주장하는 것도 아니다. 오히려 우리를 세상으로부터 단절시킴으로써 영화가 우리에게 현대적 주체성의 본질을 보여준다고 주장하고 있는 것이다. 우리에게 그 주체성이란 우리가 자신 속에 갇혀있다는 것이다. 또 익명성, 비가시성, 불확실성을 유일한 확실성의 수단으로 가지고 있는 주체, 그리고 다른 주체와 다른 세상으로부터의 확실히 단절된 '주체'가 바로 우리라는 것이다. "그것이 세상과 연결고리를 확립하는 우리의 방법이다"라고 카벨은 주장한다. "세상을 바라보는 것을 통해, 혹은 세상에 대한 견해를 가지는 것을 통해." 그는 계속해서 "보이지 않는 존재라고 느끼면서 보는 것이 우리의 자연적인 인식 양태가 되었다. 우리는 세상을 바라보는 것이 아니라 자아 뒤에 숨어서 세상을 내다본다"(Cavell 1979a: 102).

그렇다면 카벨에게 있어서 영화는 회의주의의 움직이는 이미지이다. 영화는 세상은 존재하는가? 라는 질문(그리고 그와 짝이 되는 질문인 '다른 정신들을 존재하는가?')에 대답하는 것이 어려움을 보여준다. 영화가 줄 수 있는 유일한 대답은 세상이 우리로부터 스크린되고 우리를 위해 스크린되는 만큼 존재한다는 것이다. 그런 입장에서 세상에 대해 우리가 가질 수 있는 유일한 보장은 세상으로부터 단절된 우리가 우리 자신 뒤에 숨어서 세상을 보고 들을 수 있는 것뿐이다. "우리가 우리 자신의 주체성 속에 갇혀있다"는 개념을 영화가 보여준다는 사실이 카벨이 보기에는 '영화가 현실보다 더 자연스러워 보이는'(Cavell 1979a: 102) 이유이다. 영화는 우리가 세상으로부터 스크린화된 양태를 너무나 효과적으로 보여주는 것이다.

『행복의 추구』

(2장 「위반으로서의 지식[Knowledge as Transgression]」을 보라 [Cavell 1981: 71–109].)

카벨의 1981년도 저서 『행복의 추구』는 『바라본 세상』의 주제, 특히 우리가 자신의 주체성에 갇힌 상태를 어떻게 극복하는가의 질문을 발전시킨다. 『바라본 세상』에서 그 질문에 대한 대답을 분명히 제공하긴 하지만 나중에 나온 책에서 그것을 더 강조해서 대답하고 있다. 주체성의 덫에서 빠져나가는 방법은 다른 인간에 의해 자신의 세계관을 긍정하고 마찬가지로 다른 사람의 세계관도 긍정해주는 것이다. 카벨에 따르면 이것이 영화라는 매체의 주된 과업인데, 왜냐하면 영화라는 매체가 우리의 것이 아닌 세계관을 우리에게 보여주기 때문이다. 따라서 영화의 세계관을 우리의 세계관으로 긍정하는 것은 우리의 주체성에서 빠져나가 다른 사람의 세계관(영화가 제시하는 세계관)을 긍정하는 하나의 방법이다. 카벨이 보기에 이러한 업적이 영화의 위대한 업적이다. 영화는 우리가 주체성 속에 갇힌 것을 우리에게 보여줄 뿐만 아니라 그 덫을 어떻게 극복할 수 있는지도 보여준다. 이 덫을 극복할 수 있는 더 구체적인 방법이 『행복의 추구』에서 제공되고 있다.

　『행복의 추구』는 카벨이 '재결혼의 코미디(comedies of remarriage)'라고 부르는 영화 장르에 대한 이론을 제시한다. 영화는 커플이 결혼하는 ― 혹은 카벨이 선호하는 표현으로 하자면 재결혼하는 ― 것으로 끝나는 1930년대와 1940년대의 일련의 할리우드 영화들이다. 이 커플들은 영화의 처음에 같이 시작했다가 중간에 헤어지고, 그래서 영화의 과업이 이들이 어떻게 다시 결합하도록 할 수 있을까라는 문제가 되기 때문에, 이들이 재결혼한다고 말하는 것이다. 이 장르에는 실제로 커플이 재결혼을 하는 사례(〈끔찍한 진실(*The Awful Truth*)〉[레오 맥캐리(Leo MacCarey) 1937]과 〈아담의 갈비뼈(*Adam's Rib*)〉 [조지 쿠커(George Cukor) 1949])들이 있지만 카벨은 재결혼을 무엇보다 은유적으로 받아들인다. 왜냐하면 그의 주장에 따르면 진정으로 결혼하는 유일한 방법은 이혼의 가능성, 즉 결혼하지 않을 가능성을 경험해보는 것이기 때문이다. 따라서 재결혼은 이러한 일련의 영화에서 전개되는 결혼에 대한 이해의 기초로 생각될 수 있다. 적어도 카벨은 이것이 이 영화들의 큰 발견 중 하나라고 받아들인다.

결혼이 영화라는 매체나 주체성의 극복과 무슨 관계가 있는가? 카벨의 요점은 결혼생활에서는 한 사람의 주관적 견해가 다른 사람의 견해와 '결혼'할 수 있다는 것이다. 재결혼 코미디에서 결혼의 요점은 커플이 자신들이 공유할 수 있는 세계관, 즉 서로 같이 만들어나갈 세계에 대한 견해를 어떻게 발전시킬 것인가를 배운다는 것이다. 이것이 바로 그들 각자가 세계관을 공유하기 위해서 자신의 주체성을 극복하는 방법이다. 카벨은 이것을 영화라는 매체 자체의 1차적인 메타포로 받아들인다. 혹은 이 장르에 속하는 영화들은 커플이 결합하는 것이야말로 영화에만 있는 고유한 것이라는 것, 재결혼의 장르는 영화만이 발명할 수 있는 장르(물론 중요한 선례가 있긴 하지만)라는 것을 우리에게 분명히 말해준다고 카벨은 강력하게 주장한다.

카벨은 프랭크 캐프라(Frank Capra)의 1934년 작 〈어느 날 밤에 생긴 일 (It Happened One Night)〉이 '재결혼의 코미디' 사이클을 시작한다고 본다. 그의 영화 읽기는 결혼하게 될 커플인 피터(클라크 게이블[Clark Gable])와 엘리(클로뎃 콜베르[Claudette Colbert])를 갈라놓은 유명한 담요의 역할에 초점을 맞춘다 (그림 6.3). 카벨이 담요를 강조하는 이유에는 여러 가지가 있다. 담요는 영화 스크린에 비유할 수 있는 스크린 역할을 하지만 그것은 또한 피터와 엘리가 자신을 서로에게서 가로막는 방식을 예시한다. 다시 말하면 담요는 캐릭터가 자신의 주체성 속에 숨어 있는 방식을 보여주는 것이다. 담요를 제거하는 것은 커플을 갈라놓는 장벽의 제거를 의미한다. 자신의 세계관을 다른 사람과 공유할 수 있는 가능성을 긍정하면서 사람은 자신의 주체성 속에 갇힌 상태를 극복할 수 있다.

『교전하는 눈물』

(5장 「스텔라의 취향[Stella's Taste]」을 보라 [Cavell 1996: 197-222].)

1996년에 출간된 『교전하는 눈물』은 재결혼 코미디에 이어 속편으로 등장한 또 하나의 할리우드 영화 사이클을 찬양한다. 그것은 카벨이 '미지의 여인 멜로드라마'라고 부른 1940년대와 1950년대의 '여성 영화(women's films)' 장르이다. 이 영화들은 가끔 '커플의 결합'이라는 주제에 대한 놀랄만한 변주를 보여준다. 왜냐하면 이 영화들은 짝을 이루려는 노력이 실패로 끝나는 영화들이기 때문이다. 재결혼 코미디가 커플이 결합하는 영화라면, 미지의 여인 멜로드라마는 커플을 이루는 것이 불가능한 영화이다. 그러나 그렇다고 이 영화들이나 여주인공이 실패자가 되는 것은 아니다. 오히려 카벨이 보기에 이 영화들의 승리는 영화 속 여주인공들이 짝을 이루는 것 — 이번 짝의 경우 — 이 자신에게 맞지 않다는 인식에 이른다는 점이다. 한편 그들에게 **옳은** 일은 세상을 아는 하나의 방법으로 독립성을 발견한 것이다. 이 영화들에서 그들은 남자들에게 알려지지도 않고 남자들이 알 수도 없지만 — 그래서 '미지의 여인'인 것이다 — 그들의 성취는 이들이 미지의 상태라는 것이 무엇인지 안다는 것이며, 그래서 카벨이 보기에 미지의 상태를 계속 유지하는 것을 선택할 수 있다는 것이다.

이러한 독립의 경로를 선택하는 것은 자신의 주체의 힘을 긍정함으로써 주체성의 고립을 극복하는 한 방법이다. 카벨이 주장하는 것은 이 여성들이 다른 사람들과의 관계에서 자신의 주체성을 테스트하고 그 테스트에

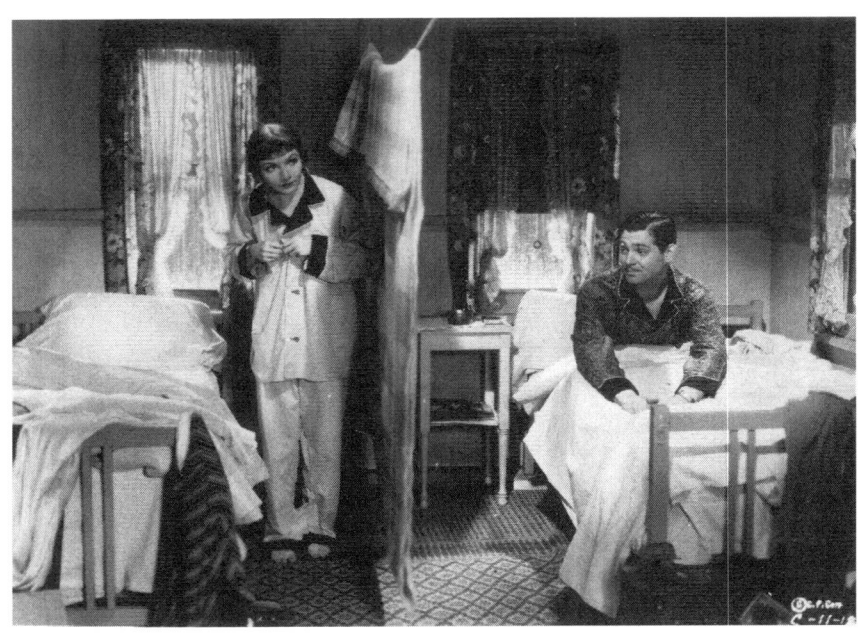

그림 6.3 〈어느날 밤에 생긴 일〉에서 엘리(클로뎃 콜베르)와 피터(클라크 게이블)을 갈라놓는 담요-스크린.

출처: 영국영화연구소 제공. 컬럼비아 영화사.

근거해서 선택을 한다는 것이다. 이 영화의 여주인공들이 결국 다른 사람들과 세계관을 공유하지 않기로 선택을 한다면 이러한 선택은 의지적인 선택이며 세상을 거부하거나 세상을 아는 것에 벽을 쌓는 것은 아니다. 오히려 그것은 미지의 상태에서 세상을 아는 한 방법이다.

킹 비도의 1936년작 〈스텔라 댈러스〉(*Stella Dallas*)는 이 장르의 가장 최초의 사례이며, 카벨이 그것을 '가슴 아프다'고 묘사한 것은 맞는 말이다. 사회 계급 상승의 방편으로 명랑하지만 멍청한 스테판 댈러스(존 보울즈[John Boles])와 결혼한 후 스텔라(바바라 스탠윅[Barbara Stanwyck])는 그 세계의 취향과 관습이 자기에게 맞지 않는 것을 발견한다. 로렐(앤 셜리[Ann Shirley])이라는 아기를 가진 후 그녀는 곧 스테판과 헤어지고 딸과 강한 유대를 갖게 된다. 그러나 몇 년 후 그녀는 자신이 원하지 않았던 상류사회에의 진입을 스테판이 로렐에게 줄 수 있는 반면 자신은 딸이 원하는 기회를 줄 수 없음을 깨닫는다. 따라서 영화 마지막에 스텔라는 딸을 '내주어 버리고' 로렐은 스테판과 그의 새 아내와 살러 간다.

카벨은 영화에서 두 개의 주요 장면에 집중한다. 첫 번째 장면은 스텔라가 로렐과 함께 고급 호텔에 머물면서 야하고 완전히 '지나치게' 치장을 함으로써 자신을 볼거리로 만드는 장면이다 (그림 6.4). 그녀의 옷은 로렐이 친분을 쌓아놓은 호텔의 부자 손님들의 비난을 산다. 따라서 스텔라는 '그 세계에 속하지 않는' 사람으로 창피를 당하고 그 결과 두 사람은 즉시 호텔을 떠나며 로렐은 쌓아놓은 친분을 포기해야 한다. 이 장면을 보면 스텔라가 자신을 웃음거리로 만들고 있다는 사실을 까마득히 모르고 있으며, 그녀의 지나친 치장이 호텔의 부자 손님들의 환심을 사려고 하지만 비참하게 역효과를 내고 마는 시도가 된다는 것을 어떤 관객이라도 직관적으로 알게 된다. 카벨은 그러한 해석에 강하게 반대하며 오히려 스텔라가 자신이 무슨 짓을 하는지 정확하게 알고 있다고 주장한다. 카벨이 보기에 스텔라는 자신이 부유한 세계에 속하지도 않고, 그럴 마음도 없다는 것을 과시하고 있는 것이다. 게다가 그녀는 로렐에게조차 자신이 그 세계에 속하지 않는다는 것을 과시함으로써 딸이 자신을 궁극적으로 거부하도록 하고 있는 것이다. 핵심은 바로 이것이다. 즉, 스텔라는 자신이 원하지 않는 부유층의 세계에 로렐이 속하고 싶어하는 것을 발견하고, 로렐이 스스로 결정을 내려 그 세계에 진입하도록 허락하려는 것이다.

두 번째 주요 장면은 영화의 마지막에 벌어진다. 로렐은 새로 만난 스테판과 댈러스 부인과 '영원히 행복하게' 살게 된다. 그녀는 적절한 부자 청년과 결혼할 것이다. 로렐은 스텔라가 결혼에 대해서 모른다는 사실에 놀란다. 왜냐하면 스텔라가 딸의 인생에서 완전히 사라질 수 있도록 자신의 행적을 숨겨왔기 때문이다. 하지만 스텔라는 결혼에 대해서 알고 있고 영

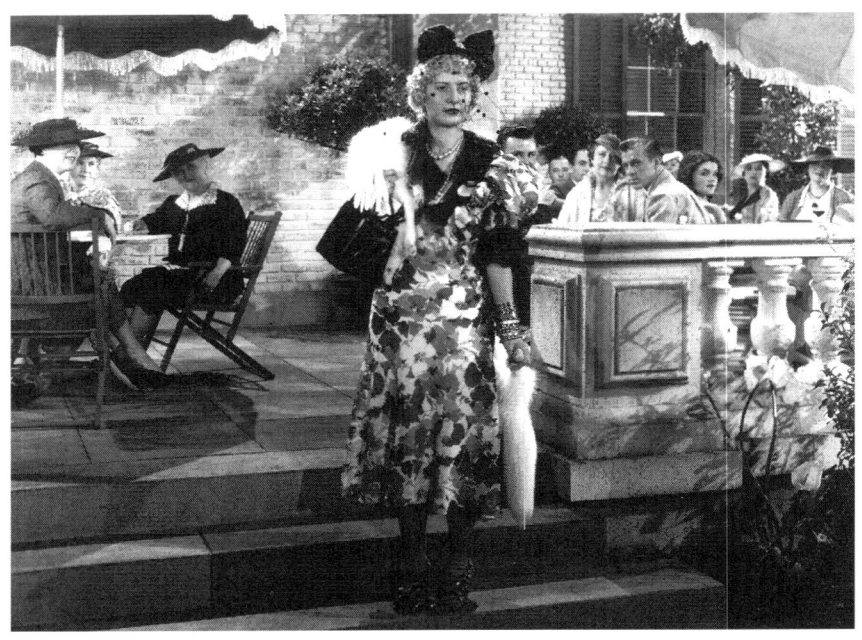

그림 6.4 〈스텔라 댈러스〉에서 지나친 의상을 입은 스텔라 댈러스(바바라 스탠윅). 출처: 코발 컬렉션. 유나이티드 아티스트.

화의 마지막 장면에 자신을 숨긴 채 유리 창문을 통해 로렐이 결혼서약을 하고 신랑의 키스를 받는 것을 볼 수 있게 된다. 딸의 결혼을 목격한 그녀는 이제 카메라를 향해 걸어와 미소 짓는다. 스텔라의 성취는 자신이 미지의 존재라는 것을 긍정한 것, 미지의 존재로 자신을 수용한 것, 그리고 미지의 존재로 자신을 생산한 것이다. 이러한 성취는 그녀의 주체성의 긍정이지만 그녀의 주체성 속에 자신을 가두게 되는 결과를 낳지는 않는다. 오히려 그것은 주체적으로 갇힌 상태의 초월 혹은 변화이다. 카벨은 그러한 변화의 가능성이 영화라는 매체의 힘의 하나라고 주장한다. 그는 스텔라가 딸의 결혼을 바라보는 창문이 영화의 화면에 비유할 수 있는 스크린이라고 단호하게 주장한다. '미지의 여인이 나오는 멜로드라마'의 경우 영화 화면이 가능케 하는 것은 자신을 아는 가능성이다. 또 카벨의 주장대로(미국의 19세기 철학자 랄프 왈도 에머슨을 반향하면서) 그것은 순응에서 자존으로 이동할 수 있는 가능성, '스스로 생각하는' 힘을 기를 가능성, '세상을 판단하고,' '세상에 대한 경험을 획득할 수 있는'(Cavell 1996: 220) 가능성이다. 카벨은 이런 것들이 영화가 할 수 있는 특별한 일이라고 생각한다.

용 어 해 설

- **결투**: 질 들뢰즈는 액션-이미지(운동-이미지의 부분집합)의 큰 형식이 나오는 영화들에는 대립되는 힘이나 캐릭터 간의 결투들이 나온다고 주장한다. 그런 영화들은 대개 '단번에' 일을 해결하고 서사의 종결을 가져올 수 있는 마지막 결투로 클라이맥스에 이른다.

- **버추얼(Virtual)**: 질 들뢰즈에게 있어서 버추얼은 과거에 일어났거나 미래에 일어날 가능성이 있는 사건이나 액션을 지칭한다. 따라서 버추얼은 주체의 과거 기억이나 미래에 대한 상상과 연관된다.

- **스크린**: 영화에 대한 스탠리 카벨의 접근을 이해하는데 중심이 되는 용어로서 스크린은 이중적인 과정을 가리킨다. 스크린은 세상을 우리에게 보여줄 뿐 아니라 (우리가 세상을 이해하는 것을 스크린을 통해서이다) 동시에 세상을 우리에게 차단한다 (우리를 세상으로부터 차단한다).

- **시간-이미지**: 일반적으로 2차 대전 이후에 등장한 영화 제작 방식을 가리키는 용어로서 시간-이미지는 시간의 직접적인 이미지를 제공하는 영화를 묘사하기 위해서 질 들뢰즈가 사용한 분류이다. 들뢰즈가 말하는 시간-이미지는 시간의 경과를 정확하게 측정할 수 없고 과거의 이미지 ─ 특히 기억의 형태로 ─ 가 현재나 미래의 이미지와 뚜렷하게 구분되지 않는 영화를 의미한다.

- **액추얼(Actual)**: 질 들뢰즈에게 있어서 현실적인 것은 현재 발생하고 객관적(하나의 주체 이상이 이해할 수 있는 것)인 사건이나 행동을 지칭한다.

- **운동-이미지**: 질 들뢰즈가 만들었으며 일반적으로 제2차 세계대전 이전을 지배했던 영화제작 양식을 지칭하는 용어. 운동-이미지라는 용어는 시간이 운동에 종속되는 영화를 가리킨다. 따라서 운동-이미지 영화에서는 시간이 측정가능하며 과거, 현재, 미래로 뚜렷하게 구분된다.

- **윤리**: 어떤 타입의 운동-이미지가 대립되는 시점 간의 갈등을 둘러싸고 서사를 설정하는 방식을 지칭하기 위해서 질 들뢰즈가 특별히 사용하는 용어. 대개 그런 갈등은 '선'과 '악'의 대결이라는 형식으로 구성되며 따라서 윤리의 체계가 발생한다.

- **크리스털-이미지**: 질 들뢰즈의 시간-이미지의 부분집합. 크리스털-이미지는 시간이 둘로 나뉘어지는 영화를 지칭한다. 이런 일이 발생하면 과거와 현재가 공존한다. 따라서 크리스털-이미지에서는 현재가 과거 속에 있는 만큼 과거도 현재 속에 있다.

- **행동 양식**: 운동-이미지 영화에서 캐릭터가 상황에 반응하는데 필요한 액션의 종류를 가리키기 위해 질 들뢰즈가 사용한 용어. 그 자체로 행동 양식은 '환경'에 대한 반응이다.

- **환경**: 서사의 환경 혹은 '설정'을 지칭하기 위해 질 들뢰즈가 운동-이미지의 분류에서 사용한 용어. 환경은 일반적으로 영화의 전체 서사 면에서 캐릭터나 캐릭터 집단이 처한 '상황'을 가리킨다.

- **회의주의**: 세계가 정신 외적으로 존재한다는 가능성을 부정하는 철학적 입장. 마찬가지로 회의주의자는 다른 정신의 존재도 입증될 수 없다고 주장한다.

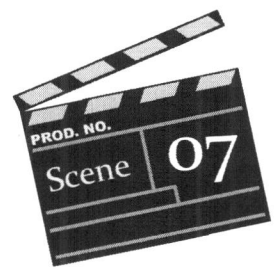

예술로서의 영화
_ 역사적 시학과 신형식주의

이 장의 기초가 되는 두가지 연구 전통은 시학이라는 더 광범위한 영역 내에 있으면서 서로 다르지만 겹쳐지는 갈래로 이해될 수 있다. 영화학에서 역사적 시학은 데이비드 보드웰(David Bordwell)에 의해서 가장 광범위하게 설명이 되어온 반면 크리스틴 톰슨(Kristin Thompson)의 『에이젠슈테인의 폭군 이반(*Eisenstein's Ivan the Terrible*)』(1981)과 『유리 갑옷을 깨뜨리며(*Breaking the Glass Armor*)』(1988)는 영화의 신형식주의 시학의 초기 체계화를 대표한다. 10년이라는 기간 동안 보드웰과 톰슨은 일련의 뛰어난 논문과 단행본을 통해 자신들의 시학을 결정화시켰다. 앞에서 언급한 톰슨의 저서 외에도 보드웰의 「말뚝을 박으며(*Lowering the Stakes*)」(1983), 「영화의 역사적 시학(*Historical Poetics of Cinema*)」(1989), 『허구 영화의 내레이션(*Narration in the Fiction Film*)』(1985), 『오즈와 영화의 시학(*Ozu and the Poetics of Cinema*)』(1988), 『의미 만들기(*Making Meaning*)』(1989a), 그리고 공저인 『영화예술(*Film Art*)』(Bordwell and Thompson 1979)과 『고전 할리우드 영화(*The Classical Hollywood Cinema*)』(Bordwell et.al. 1985)가 있다. 역사적 시학에 대한 보드웰의 가장 최근의 주장은『영화의 시학(*Poetics of Cinema*)』(2008)에 개진되어 있다.

이러한 여러 저작에서 저자들은 1980년대에 몇 개의 주요 패러다임 ─ 정신분석, 기호학, 페미니즘, 마르크스주의 ─ 의 지배에 놓여 있던 현대 영화이론의 상태를 비판한다. 비판하는 사람들은 나중에 이런 패러다임에 거대 이론(Grand Theories)이라는 이름을 붙이는데, 그것은 종종 다른 학문으로부터 짜맞춘 광범위하고 자루처럼 생긴 틀 속에 개별 영화들을 맞추려는 경향을 가리켜서 하는 말이다. 1980년대에 모습을 갖추게 된 시학 프로그램은 거대 이론에 맞선 반응으로 등장했는데, 특히 지배적 이론 패러다임을 아우르고 독점하는 해석 중심의 비평의 지배를 타깃으로 삼았다. 러시아 형식주의 문학비평과 이론의 전제에 뿌리를 둔 신형식주의와 역사적 시학은 표준이 된 비평적 절차를 뒤집으려고 시도했다. 교리중심의 거대 이론이 '탑다운'(top-down)적인 해석을 생산하여 영화를 동질화한다면 ─ 미리 구상된 이론적 스키마를 특정 영화에 적용하는 '읽기' ─ 신형식주의와 역사적 시학은 영화의 구체적인 특징에 주장의 근거를 두면서 '보텀업'(bottom-up)식의 분석을 옹호했다.

보드웰(1989a)과 톰슨(1988) 두 사람 모두 개별 영화의 독특한 특징들이 미리 정해진 '쿠키 커터'식 읽기로 평준화된다고 주장하면서 영화해석의 일상화된 관행을 경멸한다. 영화에 이론적 스키마를 강제로 적용하는 것은 그 영화의 독특한 특징을 밝히기 보다는 거대이론의 전제를 다시 한 번 더 긍정하는 역할만 하는 것이다. 게다가 해석은 생산적인 탐구의 경로가 될 수 있지만 모든 경우에 가장 중요하고 적절한 것이 아닐 수도 있다. 어떤 영화들은 고의로 의미 중심의 탐색을 저지하거나 권유하지 않는다. 어떤 영화들은 텍스트의 다른 특징이나 효과를 더 중요하게 고려하도록 힌트를 준다. 거대 이론가들이 특정 '읽기'를 지지하기 위해서 형식과 스타일을 주제화한다면 영화 시학은 이런 시스템이 다양한 기능을 수행한다고 보며 모든 것이 주제 전달에 종속되어야 한다고 보지 않는다. 전체적으로 보드웰과 톰슨은 의미중심 비평의 실제(스키마타 매핑)와 목적('읽기') 모두에서 한계를 발견한다. 그러나 두 사람은 해석이 영화의 시학에 귀중한 기여를 할 수 있다는 사실을 부정하지는 않는다. 그들은 오히려 그러한 접근의 생산성은 특정 사례에 비추어 측정되어야 한다고 권장한다.

신형식주의와 역사적 시학은 평가나 해석 그 어느 것도 연구의 당연한 중심으로 우대하지 않는다. 그들은 또한 영화적 현상의 광범위한 양상을 설명하기 위해 거대 이론을 제공하지도 않는다. 실제로, 보드웰과 톰슨은 자신들의 시학이 절대적인 시학이 아니라 개념적 틀(보드웰), 미학적 접근(톰슨), '하나의 가정, 학습을 돕는 시각, 질문을 하는 방법'(Bordwell 2008: 20)이라고 밝힌다. 그러나 양쪽의 시학 프로그램은 비평가들을 이론적 작업에 빠지게 할 수 있다. 가령 시학적 작업을 하는 연구자는 많은 영화 속에서 일정한 원칙을 발견할 수 있고, 그 원칙을 명료하게 하는 일반적인 명제를 구축할 수 있다. 게다가, 거대이론에서 인식하는 포괄적인 가정과는 달리 시학자의 이론화는 영화적 현상의 중간범위의 양상을 대상으로 한 '중간단계'의 이론일 가능성이 많다. 거대 이론이 융통성이 전혀 없이 일원론적이라면 보드웰과 톰슨이 제시하는 접근은 후속 연구에 의해 얼마든지 변형 혹은 도전될 수 있다.

보드웰과 톰슨이 거대 이론에 맞선 논쟁적 주장을 내어놓았지만 그들이 제시하는 연구 패러다임은 단순히 이러한 부정적 움직임에 의해 규정되지는 않는다. 오히려 신형식주의와 역사적 시학은 영화에 대한 경험적으로 믿을 만한 접근, 비평적으로 날카로우면서도 역사적 문제에 민감한 긍정적 노력을 대표한다. 거대 이론은 개별 영화들을 광범위한 이론적 명제 하에 종속시키는 경향이 있지만 시학은 예술작품 자체를 출발점으로 삼는다. 시학은 구체적인 실행과 기술적인 전통 관습에 뿌리를 두고 있다. 그것은 예술작품의 구축을 지배하는 원리와 목적에 관한 질문을 한다. 그것은 미학적 특징의 원인과 기능을 설명한다. 그것은 예술작품을 역사적 참조 틀 안에 위치시킨다. 그리고 그것은 인식적이고 인지적으로 활발한 관객을 떠올리면서 예술작품의 효과를 탐구한다. 이러한 모든 강조점을 통해 신형식주의와 역사적 시학은 뮌스터베르그와 같은 초기 이론가, 아른하임, 바쟁, 에이젠슈테인과 같은 고전 이론가, 그리고 부르크(Burch)와 같은 현대 이론가들 뿐 아니라 러시아 형식주의자와 프라하 구조주의자 — 모두 완전히 설명된 영화 시학으로의 길을 가리킨 사람들 — 의 작업에서 유산을 물려받았음을 보여준다.

이 장은 신형식주의와 역사적 시학의 접근의 윤곽을 개괄한다. 두 전통은 모두 세 가지 넓은 연구 영역으로 세분될 수 있다. 분석적 시학은 특정 효과를 노리는 영화의 구조를 연구한다. 역사적 맥락은 영화의 형식과 소재를 형성하는 역사적으로 구축된 인과적 요인을 다룬다. 그리고 효과는 영화가 만들어낸 반응과 관객의 수용에 집중한다. 이 장은 광범위한 영역들을 하나씩 차례로 개괄할 것이다. 보드웰(1989c: 378)은 신형식주의를 '역사적 시학의 영역 내에 있는 경향'이라고 묘사했다. 따라서 신형식주의와 역사적 시학은 시학의 전통 내에 있는 별개의 분파이다. 그러나 두 프로그램은 같은 기원의 관심을 공유하며 이 장은 종종 그 둘을 융합한다. 그러나 서로 차별되는 영역은 두 개의 형식주의 개념 — 지배소와 낯설게 하기 — 을 통해 제시될 것이다. 개념에 대한 설명은 어느 특정한 홍콩영화의 사례, 즉 장철(Chang Cheh)의 무협영화 〈13인의 무사(*The Heroic Ones*)〉(1970)에 대한 언급을 통해 예시될 것이다.

이 장의 후반부는 또 다른 최근 홍콩 영화 〈구교구(*Dog Bite Dog*)〉(정 바오루이(Soi Cheang, 2006)를 통해 아래에서 소개된 개념을 설명하면서 더 자세한 사례를 제공한다. 이 영화들을 택한 부분적인 이유는 영화 시학의 넓은 범위를 말해주기 위해서이다. 시학의 접근은 전형적인 혹은 고전적인 영화

제작에 한정되어 있지 않고 다양한 나라와 역사적 시기의 영화들도 연구의 대상으로 삼는다. 시학은 어떤 거대 이론의 경향처럼 지배적인 이데올로기를 홍보하거나 깎아내리는 영화들에 한정되지 않는다. 또한 걸작의 정전에만 한정되지도 않는다. 영화 시학은 논란의 여지가 없는 영화의 걸작뿐 아니라 평균적인 보통 영화를 설명하는데도 관심이 있다. 〈13인의 무사〉와 〈구교구〉는 특정 전통 내에서도 꾸준한 원리와 혁신이 공존하는지 보여주는 역할도 할 것이다. 그리고 이것은 여기서 논의되는 시학 프로그램이 강조하는 점이다.

이 시점에서 〈13인의 무사〉를 짤막하게 요약하는 것이 도움이 될 것이다. 홍콩의 유명한 쇼 브라더스 스튜디오에서 제작된 〈13인의 무사〉는 중국의 당나라 시대에 몽골인과 반역자들 사이의 역사적 갈등을 소재로 삼는다 (그림 7.1). 몽골의 왕과 그의 13명의 아들은 적지에 침입하려는 준비를 한다. 그중 한 아들인 천 샤오(데이비드 치양[David Chiang])는 거만하게 무술 실력을 뽐냄으로써 어느 지역 군벌의 기분을 상하게 한다. 그는 또한 형제 두명을 놀라게 하고, 마을 처녀를 겁탈하려는 그들을 그가 가로막자 그에 대한 형제들의 질투는 미움으로 표출된다. 반역을 일으킨 형제들은

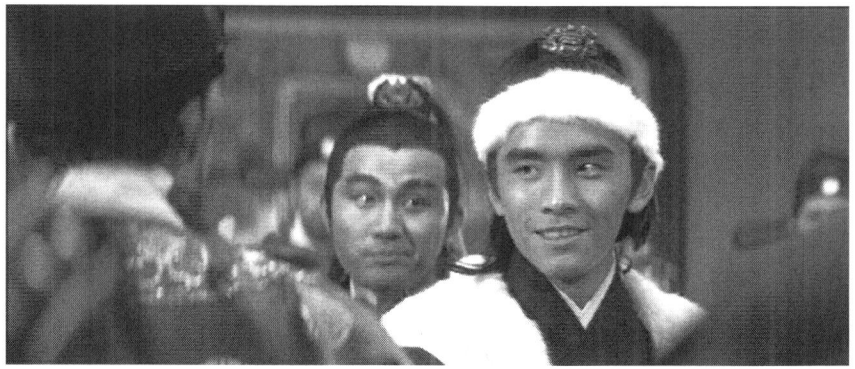

그림 7.1 〈13인의 무사〉에서 천 샤오(데이비드 치양)는 군벌을 괴롭힌다.
출처: 셀레스철 영화사.

군벌과 공모하여 천을 죽이고, 몽골 왕이 애지중지하는 또 한명의 아들 진수(티 룽[Ti Lung])도 죽인다. 두 아들의 죽음에 충격을 받은 몽골 왕은 그들을 체포하라 명한다. 클라이맥스가 되는 칼싸움에서는 살아남은 형제들이 배신한 형제들과 싸운다. 반역한 형제들은 항복하기를 거부하며 비통해하는 형제들에 의해 죽임을 당한다.

분석적 시학

분석적 시학에서 중심이 되는 것은 영화 구조의 세 가지 차원, 즉 주제, 구성적 형식, 스타일 양식이다.

주제론(Thematics)

주제론은 예술작품 내에서 인식될 수 있는 참조 재료(소재)와 개념적 재료(주제)를 가리킨다. 어떤 영화라도 매체의 형식적 특징을 통해 그것을 발전시킴으로써 이 재료들을 미학적으로 형성하고 변형시킬 수 있다. 심지어 일상적 주제라도 그것을 다듬는 형식적 속성 덕분에 흥미롭게 보일 수 있다. 어떤 미학자들은 형식과 내용을 깔끔하게 구분하여 형식을 단지 의미 전달자의 역할로만 이해하지만, 시학자들은 주제와 소재는 표현의 형식적 장치와 궁극적으로 구분될 수 없다고 주장한다. 따라서 어떤 영화의 주제는 그 작품의 스타일과 참조 재료로부터 자동적으로 떠오르는 것이 아니다. 오히려 주제적 의미는 예술작품을 구성하는 많은 형식적 구성요소 중의 하나이며 그것은 작품의 전체적인 형식을 구성하는 다른 재료들과 역동적으로 상호작용한다. 시학자는 주제적 의미를 추론하기 위해서 감독이 여러 가지 구성요소들을 통합하거나 서로 부딪히게 하는 방식에 민감하게 반응할 수 있다. 〈13인의 무사〉에서 개념적 재료는 무협 장르의 초석 — 협객들 사이의 명예와 의리라는 영원한 가치 — 에 바탕을 두고 있지만, 이 주제는 영화의 연관된 형식적 요소들 간의 역동적 긴장의 결과를 통해서만 드러나게 된다.

주제론이라는 항목 하에서 연구되는 두 개의 또 다른 개념은 **도상**(icon-ography)과 **모티프**(motifs)이다. 이 둘은 모두 작품 내에서 반복해서 등장하는 요소로서 기능하기 때문에 영화의 형식을 지탱하는 구조적 원리로서 역할을 하기에 적합하다. 시학자는 영화감독이 이런 장치들을 구축의 원리로 어떻게 사용하는지, 가령 어떤 이미지나 모티프가 어떻게 하나의 스토리 액션의 동기를 부여하는 기능을 하는지, 혹은 그것이 영화 전체를 통틀어 특정 효과를 내기 위해 어떤 패턴으로 구성되는지 검토할 수 있다. 종종 영화는 장르적 관행을 통해 도상의 사용을 동기화할 수 있다. 〈13인의 무사〉는 화려한 궁궐, 무너질 듯한 찻집, 광활한 전쟁터, 검 등 무협 장르에서 관행적으로 쓰이는 시각적 도상을 보여준다. 영화는 또한 액션마다 불의 숏을 반복적으로 보여주는 등 모티프를 이용하기도 한다. 시학자는 모티프를 상징적 의미로 이해할 수도 있고 — 가령, 화재를 몽골 군 내부에서 타오르는 갈등에 대한 시각적 상관물로 해석하는 등 — 특별한 연구적 쟁점에 이끌려 모티프의 등장의 기반이 되는 구조적 기능과 효과들을 밝힐 수도 있다.

구성적 형식

분석자가 어떤 장치의 기본이 되는 구조적 원리를 검토할 때는 **구성적 형식** — 일반적 영화구조의 세 단계 중 하나 — 을 먼저 조사한다. 영화 형식은 대개 구성의 원리의 지배를 받는다. 크리스틴 톰슨은 고전 할리우드 서사에서 구성적 형식은 네 개의 대규모 단락으로 구성되어 있으며, 각각은 인과적 진행에 의해 연결되며 주인공의 목표의 변환('전환점')에 의해 식별된다 (Thompson 1999)고 주장한다. 세르게이 에이젠슈테인의 주요작품과 같은 영화들은 갈등의 원리 위에 요소들을 구성한다. 또 아방가르드 전통의 많은 영화들에서처럼 어떤 영화는 추상적인 연결고리와 그래픽의 유희를 통해 형식을 구성하기도 한다.

에피소드적 형식은 〈13인의 무사〉의 대규모 구성의 특징이다. 영화는 복수라는 포괄적인 플롯을 따라가면서 일련의 작은 규모의 서사 단위들로 구성되어 있다. 각 액션의 단위는 단기 목표의 설정으로 시작된다 (종종 몽골 왕이 내리는 명령의 형식으로). 이 목표의 성취 혹은 연기는 이 단계의 종결과 새로운 단계의 액션의 시작을 알린다. 그리고 거의 모든 플롯 단계는 반복되는 불의 모티프로 표시되며, 이 모티프의 등장은 다양한 액션의 덩어리를 서로 연결한다. 넓은 범위에서 볼 때 시학에서는 작품의 형식이 예술가가 특정 전통 내에서 활동하면서 특정한 효과를 추구한 결과라고 가정한다. 보드웰은 홍콩 영화 전통이 역사적으로 에피소드 형식을 선호해왔음 (Bordwell 2000)을 보여주며, 그 이유는 그것이 싸움, 추격과 같은 자잘한 볼거리와 비슷한 흥미를 자극하는 세트피스를 포함시키는 것이 용이하기 때문이다. 기본적으로 〈13인의 무사〉는 감독인 장철이 몰입 효과를 성취하는 방식으로 전통의 표준을 구성하기 때문에 대규모 형식을 완성할 수 있었다.

스타일 양식(Stylistics)

예술작품의 형식에서 빠질 수 없는 것이 스타일이며, 시학자는 스타일상의 요인들 — 가령, 음악, 영화촬영술, 조명 — 이 서로와 상호작용하며, 예술작품을 구성하는 다른 요소들과 상호작용하는 원리를 분석한다. 역사적 시학은 이러한 분석의 대상을 **스타일** 양식 — 영화 구조의 세 가지 단계 중 세 번째 — 이라고 부른다. 구성적 형식과 함께 스타일상의 패턴화는 예술작품의 소재와 주제를 변형시킨다. 종종 스타일상의 장치들은 서사적 진행에 종속되지만 가끔은 스타일이 그 자체로 관심의 대상으로 부각되기도 한다. 스타일이 우리의 관심의 핵심으로서 서사에 도전을 가하거나 대치할 때 그 작품은 '파라미터적'(parametric) 형식을 표출한다. 보드웰과 톰슨은 어떤 감독들(오즈 야스지로[Ozu Yasujiro], 자끄 타티[Jacques Tati], 로베르 브레송[Robert Bresson] 등)이 스타일을 이상하게 튀게 만들거나 죽임으로써 독특한 화면을 만들었음을 보여주었다.

그러나 이처럼 일관성 있게 자의식적인 스타일을 보여주는 것은 흔히 볼 수 있는 일이 아니며, 시학자의 관심을 끌기 위해서 기법을 적나라하게 보여줄 필요는 없는 것이다. 설명을 찾으려 애쓰는 시학자는 스타일상의 특징들을 목적과 효과라는 엄밀한 검증을 거치게 한다. 주어진 맥락에서 독특한 편집 패턴은 어떤 기능을 하는가? 주어진 주동기는 어떤 종류의 이해를 조장하는가? 〈13인의 무사〉는 빠른 줌 숏을 너무 명백한 스타일상의 장치로 전경화하며, 비평가들은 그것의 사용을 다양한 방법으로 접근할 수 있다. 분석의 목표에 따라 시학자는 구성적 요소(가령 별개의 스토리 에피소드 내에서와 별개의 스토리를 관통하는 패턴화로 보는 것)로서 그것의 기능을 검토하거나, 축 커팅이나 슬로우 디졸브와 같은 다른 옵션보다 이것을 선택하게 한 원리를 검토하거나, 그것이 우리의 주의를 끄는 힘(그것이 '파라미터상으로' 어느 정도 기능을 하는지)을 검토할 수도 있다.

참조적이고 개념적인 재료, 구성적인 형식, 스타일상의 파라미터, 이 모든 특징들은 예술 작품 구성에서 서로 역동적으로 연결된 구성요소이다. 이것을 구분함으로써 시학자는 어떻게 각각의 요소들이 특별한 효과를 내면서 형식적인 시스템 속에 구조화되었는지를 묘사하고 분석한다. 이런 요소들이 어떻게 상호작용하는가에 주목하는 것은 영화 속의 독특한 특징을 설명하는데도 도움을 준다. 가령 〈13인의 무사〉가 얼핏 보기에는 형식적 통일성을 보여주는 것 같지만 서사적 라인은 매우 비범한 방식으로 전개하고 있다. 장철 감독은 플롯라인을 중간에 실종하게 하지만 이 도망자 수사는 언제라도 다시 살아날 수 있다. 플롯의 서두에서 앙심을 품고 나가버린 군벌은 영화의 중간에 다시 돌아와 갈등을 불러일으킨다. 다른 플롯라인은 급작스럽게 중단한다. 상상의 로맨스 플롯은 마을 소녀가 강도들에게 살해될 때 비극적 결말을 맞는다. 클라이맥스에서 군벌의 처벌을 향해 달려가던 플롯은 예기치 않은 슬픈 결말로 끝난다. 군벌에게 합당한 벌을 주는데 더 이상 관심이 없는 살아남은 아들들은 형제의 윤리가 깨어진 것을 슬퍼한다. 이런 장르치고 로맨스와 복수 수사를 감칠 맛 나게 해결 짓는 영화는 거의 없다. 〈13인의 무사〉의 급작스럽게 잘려나간 플롯라인은 어떻게 설명할 것인가?

언뜻 보기에 관행을 비웃는 것처럼 보이는 이러한 현상에 기민한 반응을 보이는 시학자는 설명을 시도한다. 한 가지 가능성 있는 탐구 방법은 단명한 로맨스 스토리를 서사적 플롯의 부산물로 보는 것이다. 또는 비평가는 영화의 제작을 형성하는 제도적 요인을 바라볼 수도 있다. 압박을 받던 이 시기의 다른 쇼 브라더스 영화들처럼 긴박한 제작 일정은 몇 가지 텍스트상의 불완전성을 낳을 수 있다. 그러나 우리는 이 문제를 더 긍정적으로 접근하여 재능 있는 영화감독이 형식과 주제의 역동적 상호작용을 어떻게 생성했는가를 볼 수 있다. 간단히 표현하면 〈13인의 무사〉의 로맨스와 복수 수사가 점점 사라지면서 영화의 중심 주제가 결정적인 모습을 드러낸다. 이제 전통적으로 중심이 되던 액션 라인 — 적대자와 관련된 주플롯과 로맨스를 다룬 부플롯 — 이 갑자기 초점을 잃거나 급작스럽게 클라이맥스를 맞이하면서 누더기가 된 형제애와 의의 이상이 두드러지게 부각되는 것이다.

장철 감독은 주요 플롯라인을 억압함으로써 주요 주제를 강화한다. 혹은 더 기술적으로 말하자면 영화의 개념적 재료는 서사적 주제와 구성적 형식의 역동적 긴장에 의해 드러난다. 게다가 〈13인의 무사〉의 개방적 플롯라인은 더 이상 동기가 없는 것처럼 보이지 않는다. 우리의 세 가지 연구 대상(주제적, 형식적, 스타일상의)을 서로 연관된 현상으로 보게 되면 한 가지 차원의 형식적 구조(플롯 구조)가 다른 것(주제)을 어떻게 도와주는지 알 수 있다. 분석자는 어떤 주어진 작품에서 세 가지 요소를 모두 설명하려고 할 필요는 없지만 영화가 지속되는 동안 다른 차원들이 서로 어떻게 관계를 맺는지에 대해서는 주의를 기울여야 할 것이다.

역사적 맥락

형식은 내적인 구성뿐 아니라 역사적 기준과 배경과의 관계에서도 역동성 있게 구상된다. 시학자에게 있어서 기준과 배경의 개념은 영화를 역사적 맥락으로 보는데 기본적인 것이다. 배경은 예술 작품이 탄생한 환경을 역사적으로 정의한 것이다. 이런 역사적 배경은 예술작품에게 도움이 되기도 하고 장애가 되기도 하는 일련의 표준화된 기준과 관행으로 이루어진다. 독창적인 영화는 텍스트를 관통하는 기준이라는 배경에 비추어볼 때 독특하다고 여겨지는 것이다. 어떤 영화의 독창성은 기준화된 장치로부터의 일탈에서 생겨나는 것이지만 영화감독이 기존의 기준을 참신한 방법으로 재구성하는 것에서 나오는 경우도 많다. 〈시민케인〉(1941)과 같이 혁신적인 영화도 고전 할리우드 전통에서 극단적으로 결별한 것은 아니며 역사의 특정 순간에 고전 시스템에 이미 구축된 기술적 옵션들을 다시 작업한 것이다 (Bordwell 2008: 27).

독특한 영화는 **외적인 기준** ─ 주어진 영화 양태에 속한 영화들이 따르는 '규칙' 혹은 반복된 기준 ─ 을 눈에 띌 정도로 위반하는 **내적인 기준**(개별 작품이 설정한 원리)을 설정함으로써 눈에 두드러지는 효과를 달성한다. 시학자는 그 작품을 위한 가장 가깝고 적절한 맥락을 구성한다 ─ 가령 시학자는 고전 할리우드 영화의 배경 세트라는 환경에 〈시민케인〉을 위치시킨다. 그러한 비교적 전략으로 비평가는 이 작품을 두드러지게 하는 원리, 기능, 효과 뿐 아니라 그 영화가 전통에 대해 어떤 빚을 지고 있는지 밝힐 수 있다.

또 다른 타입의 배경은 제작과 소비의 양태를 포함한다. 역사상 특정 시점에 영화에 가해지는 제도적인 힘은 무엇인가? 영화제작의 실제 기준들이 완성된 작품을 어떻게 만들어 가는가? 예술품이 맞추어야 하는 수용의 표준 조건들은 무엇인가? 영화가 가진 특징을 설명하기 위해서 역사적 시학은 영화 제작에 수반된 정확한 역사적 상황(산업적, 경제적, 사회적)을 재구축한다. 역사적 기준을 재구축하는 것은 영화의 역사적 용도와 효과 또한 파악하는데 크게 도움을 줄 수 있다. 제작과 소비의 상황을 밝힘으로써 시학자는 적어도 어느 정도는 동시대와 바로 직후의 역사적 연결 부분에서 영화가 끼친 영향을 설명할 수 있다 (그렇다면 이런 견해에서 영화의 효과는 고정된 것이 아니라 역사적 맥락에 좌우된다).

분석자의 역사적 재구성에는 역사의 특정 시점에서 감독이 이용할 수 있었던 형식적 선택의 범위를 섭렵하는 것이 포함된다. 시학자는 영화감독이 이성적이고 의지를 가진 주체라는 것을 가정하면서 감독의 선택 상황 ─ 감독이 수많은 목적 중심의 선택을 하게 되는 일련의 역사적으로 정의된 옵션들 ─ 을 재구성한다. 종종 이 옵션들은 우리가 생각하는 것보다 적을 수 있다. 가령, 우리는 어떤 감독이 특정 시대에 유통되던 영화 테크놀로지의 모든 아이템을 이용할 수 있었다고 가정하면 안된다. 언제나 감독의 선택 상황은 중재하는 힘들 — 예산의 압박, 스튜디오 정책, 시장의 트렌드, 이용가능한 테크놀로지 등 — 에 의해 좁혀진다. 또 우리는 이런 압박이 예술적 표현을 방해할 것이라고 가정해서도 안된다. 오즈 야스지로의 경우가 잘 보여주듯이 가끔 감독 자신이 압박을 부과하기도 한다. 이런 경우에는 압박이 선호하는 예술적 선택과 부분적으로 상호연관되어 있다. 오즈 자신은 의식적으로 형식적 옵션의 레퍼토리를 정리함으로써 스스로에게 예술적 도전을 가했다. 물론 위에서 언급한 다른 압박들도 오즈의 선택 상황에 영향을 준다. 특정 목표를 지향하는 감독은 중재된 옵션들 중에서 추구하는 목적을 달성하는데 가장 적합한 듯 보이는 형식을 선택한다. 선택은 일부 특정 문제에 대한 해결책으로 이루어진다. 형식적 수단을 통해 어떻게 칼싸움 장면을 활기 있게 만들까? 장철 감독은 빠른 줌 숏을 선택했지만 동시대 감독인 호금전(King Hu)은 캐릭터와 육체적 행동을 비스듬하게 제시함으로써 시각적 관심을 끄는 다른 해결책을 선호했다 (Bordwell 2008: 413-430).

시학자는 형식과 소재가 어떤 기능을 수행하기 위해 선택되었다고 가정하면서 감독의 선택에 대한 인과적이고 기능주의적인 설명을 제공한다. 창조적 선택은 특정 목표의 추구라는 동기가 있기 때문이다. 그리고 특정 목표는 특별한 장치의 선호와 패턴을 보면 유추할 수 있다. 더구나 재구성된 선택 결정 상황은 하나의 배경을 구성한다. 왜냐하면 그것을 보고 비평가는 주어진 시기에 감독에게 열려 있는 구체적인 역사적 옵션(기준뿐 아니라 좀 더 비정통적인 장치를 포함하여)을 펼쳐볼 수 있기 때문이다. 시학자가 감독의 목표지향적 선택(가령 역사적 기준에 순응, 혹은 일탈, 혹은 재구성하는가와 같은)에 깔린 원리를 검토할 수 있는 것은 바로 이러한 역사적 바탕을 통해서이다.

서사 영화는 가끔 당시의 역사적 문화적 시기를 반영하는 것처럼 여겨지지만 역사적 시학은 그러한 반영적 가정을 불신한다. 모든 대중 영화가 사회-역사적 논평을 가지고 찍힌 것은 아니다. 게다가 비평가들이 문화적 시대정신(zeitgeist)이라고 정의한 것은 종종 실체가 없고 역사적으로 부정확한 추상성이다. 게다가 영화가 직접적으로 역사적 환경을 반영한다고 가정하는 것은 영화 매체의 변형적 효과를 무시하는 것이다. 소재를 시대정신에서 통째로 가져온 영화조차도 다양한 중재 — 그 중에서도 특히 영화를 구축하는 다중적인 형식과 소재 — 에 의해 형식주의적 용어로 말하자면 기형화된다.

〈잃어버린 전주곡(*Five Easy Pieces*)〉(1970), 〈암살단(*The Parallax View*)〉(1974) 그리고 다른 뉴 할리우드 영화들이 베트남과 워터게이트 시대의 미국의 암울한 분위기를 반영한다는 것은 일반적으로 맞는 말이다. 〈클로버필드(*Cloverfield*)〉(2008)와 〈미스트(*The Mist*)〉(2007)가 9·11 이후의 감성을 예시할 수도 있다. 〈중경삼림(*Chungking Express*)〉(1994)은 홍콩이 중국 통치에 넘어가는데 대한 집단적 우려를 '반영'할지도 모른다. 그러나 이 모든 가정들은 역사적이나 개념적으로 정확하지 않다. 역사적 문화적 요인들은 불가피하게 영화 속으로 자리 잡게 마련이지만 그런 요인들은 — 집단적 '분위기'나 태도라는 의미에서 — 반드시 영화를 압박하는 가장 근사한 영향은 아니다. 시학자는 시대정신이라는 모호한 추상성 대신에 더 구체적이고 역사적이고 입증가능한 영향력을 찾으려고 한다. 산업적인 관례, 스토리텔링의 기준, 그리고 다른 중재적 요인들이 공기 중에 떠다니는 상상의 불안보다는 더 큰 실제적 영향력을 행사할 가능성이 많다. 따라서 시학자는 종종 그러한 근사한 요인들을 생산성 있는 출발점으로 삼아 그것들이 영화의 기능과 효과에 미치는 영향을 연구한다.

역사 속에 영화를 위치시킨다는 것은 수용의 상황을 재구성하는 것을 의미하기도 한다. 일단 시학자가 주어진 역사적 시기에 특정한 기준과 관행을 설정하고 나면 왜 어떤 영화들이 당시 관객들에게 혁신적이고, 이상하고, 평범하다는 인상을 주었는지 설명할 수 있게 된다. 크리스틴 톰슨은 장르누아르(Jean Renoir)의 〈게임의 규칙(*The Rules of the Game*)〉(1939)을 고전 프랑스 스토리텔링의 배경에 비추어 보면서 이 영화가 서사적 모호성이라는 장치에 익숙하지 않은 1939년의 관객들을 당황하게 했다고 주장한다. 프랑스 드라마의 정전화된 요소와 상치되는 모호성은 관객이 플롯을 이해하지 못하게 되는 결과를 가져왔다. 톰슨은 계속해서 후속 세대에서 모호성이 사실주의 장치로 표준화되는 과정 — 1950년대의 이탈리아 감독들의 네오리얼리즘 관행에서 〈400번의 구타(*The 400 Blows*)〉(1959)의 열린 결말의 클라이맥스를 거쳐, 미켈란젤로 안토니오니(Michelangelo Antonioni)와 잉마르 베리만(Ingmar Bergman)이 선호하는 서사적 다의성에 이르기까지 — 을 추적한다. 톰슨은 그 장치가 1960년대까지는 예술 영화의 기준으로 확실히 자리 잡았다고 지적한다. 그 결과 1960년대의 관객들은 〈게임의 규칙〉을 다시 보면서 리얼리즘의 하나의 단서로 모호성의 사용을 쉽게 파악할 수 있다 (그렇다고 현대 관객들이 르누아르 서사의 모호성을 해체할 수 있다는 말이 아니라 단지 그것의 모호성의 단서를 지배하는 원리들을 더 쉽게 파악할 수 있다는 말이다).

톰슨의 분석은 수용의 기초를 구체적인 역사적 상황에 놓고, 관객의 이해를 역사적 배경, 기준, 관행의 비평적 개념과 연관시키는 역사적 시학과 신형식주의의 경향을 예시해준다. 그러나 영화의 시학은 역사적 이해와 면밀한 영화분석에 머물지 않는다. 영화의 형식이 의도된 목표를 성취하도록 고안되었다는 가정 하에서 움직이는 분석자는 목표 자체의 달성 혹은 실패를 밝히려고 시도한다. 즉, 시학자는 형식적이고 역사적인 분석을 그 작품이 만들어낸 여러 가지 효과의 설명과 통합한다.

효과의 시학

 우리가 지금까지 고려해 온 두 가지 연구 전통은 **효과의 시학**을 발전시키며 그것은 크게 볼 때 경험적인 것(완성된 예술작품에 대한 관객의 이해를 탐구하는 것)과 개념적인 것(그 이해를 인도하고 억제하도록 고안된 영화적 단서를 식별하는 것) 양면을 가진 카테고리이다. 1970년대의 영화이론은 이데올로기적으로 배치되고, 정신적으로 퇴행적인, 그리고 수동적인 관객의 개념을 대중화했지만, 보드웰과 톰슨이 제기한 시학 프로그램은 인식적이고 인지적인 참여라는 면에서 관객을 생각한다. 영화의 효과에 대한 설명을 올리면서 비평가는 관객이 행사하는 다양한 작동들을 그것을 촉발하는 영화적 단서와 함께 구체화하고 설명하려고 한다.

  보드웰은 관객의 활동에 대해 인지적 모델을 옹호하는데, 그것은 영화 관람이 초래하는 복잡한 범위의 과업들 ― 움직이는 이미지의 인식, 플롯 사건의 이해, 추론의 전략, 가정의 구성 등 ― 을 추적하는 것이다 (이 작동들에 대해서는 다음 장에서 더 자세히 다룰 것이다). 인지주의는 효과의 시학이 따를 수 있는 한 가지 잠재적 방향이긴 하지만 반드시 신형식주의나 역사적 시학의 시점에서 파생되는 것은 아니다. 시학자는 관객의 행동을 설명하기 위해 다른 설명의 틀을 이용할 수도 있다. 그럼에도 불구하고 시학적 접근의 추종자들은 예술작품이 어떤 **효과**를 끌어내기 위해 만들어졌으며, 관객은 작품의 의미와 **효과**를 구성하는데 적극적인 참여자라는 가정을 공유한다.

  시학자에게 정말 중요한 것은 관람 기술에 도전하거나 그것을 확장하는 효과들이다. 관객은 매체와의 반복된 만남을 통해 그런 기술을 습득하고 개발한다. 관람을 할 때 전통의 형식적 작동에 대한 우리의 지식은 일상생활에서의 우리의 능력과 합쳐져서 이해를 돕는다. 적절한 관람 기술을 소유하는 것은 영화의 효과가 우리에게 발휘되기 위해서는 필수적인 것이다. 감독은 작품 속에 구축한 두드러진 단서를 통해 효과를 달성하려고 노력한다. 가상의 관객은 감독의 의도에 다소 어울리는 방식으로 반응하면서 이 단서들을 인식하고 반응한다. 그러나 필요한 관람 기술이 없는 관객은 어떤 단서가 중요한지 결정하는데 애를 먹을 것이고 작품의 의도된 효과를 파악하지 못할 것이다 (당대의 관객들이 영화의 다중적 의미를 파악하는데 필요한 관람 기술을 아직 개발하지 못했던 〈게임의 규칙〉의 경우를 상기하라). 톰슨은 신형식주의 시학이 "관객의 반응을 기준에 대한 교육과 깨달음의 문제로 취급한다"(Thompson 1988: 32)고 지적한다. 그리고 역사적 상황에 따라 기준이 변하는 것처럼 관람 기술 또한 변한다.

기준에 대한 우리의 친숙함이 현대 영화에만 주로 한정되어 있다면, 나름 대로 역사적으로 구축된 기준을 가지고 있는 〈장군(*The General*)〉(1927)과 같은 영화를 볼 때 우리의 관람 절차는 도전을 받을 것이다. 가끔 우리는 우리가 가진 기준의 레퍼토리가 부족하다고 느끼는 새로운 영화를 접한다. 이런 종류의 복잡한 영화는 시학자에게 특별한 매력이 있다. 왜냐하면 그것은 혁신적인 형식적 체계를 가졌거나, 낡은 장치에 새로운 기능을 부여하거나, 아니면 기존의 기준을 흥미로운 방법으로 재작동하기 때문이다. 적어도 그런 영화들은 분석의 기회, 독창적이고 도전적인 작품을 기존의 기준과 전통에 비추어 측정해볼 수 있는 기회를 제공한다. 효과의 시학이 가진 한 가지 이점은 관객에게 적극적인 역할을 부여한다는 것이다. 마르크스주의 영화이론이 수용에 대한 결정론적인 '피하주사' 모델을 규정하여 관객을 수동적이고, 무비판적인 주체로 위치시킨다면, 역사적 시학은 텍스트와 관객 사이의 연속선 상에서 효과를 계획한다. 관객은 영화 전반에 뿌려진 단서들에 매달릴 수도 있고, 자신의 목적을 위해 영화를 전용함으로써 텍스트상의 단서로부터 크게 일탈할 수도 있다. '평균적인' 수용은 영화가 진행되는 여러 시점에서 이 양극 사이를 오갈 수 있다. 보드웰은 지적한다. "텍스트는 그것이 어떻게 이해되어야 하는지 지시할 수 없다. '선호된 읽기'가 있을 수 있지만 관객은 언제나 자신의 목표와 관심에 따라 텍스트를 해석할 수 있다"(Bordwell 1988: 173-174).

관객은 감독이 예상치 않은 용도를 위해 영화를 전용할 수 있다. 1970년대의 선동적 미국 흑인들은 〈정무문(*Fist of Fury*)〉(1972), 〈용쟁호투(*Enter the Dragon*)〉(1973) 그리고 다른 브루스 리 영화들을 탄압받는 소수민족들 사이에서 은밀하게 소요를 자극하는 영화로 해석할 수 있었다. 대학생들과 심야 영화 관객들은 〈리퍼 매드니스(*Reefer Madness*)〉(1936)라는 영화가 처음 개봉된 지 몇 십 년이 지난 후에 아이러니하게도 그것을 보수적인 선전물에서 진보적, 반독재 입장의 긍정으로 바꾸어버렸다 (어떤 비평가[Samuels 1983: 97]의 표현대로 이 영화는 '마약 광증에 취한' 관객들의 호응을 받았다). 전용을 연구하는 시학자는 관객의 이해에서 일차적으로 작동하는 텍스트의 단서, 관객이 전용의 과정에서 '깎아내리는' 단서, '정상적'이고 '일탈적인' 수용의 맥락을 형성하는 사회 상황을 식별할 수 있다.

두 개의 형식주의적 개념

형식적 분석의 대상, 역사 속에 예술작품을 위치시키는 것, 용도와 효과를 연구하는 것, 신형식주의와 역사적 시학에 너무나 중심이 되는 이 문제들은 러시아 형식주의 문학비평에 크게 빚지고 있다. 그러나 새로운 이름이 시사하듯이 신형식주의와 역사적 시학은 형식주의 전통으로부터 분명히 벗어난 것이다. 실제로 보드웰은 이 전통의 이질성 때문에, "(형식주의)로부터 일관성 있는 비평적 적용을 끌어내려는 사람은 특정 개념을 선택하고 다른 것들을 무시해야 한다"(Bordwell 1983: 7)고 시사한다. 결과적으로 우리는 보드웰의 역사적 시학이 톰슨의 신형식주의에서 중심적인 역할을 차지하는 어떤 형식주의 개념들을 '경시'하고 있는 것을 볼 수 있다. 이 중 두 가지 개념 — 지배소와 낯설게 하기 — 을 여기서 논의할 것이다. 보드웰은 전자를 역사적 시학의 초기 형성기에서 뿐 아니라 오즈(1988), 에이젠슈테인(1993), 드레이어(1981) 연구서에서도 언급한다. 그는 후자의 개념을 몇몇 초기 글에서 가끔 언급한다. 그러나 역사적 시학에 대한 가장 최근의 개관에서는 두 개념 모두 구체적 언급을 피하고 있다. 이것들이 보드웰이 특히 역사적 시학 내의 최근 저작에서 '경시하는' 두 개의 형식주의 개념이긴 하지만 그럼에도 불구하고 톰슨이 주창하는 신형식주의 시학에서는 중심적인 역할을 하고 있다.

지배소

우리가 살펴본 것처럼 시학은 형식을 다소 상충되는 요소들로 이루어진 역동적 시스템으로 간주한다. 하지만 구성요소들이 충돌한다면 예술작품은 어떻게 질서를 유지하는가? 러시아 형식주의자들은 다른 모든 구성요소들의 중심이 되는 예술작품의 중추, 즉 지배소의 개념을 통해 이 문제를 해결하려고 했다. 예술작품의 주된 구조적 원리로서 지배소는 작품의 핵심 구조적 차원 — 주제, 형식, 스타일 — 에 모두 파급된다. 형식의 역동성은 부수적인 장치의 억압과 그에 따른 단일한 특권화된 요소(지배소)의 전경화에서 발생한다. 지배소에 우선권을 주는 것은 예술작품의 다른 요소에 기형화를 초래한다. 다른 구성요소들은 지배소에 부수적인 존재가 됨으로써 변형된다. 예술작품의 역동성은 부수적인 요소와 전경화된 요소가 만드는 긴장에 의해 발생하는 반면, 질서는 상충하는 요소들을 지배소를 위해 조형함으로써 이루어진다. 로만 야콥슨(Roman Jakobson)의 말에 따르면, '구조의 완전성을 보장하는 것은 지배소이다.' 작품의 지배소를 만들기 위해 시학자는 전경화된 요소가 영화 구조의 세가지 차원에 미치는 영향을 식별하고 추적한다.

대개 지배소는 작품마다 다르다. 보리스 에이켄바움(Boris Eikhenbaum) (1927: 219)이 말한 것처럼 "소재의 어떤 요소라도 형성적인 지배소, 그리고 플롯이나 구성의 기초로서 전경화될 수 있다". 톰슨은 주관적 행동에 대한 모호한 단서는 오토 프레밍거의 〈로라(*Laura*)〉(1944)에서 형식적 지배소 (Thompson 1988)라고 주장하며, 보드웰은 오즈의 회화적 스타일에서의 지배소는 '모든 이미지를 또렷하고, 안정되고 인상적으로 만들려는 충동'(Bordwell 1988: 76)이라고 주장한다. 작품에 따라서 다른 지배소를 표현하는 것은 흔히 볼 수 있는 일이다. 그러나 분석자는 하나의 전통 내에서 여러 영화를 묶거나, 한 명의 감독의 여러 영화들 간에 일관성을 시사할 수 있는 지배소를 찾을 수 있다. 개개의 영화의 차원에서 지배소는 적절한 배경으로부터 작품을 구별해내는 데 있어서 중요하다. 매우 흔치 않은 장치들을 두드러지게 보여주는 영화는 충격적인 방법으로 관행적인 배경과 결별할 수 있다. 러시아 형식주의자들은 흔치 않은 지배적 구조들을 강조함으로써 친숙한 요소들을 신선하고 낯선 요소에 종속시키는 예술작품에 특별한 가치를 두었다.

낯설게 하기

러시아 형식주의자들은 예술에 있어서 성공은 우리가 일상 세계에서 접하는 습관적이고 평범한 인식에 새로운 힘을 불어넣는 것이라고 생각했다. 일반적 인식이 습관화되고 자동적이 되는 경향이 있다면 예술의 기능은 인식 행위에 새로운 특징을 회복함으로써 일상 경험을 새롭게 하는 것이었다. 실제 인식은 사물의 감각을 무르게 하지만 예술작품은 인식과 인지되

는 사물 모두의 촉진성을 회복한다. 빅터 슈클로프스키(Victor Shklovsky)
(1965: 12)의 말에 따르면 "예술은 돌을 돌처럼 만들기 위해 존재한다." 그런
예술작품의 가치는 우리의 인식을 날카롭게 하는 능력에 달려 있다. 왜냐
하면 그것은 친숙하고 평범한 것을 '낯설고' 이상하게 인식하도록 하기 때문
이다. 이러한 생각은 고전 영화이론가 루돌프 아른하임의 1930년대 글에
서도 발견되는데, 그는 영화로 찍힌 대상은 필름의 형식적 성질에 의해 변
화된다고 주장했다. 아른하임은 주장한다. 그런 성질은 "(대상을) 날카롭게
하고, 거기에 스타일을 부여하며, 특별한 특징을 드러내고, 그것을 생생하
고 아름답게 만든다. 예술은 기계적 재생이 중단된 곳, 재현의 조건이 대상
을 어떤 방법으로든 만들어나가는 곳에서 시작한다"(Arnheim 1957: 57).

　모든 예술 형식은 매체에 고유한 변형적 성질을 통해서 일상 세계를 낯
설게 한다. 그러나 개개 예술작품은 일상 세계와 다른 예술작품의 관행을
낯설게 하는 정도에 차이를 보인다. 예술가는 새롭거나 희귀한 장치를 전
경화함으로써, 친숙한 장치에 새로운 기능을 부여함으로써, 혹은 그런 장
치를 새로운 환경 속에 놓음으로써 평범한 인식을 소생시킨다. 그러나 낯
설게 하는 장치 또한 계속 사용하게 되면 낯설게 하는 효과가 감소하면서
습관화 될 수 있다. 톰슨은 "그렇기 때문에 예술작품은 역사적 맥락에 따라
변하는 것이며 낯설게 하기는 무한한 방식으로 달성될 수 있다"(Thompson
1988: 11)고 말한다.

　낯설게 하기는 개개 영화의 차원에서 습관화될 수 있다. 빠른 줌 숏을
스타일상의 지배소로 전경화하는 〈13인의 무사〉를 예로 들어 보자. 장철
감독은 캐릭터의 얼굴 제스처를 확대하거나 빠른 액션 시퀀스의 리듬을 끊
는 등 영화 전체에서 줌 장치를 어디서나 볼 수 있는 요소로 만들고 있다.
그는 정신이 나갈 만큼 연속적으로 여러 개의 줌 숏을 연결한다. 그는 몇
개의 줌을 작동하기 위해 싱글 숏을 이용하여 극적 공간 영역을 열심히 노
출하고 확장한다. 장철 감독이 빠른 줌에 너무나 광범위하게 의존한 나머

지 그것은 이 영화의 구조의 기준이 되어버리고 결과적으로 낯설게 하기 장치로서의 그것의 가치가 줄어든다. 형식주의자들은 예술작품이 신선한 인식적 도전을 제공해야 한다고 주장하지만, 강박적인 반복으로 어떤 장치를 익숙하게 만드는 영화는 우리의 일상적 인식에 그것이 가진 '신선한' 효과를 고갈시키고 만다.

　어떤 장치가 광범위한 산업적 수용에 의해서도 습관화가 될 수 있다. 감독들이 집단적으로 그것을 선호하는 스토리텔링 옵션으로 취할 때 그것은 독특함을 상실한다. 이번에도 빠른 줌 장치를 생각해보자. 줌은 1970년대 후반에 유행이 지나갔지만, 전에는 쇼 브라더스 감독들 사이에서 그 스튜디오만의 스타일을 설정하도록 도와주면서 인기 있는 자원 역할을 했다. 1970년대 초까지 장철 감독의 무협 영화들은 번쩍이는 줌 숏으로 넘쳐났고 싸움 장면에서 이 장치를 사용하는 경향은 라이벌 스튜디오에까지 퍼졌다. 어쩔 수 없이 빠른 줌을 영화사에서 사용하는 것이 포화 상태에 이르렀고 감독들은 그 장치를 자주 쓰지 않게 되었다. 빠른 줌과 같은 특정 장치에 대한 유행을 보면 낯설게 하기가 역사적 배경에 달려 있다는 것을 알 수 있다. 신형식주의의 용어로 표현하자면 줌 장치는 1970년대에 **자동화**가 되었고, 인식을 새롭게 하는 그것의 힘이 장철과 같은 감독의 집착적인 사용을 통해 감소되었다. 그러나 그 다음 단계에서 빠른 줌을 다시 활성화하고 ― 역사적 거리와 그 장치의 제한된 사용 덕분에 ― 그것의 낯설게 하는 힘을 회복하는 홍콩 감독이 나올 수 있다. 어느 한 역사적 시기에 낯설게 하기 효과가 소진되었던 장치도 이처럼 후속 역사적 시기에서는 새롭게 하는 능력을 회복할 수 있다.

　지금까지 지배소와 낯설게 하기를 신형식주의와 연관시켜서 거론해왔지만 그렇다고 이 개념들이 영화의 역사적 시학과 관련이 없다는 말은 아니다. 위에서 지적한 것처럼 보드웰은 역사적 시학의 형성기 글과 몇몇 후속 저작에서 두 개념을 언급하고 있다. 그가 최근의 역사적 시학 개관에서

이 개념에 대한 구체적 언급을 빠뜨리고 있지만 그럼에도 불구하고 그의 몇몇 논의에서는 그것이 암시되어 있다. 그는 "형식과 스타일이 사회적 기존 개념을 변형시킬 것이다"라고 주장하면서 비교적 온건하나마 낯설게 하기를 암묵적으로 언급한다 (Bordwell 2008: 32). 그리고 우리는 보드웰의 역사적 시학이 구성주의 원리와 효과에 주로 관심을 보이는 것을 생각할 때 지배소가 여전히 그의 역사적 시학에 연관된 개념이라고 생각할 수 있다. 문제는 두 전통 내에서 낯설게 하기와 지배소에게 부여된 강조의 무게 문제라고 할 수 있을 것이다. 보드웰의 말대로 형식주의 전통을 각색하는 것은 경시뿐 아니라 개념의 전용을 포함한다. 이 장치들을 전적으로 신형식주의의 것으로만 인정하기 보다는 역사적 시학 내에 포함된 암묵의 옵션으로 간주하는 것이 좋을 것이며, 분석자는 개별적인 사례에 따라 그것을 이용할 수도 있을 것이다.

시학적 접근과 〈구교구〉(정바오루이, 2006)

이 장의 마지막 부분은 현대 홍콩 범죄스릴러 영화인 〈구교구〉를 신형식주의와 역사적 시학의 관점에서 분석한다. 시학은 개별 작품에 해당하는 전통과 맥락을 조사한다. 어쩌면 이런 맥락 중 가장 중요한 것은 예술작품 자체와 더 넓은 사회적 환경 사이를 중재하는 감독의 작업 상황이다. 여기서 중요한 것은 시도되고 검증된 제작 방법, 감독이 의식적이거나 직관적으로 아는 다소 암묵적인 작업의 과정이다. 어떤 감독도 미리 정해진 길을 전혀 참조하지 않고 일을 진행하지는 않으며 각 나라의 영화마다 나름대로의 제작 관행이 있다.

두기봉(Johnnie To)과 같은 홍콩의 베테랑의 후원 하에 정바오루이(Soi Cheang)는 홍콩 영화의 독특한 작업 방식을 물려받았다. 그 지역의 많은 감독들처럼 정은 완성된 시나리오가 없이 제작을 시작한다. 그는 스토리의 뼈대만을 가지고 찍는 과정에서 플롯이 모습을 드러낼 것이라고 믿는다 (〈구교구〉는 이런 관행의 전형적인 사례이다. 정의 시나리오 작가들은 대사를 끼워넣고 플롯을 다듬기 위해 대기한다). 그는 또한 스토리보드를 피하고 세팅과 로케이션의 특별한 특징에 '본능적으로' 반응하여 카메라를 설치하는 것을 선호하는 등 즉흥적인 촬영 방법을 취한다. 이런 식의 진행 방식은 시학자들이 작업 전통, 혹은 관행이라고 간주하는 것이며, 대부분의 홍콩 감독들이 개인적 목적으로 이것을 각색하긴 하지만 그러한 과정은 감독의 활동을 지배하는 표준적인 방법으로 놀라울 정도로 생명력이 있다.

전통의 끈질김을 강조한다고 해서 물려받은 관습의 수동적인 수용자로 감독을 보는 것은 아니다. 감독은 대개 영화적 전통을 잘 알고 있고 효과를 찾아서 영화 역사 속으로 자의식적으로 들어간다. 〈애작전(*Love Battlefield*)〉(2004)의 빠른 줌 장치 원용에 대해서 정 감독은 다음과 같이 말한다.

> 나는 (1960년대/70년대) 쇼 브러더스 영화와 줌 장치에 대해 생각하고 있었다. 줌 기법은 언제나 거기 있었지만 무슨 이유에선가 홍콩 감독들이 그것을 요즘 사용하지 않았었다. 그건 대단한 기법인데 왜 쓰지 않을까? 그래서 나는 그것을 다시 쓰기로 결정했다.
>
> (Bettinson 2008: 222–223)

전통의 무게가 감독의 자율성을 해치지는 않는다. 전통 안에서 작업하는 감독은 창의적 방법으로 그 기준을 이용할 수 있다. 시학자가 배경을 강조한다고 해서 영화적 관행이 역사적 변화에 무감각하다는 뜻은 아니다. 보드웰은 어느 한 각도에서 볼 때 "시학의 역사적 면은 보수적이어서 완전 새것처럼 보이는 것도 거의 항상 오랜 관행에서 나온 것이라는 것을 종종 사람들에게 일깨워주려고 한다"(Bordwell 2008: 29)고 인정한다. 그럼에도 불구하고 영화 감독이 전통의 기준을 자신의 목적에 맞게 이용한다는 개념은 전통이 항상 꾸준히 진화한다는 것 — 전통의 어떤 요소는 변하지 않지만 다른 요소는 변화를 겪고 있다는 것 — 을 암시한다. 톰슨은 "(개별) 작품은 더 큰 배경을 반영하면서 동시에 그 배경의 **역사적 발전**으로서의 중요성도 가지고 있다"(Thompson 1981: 18)고 지적한다 (볼드 첨가). 정을 전통의 바탕에 둔다는 것은 그의 혁신적인 면을 억압하는 것이 아니라 오히려 그런 혁신을 더욱 부각시키는 역할을 한다.

시학 프로그램의 역사적 요소가 전통과 역사적 맥락에 우리를 민감하도록 만든다면 분석적 차원은 주제, 구성적 형식, 스타일 양식이라는 세 가지 영화 체계 쪽으로 지향하도록 만든다. 실제적으로 이 세 가지 차원은 서로 얽혀있는 현상이지만 그것을 서로 떼어놓음으로써 우리는 각각의 구성원리와 그들이 상호작용하는 목적과 수단을 살펴볼 수 있다. 우선 구성적 형식을 살펴보자. 〈구교구〉의 스토리와 플롯 구성의 가장 큰 특징은 무엇인가?

정은 도플갱어 주인공을 선호하며 이런 주제를 스토리텔링의 근원으로 삼는다. 〈구교구〉는 병치된 구성에 놓인 쌍둥이 주인공으로부터 전체적인 구조를 취한다. 즉 도플갱어의 서로 다른 궤적에서부터 대규모 형식이 확산되는 것이다. 야성적이고 개인적인 암살자(진관희)는 정신이 이상한 홍콩 경찰(이찬삼)의 추격을 받고 있다. 경찰은 심리적 악마의 공격을 받는다. 암살자의 관심은 놀라울 정도로 원초적이다. 스토리 사건이 축적되면서 주인공들은 비슷한 관계에 말려들어간다. 마지막에 경찰은 영화의 첫 단계에서 보았던 강철 같은 암살자를 닮는다. 그의 다중 심리는 이제 복수라는 단순한 동기로 귀결된다. 심리적 중압감은 암살자에게로 이동하여 지진아 소녀에 대한 애정으로 인해 그의 생존본능이 무디어진다. 지그재그로 교차하는 경로를 따라 경찰은 더 짐승처럼 변하는 반면, 살인자는 더 인간

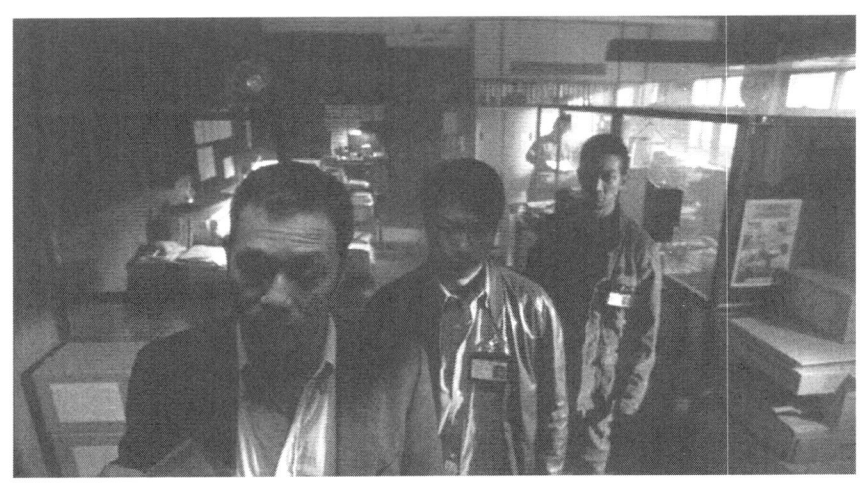

그림 7.2 〈구교구〉에서 대각선으로 배치된 인물들.
출처: 2006년 아트 포트 판권소유.

적인 모습을 보인다.

우리는 정 감독의 대칭적 형식의 구성과 이중적 주인공의 배경을 간단하게 그려볼 수 있다. 정 감독이 영화를 만드는 환경 — 현대 홍콩영화 — 은 이중적 캐릭터 구성이라는 서사의 끌리셰를 성공적으로 낯설게 했다. 잘 알려진 캐릭터 병치는 〈유혹은 밤 그림자처럼(*Internal Affairs*)〉(2002) (이 지역에서 제작된 후속 스릴러에 강한 영향을 미친), 오우삼의 〈영웅본색〉(1986)과 〈첩혈쌍웅〉(1989), 그리고 홍콩 영화사 밀키웨이 이미지가 제작한 몇몇 느와르 스릴러 등 도처에서 볼 수 있다. 왕가위와 같은 예술 영화 옹호자도 짝을 이루는 액션 구성에서 캐릭터 병치를 구축한다. 대칭을 이루는 플롯구성은 에피소드적 서사에 일관성을 부여하고 유기적 통일성 (아니면 적어도 기본적 구성의 응집성)의 인상을 준다. 도시 범죄 장르에서 전통적으로 사용되는 소재와 형식은 또 다른 중요한 조정의 요소가 된다.

시학의 분석적 차원에서 〈구교구〉의 대칭적 전체 형식은 주된 주제와

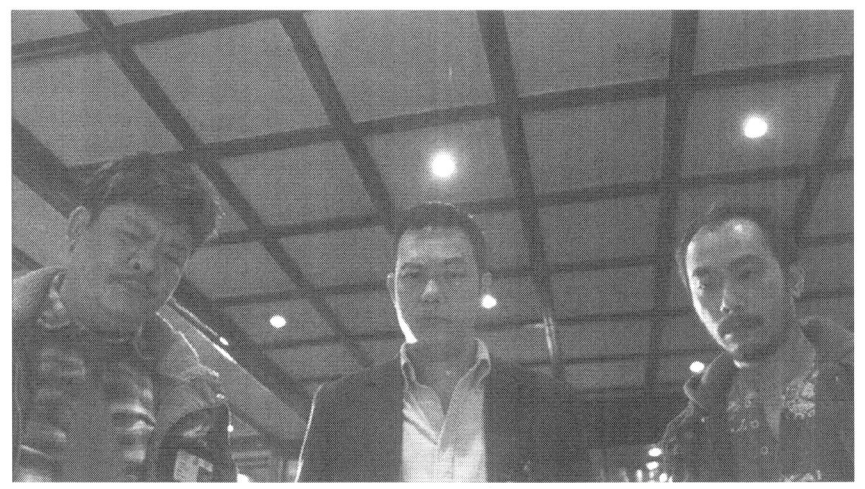

그림 7.3 〈구교구〉: 측면 배치는 회화적 디자인의 기술을 과시한다.
출처: 2006년 아트 포트 판권 소유.

불가분의 관계를 맺고 있다. 정 감독은 자신의 환경에서 유통되는 플롯 스키마를 발굴하여 그것을 주제적 소재와 융합한다. 〈구교구〉에서 지그재그로 교차하는 플롯라인은 선호되는 주제적 관심, 즉 동물 속에 있는 인간성의 가능성, 인간 속에 있는 동물적 본능을 끌어낸다. 영화의 시학은 전체 형식이 주제를 암시할 수 있음을 눈여겨보도록 압박을 가함으로써 스타일, 주제, 플롯이 — 비록 개념적으로는 구분되지만— 대칭적으로 서로 연관된 현상임을 상기시킨다.

  분석적 시학은 스타일의 양상도 연구하도록 초청한다. 〈구교구〉의 시각적 스타일을 검토하면 그것이 배경이 되는 기준과 끊임없이 변하는 관계를 맺고 있음을 알 수 있다. 정은 두기봉 밑에서 영화 수업을 받았으므로 그가 캐릭터를 보이지 않는 대각선상에 정렬시키거나 (그림 7.2) 수평선상에 펼치는(그림 7.3) 등 두기봉이 즐겨 쓰던 기하학적 구도를 사용하는 것은 놀랄 만한 일이 아니다. 이런 종류의 이미지는 회화적 디자인의 기술을 뽐내면서 관객이 무대배치와 구도를 감상하도록 촉구한다. 따라서 〈구교구〉의 미장센은 자체의 매력을 자랑하지만 정은 가장 외향적인 이미지조차도 드라마 전개에 도움이 되도록 한다. 경찰 본부에서 형사들은 외화면의 용의자를 취조할 때 대각선으로 정렬한다. 정은 단지 화려한 시각적 이미지만을 구성하는 것이 아니라 프레임 속 캐릭터 간의 위계질서를 보여줄 수 있는 이미지를 만든다. 숏은 눈에 띄도록 전경에 자리를 잡은 ─ 용의자에 대한 시끄러운 공격을 더 잘 보여줄 수 있도록 ─ 경찰 주인공 와이로 시작한다 (그림 7.4). 그의 동료들이 그를 제지하기 위해 프레임 속으로 뛰어들 때 그 경찰은 배경으로 물러나며 좀 더 점잖은 지휘관이 취조를 담당한다 (그림 7.2).

대각선 구도로 그림을 재조정하면서 정은 캐릭터 간의 관계를 예시하고 행동에서의 변화를 강조한다. 최초의 구도 (그림 7.4)가 와이의 열혈기질을 부각시킨다면 후속 배치 (그림 7.2)는 그가 그를 대치하는 형사들에 의해 전경에서 밀려나는 것을 나타낸다. 뒤로 물러나는 배치는 또한 선임

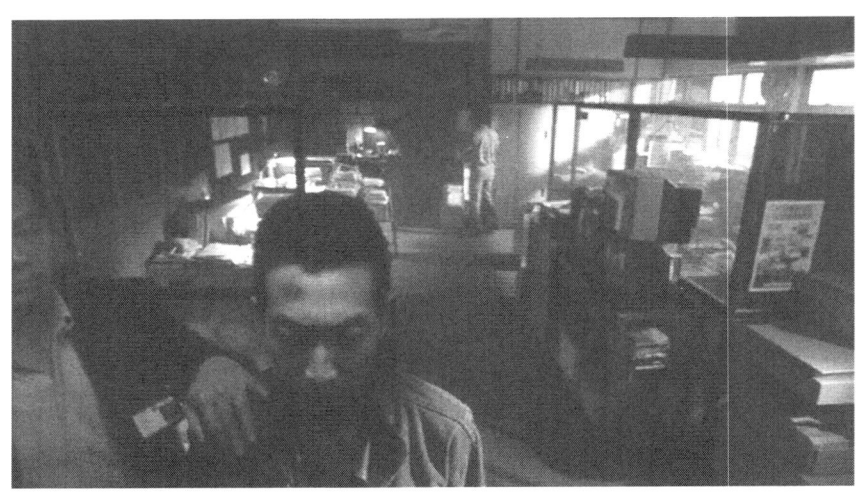

그림 7.4 〈구교구〉에서 반역자 경찰(이찬삼)은 선배 경찰에 의해 제지당한다.
출처: 2006년 아트 포트 판권 소유.

형사에게로 주의를 돌리게 하며 그는 이제 더 확실한 증거로 용의자를 다그친다. 그렇다면 정바오루이의 구도 배치는 장식적일 뿐 아니라 전략적이다. 그는 대칭적 플롯 장치에다 극적 주제를 갖다 붙이면서 시각적 전략을 드라마의 전개와 연결시킨다. 그리고 그는 기하학적 시각 패턴을 보는 두기봉의 눈과 전통적으로 홍콩 스토리텔링을 지배하는 시각적 감정적 명료성의 주요 원칙들을 모두 물려받았다 (Bordwell 2000).

두기봉의 영향은 시각적 가독성이라는 결과를 낳을 수 있지만 정은 이처럼 명료한 시각적 스타일을 거칠게 삐걱거리는 시각적 장치와 병치시킨다. 〈구교구〉의 야성적인 주인공들이 쓰레기 매립지에서 격돌할 때 정은 카메라를 들고 찍는 다큐 스타일 촬영을 격렬하게 경련하는 인물의 움직임과 결합하여 멋진 싸움을 표현한다. 철저하게 계획된 혼란은 이 두 개의 테크닉으로부터 나온다. 카메라의 과격한 진입으로 액션은 손에 잡힐 듯한 혼란으로 표현되고, 긴장된 인물들의 움직임은 몸뚱이가 엉키는 것을 거칠고 사실적으로 보여주면서 안무된 액션과는 다른 그림을 제시한다. 이러한 긴장된 액션 스타일은 두기봉 액션 신의 절제된 차분함 뿐만 아니라 〈구교구〉 자체의 시각적 장식의 표현과도 구별된다. 정의 격렬한 난투는 오우삼의 영화에서의 감각적인 표현과도 배치된다. 그러나 이런 혁신은 전통적기준이라는 배경을 바탕으로 발생한다. 카메라와 인물의 움직임은 혼란의 인상을 불러일으키지만 정은 액션을 읽을 수 있도록 유지하여 과도한 스타일이 드라마에 혼동을 주도록 하지는 않는다. 그리고 홍콩의 전통에 걸맞게, 꿈틀대는 주인공들은 놀라울 정도의 대칭으로 주먹을 주고받으며, 그결과 이들은 오우삼과 장철의 액션 영화에 나오는 기사도적 인물들과 유사하게 보인다.

〈구교구〉의 다큐멘터리 스타일은 또 다른 역사적 기준의 조합 — 와이어워크, 디지털 효과, 세련된 프로덕션 밸류(production values) — 과도 두드러지게 역행한다. 〈와호장룡〉(2000)은 와이어워크와 무술을 결합시킨

(인기 있는 홍콩의 혼합물) '와이어 푸'(wire-fu) 테크닉의 대표적 사례이다. 〈풍운(*The Stormriders*)〉(1998), 〈소림 축구〉(2001), 〈쿵푸 허슬〉(2004)에는 컴퓨터 생성 효과들이 액션 장면을 장식한다. 〈젠 엑스 캅(*Gen-X Cops*)〉(1999), 〈뉴 폴리스 스토리(*New Police Story*)〉(2004), 〈남아본색(*Invisible Target*)〉(2007)과 같은 다국적 제작물은 전통 액션을 세련된 시각적 장식으로 제공한다. 이런 영화들이 익숙해지고 기준이 되면서 감독들은 이런 기준을 무시하거나 재설정함으로써 겉보기에 좀 더 사실적인 액션 시퀀스를 만들 수 있다. 다시 말하면 〈구교구〉의 다큐멘터리 스타일은 최근 홍콩 액션 영화의 이러한 배경을 바탕으로 낯설게 하는 효과를 갖게 되면서, 역사적으로 영화적 사실주의의 우발적인 성격을 입증해주었다.

모든 작품의 구성요소들 간의 관계를 결정하는 영화의 지배적인, 구성적인 핵심은 무엇인가? 대칭적 패턴 ― 영화의 세 가지 구조적 차원에 모두 적용되는 원리 ― 이 가능성 있는 후보처럼 보인다. 그것은 두 주인공의 다른

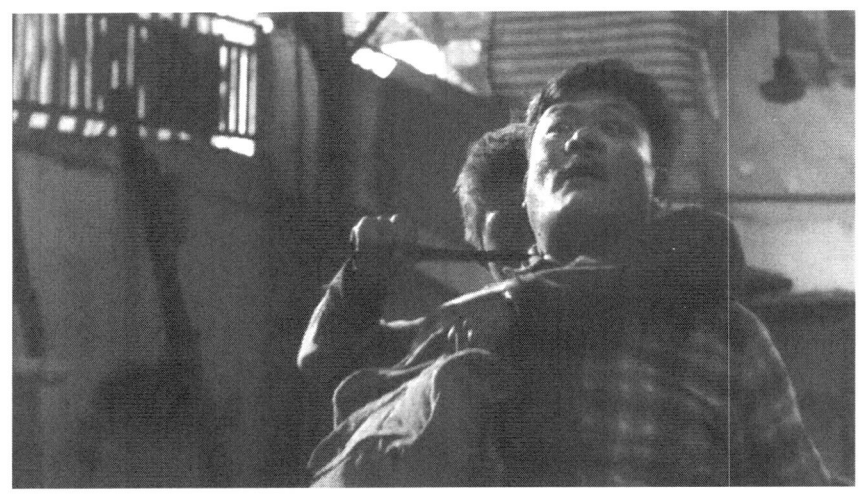

그림 7.5 〈구교구〉에서 사나운 캄보디아 암살자(에디슨 첸)가 팻 램(임설)을 인질로 잡고 있다.
출처: 2006년 아트 포트 판권 소유.

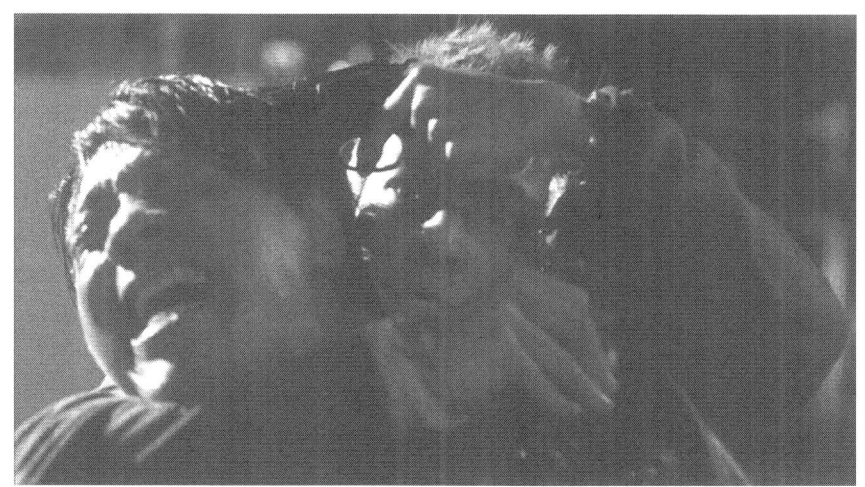

그림 7.6 〈구교구〉: 팻 램과의 대치를 반복하며 팽(에디슨 첸)은 또 다른 경찰의 생명을 놓고 협상하고 있다.

출처: 2006년 아트 포트 판권 소유.

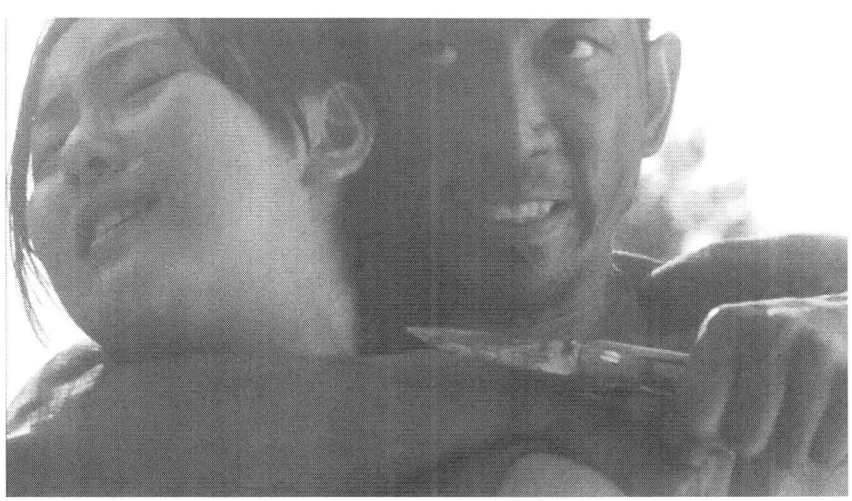

그림 7.7 〈구교구〉의 클라이맥스에서 와이(이찬삼)은 암살자와 그림상으로 비슷한 모습을 보인다.

출처: 2006년 아트 포트 판권 소유.

궤적을 형성하면서 구성적 형식에서도 볼 수 있다. 반향적인 구도가 주인공들을 뚜렷한 대비로 끌어당기면서 그것은 시각적 스타일에서도 나타난다 (그림 7.5-7.7). 그것은 수성과 인간성의 차이를 모호하게 하는 주제에서도 보인다. 대칭적 패턴은 영화 제목의 바탕이기도 하다. 다른 요소들도 대칭적으로 구상되었다. 사실주의의 스타일상의 단서 — '섀이키캠(shakycam)' 촬영술, 인물 동작에서의 즉흥성, 불완전한 광원 — 들은 가끔 주인공의 목소리를 대치하는 비자연주의적인 고양이 울음에 의해 가려지고 지배되며, 이것은 경찰과 킬러의 유사성을 설정하는 기능을 하는 장식이다.

놀랍게도, 시학자가 주제, 전체적 형식, 스타일을 개념적으로 구분된 현상으로 취급하다보면 각 차원이 얼마나 밀접하게 중첩되어 있는지 묘사할 수 있게 된다. 〈구교구〉의 일반적 구조의 한 가지 차원, 가령 스타일에 집중하면서 우리는 그것이 주제와 형식과 같은 다른 차원과 얼마나 중첩되어 있는지 점검할 수 있다. 우리는 이러한 일반적 체계(주제, 형식, 스타일)가 특정 효과(가령 낯설게하기)를 달성하기 위해 어떻게 구성되고 있는지 살펴볼 수 있다. 구체적으로, 시학은 기준, 관행, 배경과 같은 개념을 상기함으로써 정 감독의 혁신을 조명할 수 있다. 정 감독이 기존 전통을 재구성한 것이 두드러진 것은 이런 개념에 비추어볼 때 가능하다. 변화뿐 아니라 연속성을 강조함으로써 역사적 시학과 신형식주의는 감독의 독창성 뿐 아니라 특정 전통의 지속적인 매력을 찬양하는 경향이 있다.

용어 해설

- **거대 이론**: 1960년대와 1970년대에 등장한 주요 이론적 패러다임을 비판하는 사람들이 사용한 경멸조의 용어. 특히 영화이론가 데이비드 보드웰이나

노엘 캐롤과 관련된 이 용어는 영화적 현상의 모든 면을 설명하려고 시도하며, 모든 개별 영화를 연역적 읽기에 종속시키며, 추상적이고 신비화하는 전제를 생성하고, 어느 특정 이론의 주장을 교조적으로 역설하려고 하는 이론들(혹은 대문자 이론들)을 말한다. 거대 이론에 대한 주요 대안은 주로 역사적 시학, 신형식주의, 영화에 대한 인지적 접근에서 주장하는 개별 이론화(piecemeal theorizing)의 실행이다.

- **개별 이론화**: 한계를 정한 소규모 연구 문제를 개념화하고 이론화하는 원리. 소위 거대 이론(가령 마르크스주의, 기호학, 정신분석학)의 통합적인 작업에 대한 반응으로 개별 이론화를 진행하는 비평가들은 소박하고, 세련되고, 경험에 기반을 둔 연구노선을 추구한다. 그러한 중간 범위의 이론들은 영화 경험의 모든 면을 포괄하지 않고 영화적 현상의 특정 면을 설명하려고 시도한다. 개별 이론화에 대한 요구는 인지주의와 역사적 시학 주창자들에 의해 강하게 제기되어 왔다.

- **낯설게 하기**: 습관적이고 일상적인 것을 '낯설게 만드는 것.' 낯설게 하기는 '친숙한' 현상에 색다른 두드러짐을 부여함으로써 인식을 새롭게 하는 예술작품의 능력을 지칭한다. 일상적 관행에 의해 일반적 인식이 습관화되면 낯설게 하는 예술작품이 인식을 참신하게 하고 날카롭게 한다 (가령 친숙한 요소를 습관적 환경에서 떼어놓거나 친숙한 물체를 색다른 방법으로 변형시킴으로써). 낯설게 하기는 러시아 형식주의의 중심 개념인 'ostranenie'('낯설게 하기')라는 용어에서 파생했다.

- **내적인 기준**: 개별 예술작품이 구현하는 독특한 원리와 패턴. 영화는 다소 암묵적인 방법으로 내적인 기준을 보여줄 수 있고, 관객의 이해 능력은 영화가 제시하는 독특한 특징을 파악하는 것을 포함한다. 내적인 기준은 예술작품의 고유한 구성적 형식과 연관되며 따라서 시학자들의 관심이 된다. 그런 기준은 또한 관객의 관람 기술 레퍼토리를 확장할 가능성이 있으며 따라서 신형식주의자의 중요한 관심이 된다.

- **외적인 기준**: 텍스트의 넓은 카테고리를 지배하는 원리와 패턴. 장르의 관행, 서사 구조, 스타일상의 구성 등은 개별 영화 이전에 존재하며 예술작품을 전통과 연결하는 외적인 기준이 된다. 영화의 외적인 기준은 좀 더 혁신적인

요소(영화의 내적인 기준)들이 드러나도록 하는 관행의 배경을 제공한다.

- **지배소**: 지배소는 신형식주의 비평에서 사용되는 주된 학습도구이다. 20세기 초 러시아 형식주의 비평가들이 공식화한 지배소의 개념은 개별 예술작품의 모든 형식적 차원에 영향을 미치는 지배적 구성 원리를 묘사한다. 지배소는 하위요소인 형식적 성분과 겨루고 가끔 갈등을 벌이면서 작품의 역동적 구조에 기여한다.

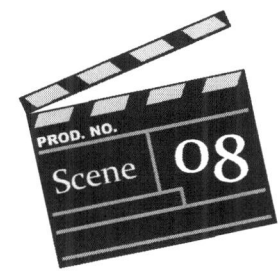

인지적 전환
_ 서사의 이해와 캐릭터 동일시

1980년대에 여러 학문을 휩쓸고 있던 동시대의 '인지 혁명'에 추진력을 얻은 인지 영화학은 영화 연구 내에서 특별한 이론적 연구의 흐름으로 등장했다. 영화에 대한 인지적 접근의 주동자들 — 데이비드 보드웰, 노엘 캐롤, 에드워드 브래니건(Edward Branigan) — 은 처음에 관객의 영화 텍스트 이해를 조사하면서 인식과 인지 심리학, 인지 철학, 서사학에서의 연구에 의존했다. 1990년대에는 영화이론가 머레이 스미스(Murray Smith), 토르벤 그로달(Torben Grodal), 조셉 앤더슨(Joseph Anderson) 등이 신경과학, 진화 심리학, 그리고 다른 인문과 과학 분야에 호소하여 관객의 정신적 정서적 과정을 밝히려고 하면서 인지 연구의 또 다른 바람이 잇따랐다.

이런 연구와, 좀 더 광범위하게는 인지적 노력들이 거대 이론 — 주로 동일시, 환상주의, 주체 포지셔닝과 관련된 — 이 제기하는 몇몇 이론적 개념을 교정하는 역할을 했다. 그러나 인지 프로그램은 거대 이론들이 다루지 않은 영역도 탐색하였다. 인지 이론가들은 감정이 얼굴에 표현되는 것의 진화적 중요성(Smith 2003), 영화 연기에서 안구 움직임이 흥미를 지속하고 지시하는 양태(Bordwell 2003), 매체에 따라 다른 정서적 반응을 이끌어내는 이유(Frome 2006), 영화가 생태적으로 구속을 받는 인식 체계에 맞게 제작되는 양태(Anderson and Anderson 2007), '퍼즐 영화'를 보는데 있어서 재구성된 기억의 역할(Barratt 2009), 그리고 수없이 많은 관객 인지의 양상들을 연구해왔다. 연구의 대상은 다양하며 앞선 사례들은 인지 프로그램의 다양성을 조금이나마 보여준다.

신형식주의가 영화의 이론을 만든다는 생각을 시학자들이 거부하는 것처럼 인지주의자들도 인지적 접근이 영화적 현상에 대한 거대 이론은 고사하고 단일 이론도 거의 제공하지 않는다고 주장한다. 어느 이론가의 표현대로 그것은 "절대로 단일한 작업이 아니다"(Smith 2007: 65). 오히려 인지주의는 일련의 가정, 시점, 접근이면서 동시에 연구 프로그램이다. 인지주의는 현재 단일한, 통일된 영화 이론으로 서 있지 않다. 그 이유는 그 주장자들이 자신의 연구 대상을 생각하는 방식이 다르고, 항상 서로 같은 생각으로 모여지는 것이 아니기 때문이다. 노엘 캐롤의 주장대로 인지적 노력은 영화적 경험의 모든 양상을 설명하는 단일한 하나의 이론이라기보다는 영화 커뮤니케이션의 문제를 둘러싼 '일련의 소규모 이론들'이라는 측면에서 이해하는 것이 더 적절할 것이다. 인지 영화이론은 작은 연구들의 집합으로 이루어져 있고 영화이론에 대한 이들의 공헌은 다양하게 눈에 띈다. 개인적 현상에 대한 중간 단위의 주장, 좀 더 포괄적인 논문(가령 구체적 매체 특성에 관한 논문이나 문화적으로 공유할 수 있는 관극의 과정), 정신분석, 기호학, 혹은 영화학 내의 지배적 이론 패러다임의 기존 이론들의 오류를 지적하거나 힘을 실어주는 작업 등이 그 예라고 할 수 있다.

그렇다면 인지 영화이론가들은 일련의 공유된 가정에 의해 통일된다. 인지주의자 프로그램을 한데 묶는 가정들은 정확하게 무엇인가? 경험적 과학적 방법이 영화적 경험을 설명할 수 있다는 집단적 확신 외에도 몇몇 광범위한 가정들이 인지주의자들의 연구를 인도한다.

　1. 영화 관람에 사용되는 많은 기술과 절차들은 우리가 일상생활에서 기능할 때 사용하는 것과 일치한다. 인지주의자들은 논의의 출발점으로 관객이 영화의 허구적 세계를 이해하고 감정적으로 반응하는데 일상적 인식과 인지 능력에 의존한다고 가정한다. 영화 관람은 공간 속의 인물을 인식하고 생리적 자극에 반응하는 등 매우 자동적이고 비의식적인 ― 혹은 **보텀업** ― 행동을 포함한다. 그것은 또한 플롯 사건을 구축하거나, 정보를 기억에 저장하거나, 캐릭터와 감정이입의 애착을 형성하는 것과 같은 인지적으로 더 복잡한 **탑다운** 활동에 우리를 몰입시키기도 한다. 양쪽 처리 과정 모두에서 우리가 텍스트적 요소를 처리하고 반응하는 능력은 실생활 환경에서 우리를 인도하는 능력과 같다. 이런 기정 전제를 상정하면서 인지주의는 영화 관람을 일반적 인식이나 인지와 구별하는 정신분석적 관객이론에 정면으로 도전한다. 인지주의자들은 정신분석에서 생각하는 관객의 개념에서 신비를 제거한다. 수동적이고 혼수상태에 갇힌 '위치에 고정된(positioned)' 관객의 개념은 인지주의자들의 경멸을 받으며, 영화 관람을 꿈이나 환상과 동일시하는 정신분석의 은유들도 마찬가지이다. 인지주의 프로그램에서 영화 관람은 퇴행적, 비이성적이거나, 수동적인 행위가 아니라 정보 수집과 정서적 경험을 향한 '이성적' 동기에 의해 인도되는 의식적이고 역동적인 행위이다. 토르벤 그로달의 말대로, 영화는 "환상이 아니다. … 오히려 **영화는 현실의 일부이다**"(Grodal 1997: 10).

　정신분석적 경향의 이론가는 영화 관람이 일상행동과 놀랄만한 점에서 다르다고 답변할 것이다. 극장 영화 상영은 매우 통제된 환경을 조성한다. 조명은 어두워지고 관객은 단일한 유리한 지점에 고정되며, 행동은 문화적 관습과 행동 과정에 의해 통제된다 (가령 영화 상영 중에는 노래 부르는 것을 자제한다). 그럼에도 불구하고 인지주의자들은 영화 관람이 특별하고, 종종 고도로 의식화된 경험의 형식이라는 것을 부정하지 않으며, 그들은 영화 텍스트의 인식, 이해, 감정적 흥분에 관한 연구 질문(가령 2차원 이미지에서 어떻게 3차원 물체를 인식하는지, 사건의 직선적 흐름에서 플래시백 시퀀스와 같은 혼란을 어떻게 파악하는지, 허구적인 걸 알면서도 왜 사건과 캐릭터에 정서적으로 반응하는지 등)들을 제기한다. 기본적으로 말하자면 영화는 우리가 극장을 나서자마자 '꺼버리는' 변칙적인 인식과 인지의 기계를 작동시키지 않는다는 것이다. 우리의 일상 능력은 우리가 작업할 수 있는 전부이며, 영화적 허구에 대한 우리의 반응은 실제 세계의 만남에서 우리를 인도하는 바로 그 인지적 체계에 지배를 받는다.

2. 인간의 마음은 텅빈 석판이 아니며, 영화 관객은 텍스트가 요구하는 절차를 수행하도록 심리적으로 사전 훈련이 되어 있다. 많은 인지 영화이론가들은 관객이 영화를 볼 때 환경을 인식하고 이해하는 고도로 발달된 방법뿐만 아니라 서사 행동의 이해를 좌우하는 적극적인 성향(predisposition)을 동원한다고 주장한다. 가령 조셉 앤더슨(Joseph Anderson)은 관객이 자발적인 상상적 유희를 통해 허구 영화를 접하며, 그것을 통해 허구적 영역이 '정상적인 사건 흐름'으로부터 차단, 혹은 액자화된다 (1996)고 주장한다. 또한 앤더슨은 인간이 '유희하는 능력뿐 아니라 놀이를 하려는 적극적 기질'(Anderson 1996: 116)을 갖추고 있다고 주장한다. 관객은 다른 행동을 하려는 성향도 있다. 감독들은 캐릭터와의 '동일시'를 유발하려는 장치를 상습적으로 동원하지만 머레이 스미스(1995)와 토르벤 그로달은 감정이입하려는 관객의 경향은 타고 난 심리적 기질에서 연유한다 (Grodal 1999)고 지적한다. 에드 탄(Ed Tan)은 인간의 마음이 대중 영화에서 습관적으로 제공되는 감정적으로 충만한 경험을 즐기는 성향이 원래부터 있다 (Tan 1996)고 주장한다. 그리고 우리는 '의미를 추구하는 존재' (Anderson 1996: 49)로서 선천적으로 서사영화가 우리에게 요구하는 인식 과제, 이해 절차, 그리고 다른 정보수집 활동에 착수할 준비가 되어 있다. 정신분석의 그늘에 가려진 인지주의자들은 이런 종류의 관객 성향이 이성적이고, 목표 지향적이고

의식적으로 취해진 것이라고 서둘러 강조한다.

생태적 인지주의자들은 우리의 관람 습관을 형성하는 성향이 어쩌면 진화에 의해 설치되었다고 본다. 관객은 백지 상태가 아니라 어떤 타입의 활동을 수행하도록 생물학적으로 프로그램되었다. 유희의 현상, 감정이입하는 경향, 서사적 의미를 구축하려는 노력, 심지어 영화 관람 행위 자체, 그 어느 것도 완전히 문화적으로 습득된 것이 아니라 오히려 자연선택의 과정을 통해 생물학적으로 진화된 것이다. 앤더슨과 그로달과 같은 인지 영화이론가들은 영화 관람의 특징이 되는 행위 ─ 상상하기, 감정이입적 동일시, 정서적 반응 ─ 에 적응기능이 있음을 상정하며, 이 모든 것들이 환경에서의 우리의 적응을 높이기 위해 다른 방식으로 진화해 왔다는 것이다. 이번에도 인지적 접근의 가정은 정신분석과 정면으로 충돌한다. 즉, 인지주의의 진화론 계파는 주체-위치 이론의 문화적 상대주의와 큰 차이를 보이며 인간의 마음은 '진화에 의해 포맷이 되어' (Grodal 1997: 278) 왔으며 사회적 구성주의에 의해 완전히 설명될 수 없다고 주장한다.

3. 영화에서 관객의 반응은 관객이나 작품 자체에만 원인을 돌릴 수 없고 관객과 텍스트의 직접적인 인터페이스에서 나온다. 텍스트가 관객으로부터 결정적으로 특정한 반응을 '생산'한다는 개념과 반대로 인지주의는 영화 관객의 목적지향의 주도성을 강조한다. 관객은 판단을 형성하고, 기대를 구축하며, 정보를 저장하고, 수많은 다른 인식적 인지적 과업을 수행한다. 게다가 이미 언급했듯이 관객은 그런 활동을 하도록 생물학적으로 장치가 되었다. 그러나 인지주의자들은 관객의 반응은 대개 촉발되며 이런 촉발은 텍스트를 통한 다양한 자극에 의해 제공된다고 주장한다. 영화가 임의적으로 자극을 패턴화하는 것도 아니고 관객 또한 임의적으로 활동하는 것이 아니다. 감독들은 어떤 반응(가령 서사 이해, 악당에 대한 반감, 생리적 반응)을 이끌어내려고 노력하면서, 또 모든 문화에 속한 관객들이 기본적 인식적 인지적 능력을 공통적으로 가지고 있다고 가정하면서, 관객의

인지 체계를 직접 자극하도록 고안된 방식으로 예술작품을 구축한다. 감독들은 따라서 직관적 심리학자의 역할을 취하여 관객의 인지적 이해를 촉진할 수 있는 (혹은 어떤 경우 방해하는) 텍스트 요소를 미세 조정한다. 반면 관객은 선천적으로 하고 싶은 활동(가령 상상적 유희, 지식의 습득, 감정적 투자 등)을 하도록 허락하는 큐(cues)나 **촉진장치**(prompts)를 작품 내에서 적극적으로 찾는다. 따라서 어느 이론가가 적고 있듯이 "관객은 적극적 역할을 하고 있지만, 그 역할을 이끄는 것은 영화이다"(Tan 1996: 42).

이 책에서 우리가 살펴본 많은 이론들 — 구조주의, 장치 이론, 『스크린』 이론 — 은 텍스트 내에 결정론적 구조를 전제하지만 인지주의자들이 시작한 개별 연구들은 텍스트와 관객 사이의 연장선을 탐색한다. 연구자들은 스펙트럼의 한쪽 끝에서 감독들이 관객의 반응을 이끌어내고 인도하기 위해 가동하는 텍스트 전략 — 가령 음악적 큐가 감정을 촉발하는 도구로 사용된다거나 플롯의 전략이 서사적 사건에 대한 관객의 가정에 일격을 가하도록 하는 등 — 을 살펴보았다. 연장선의 다른 쪽 끝에 있는 이론가들은 관객의 생물학적 가능성, 즉 특별한 효과를 위해서 감독이 건드리고 이용할 수 있는 생물학적 자질들 — 우리의 시각적 인지 능력, 갑작스런 큰 소리에 움찔하는 경향, 상상할 수 있는 생태적으로 실용적인 능력 등 — 을 연구해왔다. 많은 인지 영화이론은 이 연장선상의 양쪽 끝 사이를 왔다 갔다 하는데 이것은 "관객의 반응이 개인적이고 일반적인 관객의 특징, 특수한 맥락, 텍스트상의 큐의 교차점에 놓여 있다"(Plantinga 1999: 382)는 것을 보여준다.

인지주의자들은 위에서 개괄한 기본 전제와 거기서 생성된 개별 이론들이 경험적 논박에 항상 열려있다고 본다. 많은 영화이론들이 순수 이론화(가령 주제나 사회의 구조에 대한 추상적 이론을 가정하는 등)의 경향을 띤다면 인지주의자들은 경험적으로 입증가능하거나 오류라고 증명할 수 있는 설명을 제기한다. 가정으로서의 인지주의자들의 암묵적인 동의는 부정할 수 없는 경험적 사실이 아니라 출발점 역할을 한다. 이처럼 겉보기에 양비론을 띤다고 해서 인지주의자들 쪽에서 경험적 데이터나 귀납적 추론에 자신감이 없다는 의미로 받아들이면 안된다. 오히려 이론가들이 데이터를 '어려운' 사례에 적용해서 시험하여, 과학적으로 개연성이 있고 잠재적으로 교정할 수 있는 주장을 만들어 내는 등 조심스럽게 진행을 한다는 뜻이다. 이런 식으로 인지주의자들은 우리가 이 책에서 지금까지 마주쳤던 많은 이론들에서 볼 수 있었던 총체화, 계산 오류, 모호함을 피하려고 한다.

서사 이해

영화 텍스트에 대한 관객의 반응의 본질은 무엇인가? 관객이 적극적이며, 사고하는 인식적 존재라면 영화 관람행위를 특징짓는 절차는 무엇인가? 인지 영화이론이 수많은 다른 관람절차들 ― 영화 인식, 정서적 반응, 시공간적 방향설정 등 ― 도 연구한다는 것을 강조해야만 하지만 우리는 여기서 서사 이해에 집중할 것이다. 관객이 어떻게 서사를 '인지'해야 하는지에 대해 인지주의자들이 의견 일치를 보이지는 않지만 데이비드 보드웰은 하나의 영향력 있는 특징을 제기했다 (Bordwell 1985). 통제하는 텍스트에 관객이 수동적으로 '행위의 대상'이 된다는 주체-포지션 이론을 부정하면서 보드웰은 관객 행위에 대한 인지주의적 설명을 내놓았다. 그의 주장은 관객이 영화 도처에 짜여 있는 **큐**에 반응하면서 스토리를 역동적으로 **구축**한다는 것이다. 큐는 관객이 여러 가지 작업을 하도록 부추긴다. 이런 작업에는 **추론하기**(즉 이용 가능한 데이터로부터 가정을 도출하는 것), **가정의 틀짜기**(호기심 가설이라고 알려진 과거 사건에 대한 가능한 설명 구축하기, 그리고 서스펜스 가설이라고 알려진 다가올 사건에 대한 예견), **정보 처리**

(가령 작업 중 기억에 중요한 데이터를 저장 혹은 **암호화하기**)와 같은 고차원의 정신적 처리과정이 포함된다. 이 모든 탑다운 처리과정은 영화의 갭을 메우는 기능을 한다. 즉, 관객은 텍스트가 뛰어넘거나 고의로 알려주지 않는 스토리 정보를 메우기 위해 기억을 끌어오고, 추론을 형성하며, 가설을 생성한다.

더 넓은 차원에서 그런 활동은 여러 타입의 스키마타(schemata), 즉 관객이 영화로 가져오는 구조화된 지식틀에 의해 지배된다. 대부분의 영화는 현실 세계의 스키마(schemas)(가령 사회적 일상과 행동에 대해 학습된 문화적 '능력')와 다른 예술작품으로부터 끌어 온 스키마(가령 정전 스토리 구조, 원형적 장르 비유에 대한 지식 등)를 모두 적용하도록 관객에게 큐를 준다. 이 광범위한 스키마타는 영화의 큐에 의해 작동되고 정제되며, 스키마와 큐는 함께 관객의 추론, 기대, 예견을 만들어간다. 더구나 보드웰이 우리에게 상기시키듯이 영화 관람은 목표지향적 행동이다. 관객은 텍스트와 함께 그리고 텍스트에 의해 적극적 참여를 자극받을 뿐 아니라 보드웰의 주장대로 영화가 진행되기도 전에 그러한 행위를 할 "준비가 이미 되어 있다"(Bordwell 1985: 34). 큐는 **추구의 대상이 되는** 현상이다. 즉 통일성, 응집성, 종결감은 우리가 찾는 속성이다. 정보는 적용된 스키마타에 의해 즉시 파악되고 처리된다. 그러므로 관객은 절대로 포지션을 당하고, 접합을 당하고, 수동적인 상태가 되지 않는다. 게다가 보드웰의 주장은 영화 서사가 항상 이용하는 정신 활동을 향해 나아갈 생물학적 성향을 관객이 가지고 있다는 인지주의의 전제와 일치한다.

보드웰(1985)은 허구영화에 수반되는 인지를 주로 이론화했지만 그가 열거하는 과정은 논픽션 영화의 이해도 지배한다. 이것을 예시하기 위해, 관객이 짧은 스크린 지속시간에서조차도 정신적으로 힘찬 활동을 한다는 것을 보여주기 위해, 에릭 스틸(Eric Steel)의 다큐멘터리 〈다리(*The Bridge*)〉(2006)에서의 짧은 장면을 생각해 볼 수 있다. 텔레포토 촬영은 금문교 옆에 서서

샌프란시스코 만을 내려다보고 있는 남자를 포착한다. 남자는 맥주병을 비우고 그것을 만에 떨어뜨린 후 물을 내려다본다. 금문교에서 뛰어내려 자살한 데이비드라는 남자의 친구들과의 직접 인터뷰가 이 텔레포토 촬영 장면과 번갈아 나온다. 증인들의 증언이 일종의 보이스오버 역할을 하면서 텔레포토 촬영 장면 위에 깔린다. 이 시퀀스에 대한 우리의 인지적 처리과정은 상황적 데이터에 의해 영향을 받는다. 즉, 영화는 일반 보행자의 이미지를 먼저 보여주었다. 그리고 다리에서의 자살 행위도 텔레포토 숏으로 제공했는데 이것은 영화에 논란을 가져온 요인이었다 (또 다른 논란의 근원은 자살하려는 사람을 보면서도 그의 치명적 행동에 개입하지 않았던 감독의 수동성에서 초래된다). 〈다리〉 자체는 12개월에 걸쳐서 다리에서 일어났던 자살을 기록하고 있다.

　　텔레포토 숏과 함께 제시되면서 화면위에 깔린 증인들의 증언은 암울한 큐를 구성한다. 즉, 그것은 텔레포토 이미지에 부정적인 암시를 굴절하면서 관객의 행동을 자극한다. 잠정적으로 하나의 가정이 합성된다. 텔레포토 숏에 잡힌 인물은 보이스오버에서 언급된 희생자인 '데이비드'이다. 적어도 두 가지 요인이 이 가정에 기여한다. 첫째, 다큐멘터리 스키마타는 함께 제시된 이미지에 참조적이거나 지시적 관계를 가지는 보이스오버를 기대하도록 우리를 준비시킨다 (이런 가정은 보이스오버가 다리에 서 있는 화면상 인물을 지칭하는 것처럼 '데이비드'라는 이름을 부를 때 작동된다). 둘째, 우리의 가정은 눈에 띄는 큐를 찾아내어 거기서 추론을 끌어내려는 우리의 노력으로부터 연유한다. 하찮은 큐라도 인지적 이해를 하기에는 충분하다. 텔레포토 숏에 있는 남자가 맥주를 마신다는 사실이 그 자체로는 중요하지 않지만(그림 8.1) 그 제스처는 앞에서 나온 큐 ― 데이비드가 '알코올로 자가치료'를 했다는 논평자의 주장 ― 를 비쳐볼 때 의미를 획득한다 (이 주장은 텔레포토 이미지가 등장하기 몇 초 전에 들리며, 따라서 작업 중인 기억에서 여전히 활동하고 있다). 이 두 가지 요인 ― 시청각적 일

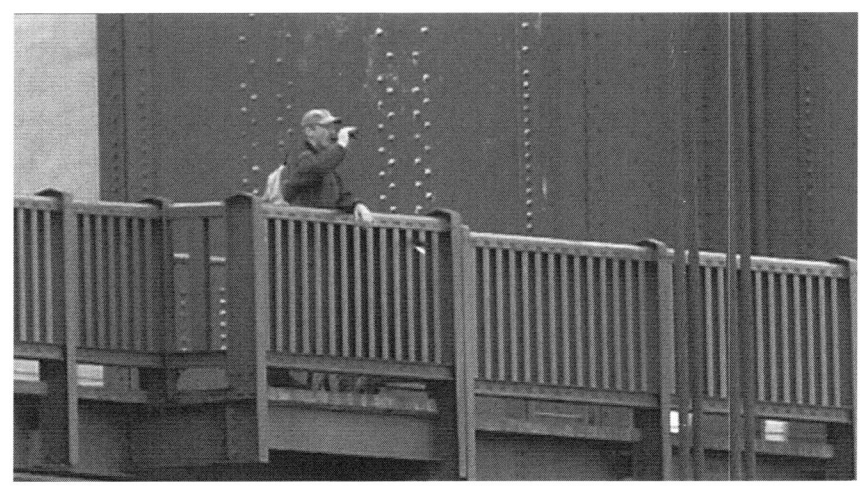

그림 8.1 〈다리〉에서 모호한 행동의 큐.
출처: 이지 데어 타이거 프로덕션.

치의 가정, 큐들 사이의 관계를 구축하려는 노력 — 은 텔레포토에 잡힌 인물이 데이비드라는 가정을 촉발한다. 그러나 우리의 지식에 갭이 여전히 남아있다. 우리의 가정을 이끈 큐는 매력적이지만 우리의 가정은 여전히 수정가능하다. 큐가 완전히 모호한 것은 아니기 때문에 우리는 강력하지는 않지만 어쩌면 그에 반대가 되는 가정을 제지하고 있을 지도 모른다. 그 가정은 다리 위의 남자가 중인들이 애도하는 남자(즉, 데이비드)가 아니며, 하물며 이 남자가 자살하려는 것이 아닐 수도 있다는 가정이다.

텔레포토 숏은 우리의 추론적 행동에 더 큰 과업을 부여한다. 남자는 맥주병을 가장자리 너머로 던지고 그것이 오랫동안 물로 떨어지는 과정을 바라본다. 영화가 설정한 내적 기준(다리에 기댄 남자가 뛰어내릴 수도 있다) 덕분에, 그리고 그것이 작동시키는 스키마와 가정 덕분에, 아무렇지 않을 수 있는 제스처가 갑자기 불편한 예감을 준다. 우리는 즉시 방금 목격한 행위에 대한 그럴 듯한 동기를 확인하려 한다. 남자는 병을 만에 떨어뜨렸는데, 왜 그랬을까? 여기서 추론은 아무런 불순한 동기가 없다는 것에서부터 목적을 더 잘 성취하기 위한 동기에서였다는 것에 이르기까지 하나의 연장선상에서 이루어질 수 있다. 이번에도 앞선 큐가 우리의 기대를 인도한다. 화면상의 인물이 데이비드라고 우리가 가정한다면 우리는 그의 자살 행위를 예견하는 행동의 큐를 찾으려고 할 것이다.

이 시퀀스는 단 몇 초의 스크린 지속시간을 소비하지만 우리의 추론적 메커니즘을 행동으로 옮기게 하고, 가정을 설정하도록 유도하며, 인지적 불확실성을 생성하게 한다. 첫째, 우리는 증인의 증언과 포착된 영상 사이의 일관성을 추론한다. 즉 화면상 남자는 인터뷰에서 논의되는 바로 그 사람이다. 여기서 우리의 가정은 다큐멘터리 내레이션의 스키마뿐 아니라 의미와 통일성을 향한 노력에 의해 인도를 받는다 (언급한 대로 우리는 또 다른 좀 더 조심스러운 가정도 형성하고 중지시킨다). 버려진 맥주병으로 인해 추가적 가정들이 발생한다. 어쩌면 어슬렁거리던 사람이 그냥 쓰레기를 버렸다고 생각할 수도 있고, 좀 더 가능성 있는 추론으로 그가 다리에서 만까지의 거리를 재고 있다고 생각할 수도 있다 (그가 물체의 궤적을 바라보기 위해 다리에 기대고 있다는 사실은 후자의 추론을 촉발한다). 그는 왜 추락의 거리를 재려고 하는 걸까? 자신의 물속으로의 비극적인 추락을 추적하려는 것일까? 아니면 그는 그냥 단순한 구경꾼일 수 있다. 더구나, 화면상 인물이 데이비드가 맞다면, 화면을 둘러싼 증언이 말하는 자살을 우리가 목격하게 되는 것일까? 그리고 그가 데이비드가 아니라면, 그는 누구인가? 내레이션은 왜 그의 행동에 머무는 것일까?

이런 한 덩어리의 추론은 그가 자전거를 타고 거리 속으로 사라질 때 해결된다. 이제 우리의 주된 가정은 실패하고 말았다. 우리의 가정의 근거가 되었던 전략은 틀린 단서임이 드러났다. 우리의 가정과 예견 — 그 부랑자가 충격 받은 친구들이 묘사하는 그 희생자인가? 그가 만으로 뛰어내릴 것인가? — 의 신비는 사라졌다. 이 장면이 관객에게 불쾌한 (즉, 부정적인)

감정을 불러 일으켰다면 이것은 좀 더 긍정적인 감정적 상태(즉 남자가 아무런 해를 입지 않았다는 안도감)에 의해 대치될 것이다.

그러나 인지적 노력은 우리의 주된 가정의 실패로 수그러들지 않는다. 우리는 어슬렁거리던 남자와 자살 피해자의 연상관계를 해결해야 한다. 우리는 증인들의 증언이 촬영된 영상과 지시적으로 관련이 있다는 가정을 무효화해야 한다 (적어도 이 경우에서만은). 우리의 가장 잠정적인 가정은 역으로 다시 검토해 보아야 한다. 가령 병을 떨어뜨리는 것은 불길한 것으로 이해되면 안된다. 게다가 시퀀스는 내재적 기준을 정교하게 조작하여 관객에게 암묵적인 기대를 불어넣고 강화한다. 즉, 내레이션은 믿을 만한 큐들 가운데서 잘못된 큐를 진짜처럼 보이게 할 것이다. 기대는 이용되고 가끔 위반될 것이다. 서스펜스 가정은 세워졌다가 무효화될 것이다. 〈다리〉는 무미건조한 소재를 다루지만 자살자를 일반 보행자와 구분하려고 애쓰는 활동에 우리를 끌어들이면서 거의 유희적인 서사적 책략에 말려들게 한다. 여기에 이 영화의 논란의 근거가 있다. 그러나 그러한 방법으로 감독은 자의식적으로 자기 자신의 딜레마를 우리가 엿보게 한다. 즉, 갑자기 모든 사람이 처지고, 눈물을 글썽거리고, 자살을 할 것처럼 보이는 것이다. 그러다가 마찬가지로 모든 사람이 아무 걱정이 없고, 건강하고, 건장한 것처럼 보일 수 있다. 이러한 모호한 행동의 단서를 직면할 때 감독과 스태프는 자살 희생자의 운명에 어떻게 끼어들 수 있었을까?

논픽션 영화는 허구영화가 제공하는 것과는 다른 종류의 스키마타를 요구하지만 둘 다 관객에게 추론을 하고, 가정을 설정하고 시험하며, 주어진 데이터를 통합하고 작품에다 추상적 구조를 만들도록 요구한다. 이러한 활동들은 구체적으로 '영화적' 혹은 '미학적' 정신 상태를 구성하지는 않지만 우리가 일상과 교류할 때 이해를 인도하는 일상적 행위이다. 실세계에서의 만남처럼 〈다리〉에서의 장면의 인지 또한 목표에 의해 만들어진다. 인지적 노력은 모호한 텍스트적 요소들을 일관성 있고 의미 있는 관계로 통합하여

이 장면을 영화의 더 큰 콘텍스트에 맞추는 방향으로 나아간다. 우리는 사전 지식에서 끌어 온 스키마를 적용한다 (가령 우리는 다큐멘터리 해설과 관련된 기대와 함께 자살에 대한 개념을 활성화한다). 우리는 몇 가지 탑다운 가정의 등급을 매긴다. 그리고 우리는 작업 중 기억에 암호화된 데이터를 다시 검토한다. 이 모든 고차원의 과정은 보드웰(1985), 앤더슨(1996), 탄(1996) 등에 의하면 보텀업 방식으로 시각적 데이터를 '직접적으로' 인지하고 구성하는 무의식적 시각 시스템 위에 존재한다. 관객의 수동성이라는 개념은 관극성의 인지주의적 설명에서는 말이 되지 않는다. 집중된 짧은 행동에서도 관객은 수많은 인식적 인지적 기술을 불러내고 연마한다.

동일시

관객의 활동의 중요한 한 단면 ― 동일시 ― 은 여전히 설명이 필요하다. 영화에서 동일시는 정확하게 무엇인가? 관객은 누구와 동일시하는가? 이 현상은 서사 이해에 얼마나 중요한가? 동일시 이론은 영화학의 주요 패러다임의 초석이지만(가령 이 책의 4장을 보라), 많은 인지주의자들은 동일시의 언어가 막연하고 모호하다고 생각한다. 하나의 용어로서 '동일시'에는 많은 지시적 의미가 덧붙여졌다. 관객은 자신과, 타자와, 카메라와, 그리고 젠더화된 응시와 동일시한다. 관객은 영화 장치의 환상주의적이고 이데올로기적 동일시에 굴복한다. 그리고 관객은 보이지 않는 관찰자의 결정론적 시각에 압박을 받아 수동적으로 작업을 수행한다. 이러한 '피하주사식' 동일시 모델이 인지주의적 프로그램 내에서 호응을 받지 못한다는 것은 놀랄 일이 아니다. 거기서 주장하는 텍스트의 결정론은 인지적 이론에서 말하는 관객-텍스트 간의 **상호작용**과 배치된다. 그 모델에서 이야기하는 영화의 환상적 능력의 주장은 쉽게 속아 넘어가는 순종적 관객을 전제한다. 마지막으로 어떤 전제들은 경험적 기초가 없고 실제 경험과 보조가 맞지 않는다. 가령 카메라와의 동일시는 관객이 인간 행동의 한계를 넘어 설 정도로 민첩하게 유리한 지점들 사이를 이동해야 한다는 것을 말하는 것 같다.

현대 인지주의 이론가들은 영화적 동일시가 일어난다면 그것은 허구적 캐릭터와의 관계에서 일어난다고 주장한다. 그러나 노엘 캐롤(Noel Carroll) 등은 '동일시'라는 용어가 너무 포괄적이고 유동적이고, 정신분석적 함의가 가득 차있다 (Carroll 1990)는 의혹을 가지고 있다. 그래서 이론가들은 영화적 동일시를 좀 더 세분화하는 쪽으로 노력을 기울여왔다. 그레고리 커리(Gregory Currie)(1997)는 관객이 허구적 행위자의 신념과 욕망을 '시험해 보면서' 캐릭터의 정신 상태를 상상, 혹은 시뮬레이션한다고 주장한다. 관객은 '정상적인 감각적 입력과 행동적인 출력으로부터 단절된 상태에서' 시뮬레이션 상태를 '오프라인'(Currie 1997: 144-145)으로 운영한다. 무서운 존재로부터 도망치는 것이 정상적인 '행동적 출력'이겠지만 화면상의 괴물의 쩍 벌린 입이 우리를 향해 달려들 때 우리의 오프라인 시뮬레이션은 우리를 꼼짝 못하게 붙잡아 놓는다. 커리의 오프라인 시뮬레이션 이론은 앤더슨이 제기한 상상적 '유희'의 개념(Anderson 1996)과 중요한 점에서 일치한다. 마찬가지로 그로달은 캐릭터와의 동일시를 게임과 같은 활동으로 '괄호 속에 둔다'(bracket)고 주장한다 (Grodal 1997: 226). 상상력의 우선권을 전경화함으로써 각 이론가들은 동일시의 피하주사 모델에 대한 놀라운 대안을 제기한다. 정신분석적 관객들이 환상적 동일시에 유혹된다면 인지주의적 관객은 상상적 시뮬레이션 속으로 목적을 가지고 들어간다. 상상력이 풍부한 관객은 허구를 실제와 혼동하지 않고, 자신이 그 캐릭터가 된다고 믿지도 않는다. 캐릭터와의 동일시 행위는 자발적이고, 이성적이고, '거기서 우리가 빠져나올 수 있는'(Grodal 1997: 102) 상상적 행위로 정신적으로 구분이 되어 있다. 더구나 시뮬레이션은 실용적 가치도 있다. 왜냐하면 진

화심리학자의 주장처럼 상상하는 능력이 적응과 생존의 목적으로 생물학
적으로 진화해 왔기 때문이다.

　많은 인지주의자들은 '동일시'가 너무 다양한 행위를 커버하는 포괄적
용어로 사용되기 때문에 '동일시'라는 개념을 유감으로 여긴다. 그렇지만
인지주의자들은 '상상력' 혹은 '시뮬레이션'이라는 개념을 비슷한 공격으
로부터 어떻게 방어하는가? 그 주된 방법은 여러 종류의 상상력을 구분하
거나 특수화하는 것이다. 리처드 월하임(Richard Wollhein)(1984), 머레이
스미스(1999a)가 제기한 정교한 구분에 의하면 허구영화 관람은 **중심적 상
상**(특정 캐릭터의 경험 '속으로부터'의 상상, 혹은 그와의 **감정이입**)과 **비중
심적 상상**(캐릭터의 시점 '밖'에서 경험을 상상하는 것으로 **동정적 반응과**
비슷하다) 모두를 포함한다. 정신분석 이론은 이러한 용어를 채택하지 않
으면서도 중심적 상상에 대해 무게를 던진다. 수동적 입장의 관객은 주인
공의 경험을 중심적으로 상상함으로써 텍스트의 작용을 점점 수용하게 된
다. 캐롤(1990)의 말대로 관객의 생각과 감정은 우리가 캐릭터에 부여하는
것과 자주 맞지 않는다. 우리는 곧 상어의 먹이가 될 아무 것도 모르는 수
영객을 걱정할 수는 있지만 이 걱정은 수영하는 사람이 느끼는 것이 아니
다 — 그녀는 자신을 향해 다가오는 포식자를 모른 채 기분이 들뜬 상태이
다 (Carroll 1990: 90). 캐릭터 중심의 허구에 대한 적절한 반응은 중심적
비중심적 형태의 상상을 모두 하는 것이라고 스미스는 주장한다. 분석가는
특정 사례에 있어서 관객의 상상적 활동의 특징을 찾고, 특정 종류의 상상
적 반응을 이끌어 내는 텍스트의 큐를 검토하려고 한다. 상상력의 종류를
구분하게 되면 인지주의자는 '동일시'라는 포괄적인 용어가 시사하는 것보
다 더 미묘하고 섬세한 반응을 설명할 수 있을 것이다.

　'동일시'라는 용어를 정신분석적 연상으로부터 분리하는데 따른 어려
움을 고려하여 스미스는 '동일시'라는 말을 대응(engagement)이라는 말로
대치하자는 제안을 내놓았다 (Smith 1995). 이렇게 되면 우리가 우리와 비

숫한 행위자뿐 아니라 다양한 캐릭터 타입에 반응하는 것을 더 잘 설명할 수 있을 것이다. 스미스는 '공감의 구조'를 집합적으로 포괄하는 세 가지 차원의 캐릭터 대응을 제안했다. 인식(Recognition)은 캐릭터에 고유하고 개별적인 특질을 부여하며 일정 기간 동안 행위의 주체와 우리가 재동일시(re-identification)하는 것을 말한다. 정렬(alignment)은 캐릭터의 행동(그들에 대한 우리의 시공간적 애착[spatio-temporal attachment])과 생각, 신념, 그리고 감정(캐릭터의 내면적 상태에 대한 우리의 주관적 접속[subjective access])에 있어서 우리가 캐릭터에 접속하는 깊이와 범위를 지칭한다. 마지막으로 충성(allegiance)은 캐릭터에 대한 관객의 평가를 의미하며 그것은 정서적 반응의 원천 역할을 한다. 스미스가 세 가지를 구분함으로써 동일시라는 모호한 개념보다는 우리의 대응을 결정하는 요인들을 좀 더 정확하게 파악할 수 있도록 하지만 세 가지 차원의 대응은 서로 상호작용한다. 스미스는 또 다른 일련의 차이점을 통해 자신의 캐릭터 접속 모델에 미묘한 차이를 부여한다. 중심적 상상의 과정에서 관객은 정서적 시뮬레이션(캐릭터의 감정적 상태를 '내면에서 상상하는 것')과 같은 자발적 반응과, 정서적 모방(얼굴과 신체 표현에 자극을 받아 캐릭터의 감정을 비의식적으로 흉내내는 것)이나 자동적 반응(크고 예기치 않은 소음이나 갑작스러운 움직임이 생리적 반사작용을 촉발할 때처럼)과 같은 비자발적인 반응을 체현한다.

　　스미스의 캐릭터 대응 인지 모델이 기존의 영화적 동일시 이론을 어떻게 개선할 수 있을가? 첫째, 스미스의 설명에 나오는 관객은 많은 상상적 작용을 하지만 스미스는 한 가지 결정론을 다른 것으로 대치하지 않도록 주의한다. 즉, 우리가 누구와 '동일시' 혹은 대응하는가는 현상적 관객에 의해 전적으로 결정되지는 않는다. 오히려 스미스의 공감의 구조는 다양한 종류의 서사 구조에 의해 조장되는— 전적으로 결정되지는 않더라도— 심리적 과정을 묘사한다. 따라서 대응은 두 개의 서로 연동된 역동적 현상

― 관객과 영화의 내레이션 ― 으로부터 연유한다 (여기서 이례적인 것은 경악반사[startle reflex]와 같은 비자발적인 자동적 반응인데 이것은 텍스트 내의 감각적 방아쇠에 의해 촉발된다). 둘째, 스미스는 동일시라는 모호한 개념보다는 좀 더 짜임새가 있는 캐릭터 대응의 그림을 제공한다. 대응의 서로 다른 차원을 구체적으로 구분함으로써 스미스는 텍스트가 관객의 반응을 조절한다는 것을 설명할 수 있었다. 그리고 대응에 따른 다양한 범위의 관람 절차도 확실히 파악할 수 있었다. 게다가 스미스의 모델은 대중 심리학에서 말하는 단일하고 불변한 동일시의 개념을 정면으로 반박한다. 스미스의 설명에 따르면 대응은 특정 캐릭터에 대한 우리의 반응이 시간이 감에 따라 바뀌고, '영화의 주어진 시퀀스 내에서 여러 인물에게 동시에 다르게 대응할 수 있기'(Smith 1995: 93) 때문에 복수의 현상이라는 것이다. 다른 영화 인지주의자처럼 스미스는 논란이 되는 동일시의 개념을 자연주의적이고 섬세하게 구체화된 개념(운동 모방, 감정적 시뮬레이션, 자동 반응과 같은)으로 대치하려고 한다.

특정 캐릭터에 대해 특정한 평가를 하도록 유도하는 것은 어떤 텍스트적이고 심리적인 요인일까? 악당과의 동일시를 권유하는 영화에서 충성은 어떻게 작용하는가? 행동주체에 대한 우리의 판단이 변하도록 하는 것은 어떤 메커니즘인가? 다른 인지주의 이론가들과 함께 스미스는 이런 문제를 탐색하고 설명을 내놓았다. 그 설명의 성격은 다양한 방법으로 관객의 공감을 헝클어놓는 영화인 팀 버튼(Tim Burton)의 〈스위니 토드: 어느 잔혹한 이발사 이야기(*Sweeney Todd: The Demon Barber of Fleet Street*)〉 (2007)의 분석에서 등장할 것이다. 영화에 대한 우리의 분석은 심리적인 과정과 내레이션의 과정을 왔다 갔다 할 것이다. 왜냐하면 언급한 대로 영화에 대한 정신적이고 정서적인 이해는 두 현상 사이의 거래에 달려 있기 때문이다.

삐뚤어진 충성심과 〈스위니 토드: 어느 잔혹한 이발사 이야기〉

고운 마음씨의 벤자민 바커(조니 뎁[Johnny Depp])는 무고하게 체포되어 가족과 런던으로부터 쫓겨난다. 15년 후 감옥에서 탈출한 바커는 이제 스위니 토드라는 가명으로 수도로 돌아와 자신을 가둔 가학적인 치안판사인 터핀 판사(앨란 릭먼[Alan Rickman])에게 복수를 하고자 결심한다. 토드의 낡은 이발소를 운영하는 러빗 부인(헬레나 본햄 카터[Helena Bonham Carter])은 토드의 아내 루시가 죽었으며 딸인 조안나(제인 와이스너[Jayne Wisener])는 타락한 터핀의 집에 붙잡혀 있다는 사실을 밝힌다. 동료 여행자인 앤서니(제이미 캠벨 바우워[Jamie Campbell Bower])와 함께 토드는 조안나를 치안판사의 손아귀에서 구해낼 계획을 세운다. 그는 또한 터빈과 그의 충실한 부하 비들 뱀포드(티모시 스폴[Timothy Spall])에 대한 피비린내 나는 복수의 계획을 세운다. 사업의 경쟁자인 피렐리(사카 배론 코헨[Sacha Baron Cohen])가 토드를 공갈 협박하자 사악한 이발사는 그를 처단하고, 러빗 부인은 그의 젊은 조수 토비(에드 샌더스[Ed Sanders])를 받아들인다.

    토드는 무고한 고객의 피로 이발소 벽에 칠하는 등 서서히 도덕적 타락 속으로 빠진다. 러빗은 토드의 희생자의 시체로 맛있는 고기파이를 만들고, 그녀의 파이 가게는 아무 것도 모르는 고객들의 왕성한 식욕 덕분에 번창한다. 그녀의 새로운 조수 토비는 토드의 무시무시한 악행을 의심하기 시작한다. 마침내 토드는 터핀을 벌하고 싶은 욕망을 만족시키지만 비극적인 개안이 뒤따른다. 토드의 아내는 러빗 부인이 말한 운명을 맞은 것이 아니었다. 이런 사실은 토드가 희생자의 살해된 시체들 속에서 루시를 발견할 때에서야 드러난다. 러빗 부인의 기만에 괴로워하는 토드는 교활한 그 여자를 빵집 아궁이에 던져 넣는다. 음울하게 아이러닉한 마지막 장면에서 토비는 러빗의 살해행위에 복수하고 자신의 행복을 보호하기 위해 토드 자신의 면도칼로 그의 목을 긋는다.

이 시놉시스가 보여주듯이 〈스위니 토드〉는 관객의 충성심을 가지고 복잡한 유희를 한다. 영화는 관객의 동정심을 어떻게 인도하고 제어하는가? 다른 영화에서처럼 여기서도 관객의 캐릭터 평가는 초두효과(primacy effect) — 캐릭터가 처음 눈에 띌 때 우리가 형성하는 판단을 포함하여 영화가 설정한 첫 인상들 — 에 바탕을 둔다. 이러한 초기 판단은 드라마가 전개될 때 캐릭터에 대한 우리의 기대를 암암리에 인도하고, 우리는 전개되는 플롯 행동에 비추어 지속적인 첫 인상을 계속 체크한다. 대개 초두효과는 캐릭터의 특징에 대한 꽤 신뢰할 만한 바로미터가 된다. 반면 캐릭터 변화는 일반적으로 우리의 초기의 가정을 확증한다. 터핀 판사에 대해 우리는 대체로 부정적인 첫 인상을 형성하며 영화가 진행되면서 내레이션은 우리의 초기 평가를 '심화'시킨다. 초두효과는 캐릭터에 대한 좀 더 양가적인 대응에 위해 우리를 준비시킬 수 있다. 음악이 앞장서서 러빗 부인을 소개하는 장면은 우리의 충성심을 끌어내는 다양한 장치를 소환한다 — 헬레나 본햄 카터의 스타 페르소나는 기괴하지만 기본적으로 매력적인 캐릭터를 기대하도록 만든다. 노래 가사는 적나라하게 우리의 동정을 구하고 ('혼자 있는 여자를 동정하라') 경쾌한 멜로디 라인은 긍정적이고 현란한 분위기로 캐릭터를 감싼다 (그림 8.2). 그러나 이에 못지않게 러빗 부인에 대한 우리의 초기 판단에 중요한 것은 이 장면의 약간 사악한 기조이다. 불안한 요소들이 쾌활한 요소에 팽배해 있다. 노래 가사는 계속해서 죽은 동물의 이미지를 환기한다. 잽싼 바퀴벌레들은 빵집 조리기구에 깔려 납작하게 된다. 러빗 부인의 캐릭터에 깔린 불안한 양상은 그녀에 대한 우리의 동정심을 노골적으로 구하는 내레이션을 상쇄한다. 이런 식으로 초두 효과는 영화 전체를 통해 러빗 부인에 대한 우리의 대응의 특징이 될 양가적 충성심을 암시한다.

초두 효과와 캐릭터에 대한 계속적인 평가는 스타 시스템에 의해 의미심장하게 형성된다. 많은 영화들은 스타 연기자가 대표하는 특별한 속성들

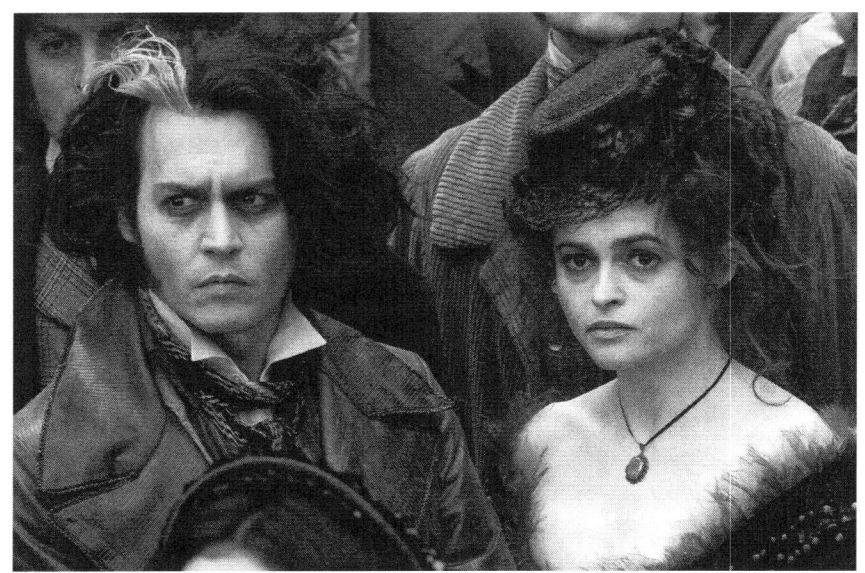

그림 8.2 공감이 가는 부적응자: 〈스위니 토드: 어느 잔혹한 이발사 이야기〉에서 주인공 이발사(조니 뎁)과 러빗 부인(헬레나 본햄 카터).
출처: 영국영화연구소 제공. 드림웍스/워너 브러더스.

에 초두 효과를 결합시켜 재빠르고 체계적인 캐릭터 묘사를 만들어낸다. 일단 첫 인상이 형성되면 그것은 여러 방식으로 영화에 의해 강화되고, 해체되거나, 혹은 전복된다. 특정 스타 페르소나에 대한 우리의 스키마타는 〈스위니 토드〉의 기괴하고, 반영웅적 주인공에 방향을 맞추도록 도와준다. 헬레나 본햄 카터와 조니 뎁 두 사람 모두 이전 영화에서 괴짜와 부적응자를 동정적으로 묘사한 적이 있다 (사실 그것은 뎁의 트레이드마크이다. 〈가위손(*Edward Scissorhands*)〉[1990], 〈에드 우드(*Ed Wood*)〉[1994], 〈찰리와 초콜릿 공장(*Charlie and the Chocolate Factory*)〉[2005], 그리고 〈캐리비안의 해적(*Pirates of the Carribean*)〉[2003, 2007] 시리즈에서의 주인공 역할을 생각해보라). 스타의 페르소나에 대한 사전 지식은 우리가 토드와 러빗 부인에게서 발견하게 되는 독특한 특징에 대해 우리를 준비시킨다.

또한 사전 지식 때문에 우리는 이런 특징들이 동정적 대응을 고의로 저지하는 요소라는 것을 보지 못한다. 다른 지식틀도 초두 효과를 밝힌다. 가령 장르적 스키마타는 고딕이나 호러에 대한 기대를 작동시키며 (우리는 주인공이 불길한 행동을 할 것을 기대할 수 있다), 〈비틀주스(*Beetlejuice*)〉(1988), 〈배트맨(*Batman*)〉(1989), 〈화성침공(*Mars Attacks!*)〉(1996)과 같은 팀 버튼의 이전 영화에 대한 지식으로 인해 우리는 이국풍의 괴짜들과 아웃사이더들이 서사에 나올 것이라는 것을 기대한다.

일단 초기 스토리 정보를 제공받고 나면 관객은 초두 효과, 인식, 정렬과 충성심의 패턴과 같은 내레이션 상의 큐를 따라서 캐릭터를 계속 구축해 나간다. 캐릭터 발전은 캐릭터에 대한 우리의 초기의 도덕적 평가를 강화하고 '심화'할 수 있다. 가령, 우리는 처음에 비들을 부정적으로 평가하고 플롯이 진행하면서 우리의 판단을 수정할 아무런 이유를 제공받지 못한다 (사실 우리의 초기 판단은 이어지는 스토리 액션에 의해 강하게 재확인된다). 또는 영화의 내레이션은 우리의 충성심을 아주 과격하게 다시 조정하도록 강제할 수 있다. 일반적으로 영화는 캐릭터에 대한 우리의 판단을 다소 과격한 방식으로 형성한다. 토드와 러빗 부인에 대한 우리의 충성심은 영화 내내 흔들리지만 터핀과 비들에 대한 반감은 비교적 꾸준하게 유지된다.

서사가 진행되는 동안 캐릭터의 특징이 변화하는 것에 따라 우리의 충성심이 변할 거라고 우리는 가정할 수 있다. 가령 〈워터프론트〉(1954)에서 테리 멀로이(말론 브란도)에 대한 우리의 긍정적인 도덕적 평가는 영화가 진행되는 동안 전직 복서인 그가 점점 도덕적으로 훌륭한 가치를 표방하는 것과 일치한다. 그러나 종종 캐릭터 변화처럼 보이는 것이 실제로는 내레이션이 의사전달 능력을 왜곡한 것일 수도 있다. 러빗 부인에 대한 우리의 그때그때의 평가는 캐릭터의 변화하는 도덕적 특징이 아니라 캐릭터 정보에 대한 우리의 지식을 내레이션이 통제하는 것에 달려 있다. 러빗 부인의 도덕적 유의성의 외견상의 변화는 영화 전체를 가로질러 추적한 캐릭터 변화의 궤적일 수 있다. 처음에 그녀는 애정과 동정, 가령 토비에 대한 모성적 태도, 토드의 쇠약한 아내를 향한 외견상의 동정('불쌍한 것'이라는 노래를 통해 표현된) 등 많은 긍정적 특징을 대표한다. 영화의 끝에는 훨씬 바람직하지 못한 개인적 성격이 전면에 드러난다.

러빗 부인에 대한 우리의 도덕적 평가는 변화했지만 중요한 것은 그것이 캐릭터의 심리나 도덕성의 변화에 반응해서 변한 것이 아니라는 점이다. 오히려 러빗 부인의 인격적 특징은 근본적으로 변한 것이 없지만 그녀에 대한 우리의 도덕적 평가는 내레이션이 우리에게 그동안 숨겨왔던 정보— 즉, 토드의 사라진 부인의 '죽음'에 대한 러빗 부인의 거짓말— 가 드러남에 따라 변한 것이다. 더구나, 우리의 도덕적 판단은 변화되었지만 러빗 부인에 대한 우리의 대응은 비교적 그대로일 가능성이 많다. 그녀의 기만이 드러나는 것이 우리의 도덕적 가정에 강하게 도전하기는 하지만 우리가 이전 액션을 통해 그 캐릭터를 향해 축적해 놓았던 호감의 펀드를 바닥낼 것 같지는 않다 (가령, 우리는 토드에 대한 그녀의 애정이 거짓이었다고 생각하지는 않는 것이다). 러빗 부인에 대한 우리의 첫 인상에 약간의 양가적인 면이 있었던 것처럼 서사의 종결지점에서 그녀에 대한 우리의 대응에도 모호한 (혹은 '편파적인') 충성심이 있는 것이다.

스미스가 보기에 충성심은 캐릭터에 대한 도덕적 평가뿐 아니라, 선호도의 체계에 따라 이런 판단과 캐릭터를 위계화하는데 달려 있다. 스미스는 충성심이란 "허구 속의 다른 캐릭터와 비교했을 때 바람직한 (혹은 적어도 선호할 만한) 특징들을 나타내는 사람으로 그를 평가하는 데 달려 있다"(Smith 1995: 62)고 쓰고 있다. 따라서 프리츠 랭(Fritz Lang)의 〈엠(M)〉(1931)의 주인공은 도덕적 예절을 위반하기는 하지만 텍스트의 다른 인물들(마지막 릴에서 그를 핍박하는 린치 폭도들)에 비해 비교적 동정적으로 간주되게 된다. 스미스에 따르면 영화는 내부의 가치체계를 설정하는데 그에 따르면,

> (우리의) 실제 세계의 태도는 비교적 바람직한 위치에 캐릭터들을 지속적으로 배치함으로써 구성된다. 이 과정에 기초하여 우리는 여러 캐릭터에 대해 차별적이고 위계적인 공감과 반감을 형성한다.
> (Smith 1995: 194)

도덕적으로 단순한 영화는 **이원론적** 도덕적 구조를 형성하여, 도덕적인 행위자를 비도덕적이거나 부도덕한 행위자와 대치시킨다. 그러한 이원론적 구조는 〈스타 워즈(*Star Wars*)〉(1977), 〈스피드(*Speed*)〉(1994) 그리고 〈파고(*Fargo*)〉(1996)와 같은 영화에서 동원되는데 여기서는 캐릭터의 가치관이 분명하게 묘사되고, 행위자에 대한 관객의 도덕적 위계화가 비교적 단순하고 자동적으로 일어난다. 그런 영화와 캐릭터에 대한 우리의 정서적 반응은 두려움, 슬픔, 기쁨과 같은 '기본적' 감정적 상태로 이루어질 경우가 많다. 이원론적 틀에 대한 주요 대안은 등급화된 도덕적 구조로서 스미스에 따르면 그것의 특징은 "가치관의 이분법보다는 도덕적 단계의 스펙트럼"이다 (Smith 1995: 207). 스미스는 오토 프레밍거의 〈데이지 케니언(*Daisy Kenyon*)〉(1947)과 오슨 웰즈의 〈위대한 앰버슨가(*The Magnificent Ambersons*)〉(1942)와 같은 영화를 대표적인 경우로 제시한다. 등급화된 구조에서는 캐릭터가 단순한 도덕적 가치를 대표하는 것이 아니라 미세하게 세분된 특징들의 덩어리를 보여준다. 따라서 선호체계에 따라서 그들을 위계화하는 것은 이원론적 모델에서보다 훨씬 복잡하며 캐릭터가 소유한 다양한 도덕적 특징의 합성물은 고차원적 정서(양가적이고, 복합적이고, 복잡한 정서적 상태)에 바탕을 둔 반응을 불러 일으킬 수 있다.

〈스위니 토드〉는 캐릭터 평가를 복잡하게 만들지만 그럼에도 불구하고 단계화된 도덕적 가치의 위계 위에 행위자들을 배열한다. 그의 행동이 도덕성을 위반하기는 하지만 토드는 더 타락한 터핀 판사와 비교할 때 비교적 바람직한 성질을 내비친다. 더구나 영화의 초기 플래시백(토드가 치안판사에 의해 무고하게 체포되는 장면)은 토드와 터핀 사이의 도덕적 대립을 설정하여 토드가 희생자에서 남을 희생시키는 사람으로 변한 후에도 기억 속에 작동한다 — 즉 초두 효과의 힘을 보여준다. 플래시백, 그리고 그것이 영화의 서두에 위치했다는 사실은 칼 플랜팅가(Carl Plantinga)가 '관객의 복수'라고 부른 것을 끌어내는 데 중요한 역할을 한다. 그것은 구제불능의 악당에게 인과응보가 돌아가는 것을 보고 싶은 감정적으로 충일한 욕망이다 (Smith 1999: 387). 초두 효과와 내레이션의 성격 유지 — 가령 터핀에 대한 우리의 판단을 누그러뜨릴 수 있는 자료를 제공하지 않음으로써 — 를 통해 관객은 토드의 복수 행위를 정당화된 수사일 뿐 아니라 바람직한 것으로 바라보게 된다.

그러나 관객은 토드의 폭력행위가 복수의 욕망을 훨씬 넘어서는 것을 또한 깨닫게 된다. 내적인 도덕적 구조는 터핀에 대한 토드의 폭력을 유효한 것으로 상정하지만 영화는 토드가 아무런 이유 없이 무고한 사람을 살육할 때 그의 행동을 재가하기 꺼림칙하게 만든다. 후자의 행동을 도덕적으로 부당한 것으로 평가한다는 것은 관객이 복수와 정의에 대한 실제 세계의 스키마를 작동시킨다는 것을 의미한다. 이 스키마는 다른 인지적 경향(가령 도덕적 가치관)과 텍스트의 호러 스키마타 작동과 함께 도덕적으로 왜곡된 폭력을 '바람직한' 정당화된 복수와 구분할 수 있게 한다. 이제 관객은 토드의 부당한 행동을 보고 도덕적으로 합당한 처벌이 뒤따라 올 것을 기대한다. 이 점에서 영화의 가치체계는 특정 캐릭터에 대한 우리의 공감과 반감을 인도할 뿐 아니라 일어날 스토리 액션에 대한 가설도 세울 수 있게 해준다. 도덕적 구조는 도덕적 판단을 하도록 우리를 압박하고, 플롯 이벤트가 어떻게 적절하게 해결될 것인가에 대한 우리의 성향을 인도함으로써 인지적 활동을 촉발한다. 이런 식으로 내적인 도덕 체계는 인지적 종결을 향한 욕망을 불러일으킨 후 만족시키며, 종결에 대한 추구는 관객이 순간순간 드라마에 몰입하게 만든다.

〈스위니 토드〉의 클라이맥스는 디제시스(diegesis) 환경의 도덕적으로 왜곡된 성격을 확정하지만 잘못을 저지른 사람들(토드와 러빗 부인을 포함하여)이 처벌을 받는다는 점에서 노엘 캐롤의 표현대로 '도덕적으로 올바른 결과'(Carroll 1990)를 제공한다 (착하지만 고통 받는 루시는 스토리 이벤트에서 아무런 자비도 허락받지 못하는 예외적인 경우이다. 그녀의 죽음은 주로 이야기의 비극적 면을 강화시키는 역할을 한다). 우리가 러빗 부인에게 편파적인 충성심을 형성하기는 하지만 그녀의 죽음은 영화의 도덕체계의 맥락에서 적절한 것 같다. 더구나 클라이맥스에서 그녀의 배신이 폭로되는 것은 토드에 대한 우리의 동정심을 심화시키고, 그는 다시 한번 부당한 일을 당한 사람이 된다.

토드의 유혈사태의 적나라한(극적이긴 하지만) 면 때문에 주인공에 대한 우리의 충성심은 스트레스를 더 한층 받게 된다. 토르벤 그로달은 역겨운 폭력 장면은 '일종의 정신분열적인 무감각, 서사적 경험으로부터의 정서적 단절'을 야기한다고 지적한다. 관객은 "가장 긍정적인 캐릭터와도 완전한 감정이입적 동일시를 하지 못하도록 자신을 거리 둠으로써" 불쾌감을 완화시키려 한다 (Grodal 1999: 143). 이것은 관객의 인식과 정서가 쪼개지는 다소 보텀업 성질의 반사작용이다. 따라서 허구적 행위자와의 동일시는 정서적인 몰입이 배제된 '순전히 인식적인'(Grodal 1997: 158) 것이 된다. 만약 감정적 거리가 달성되면 토드에 대한 부정적 평가는 정서적 개입이 중재 없이 '공생적(symbiotic)'으로 일어날 때보다는 덜 강력하게 기록된다. 어쨌든 토드의 이유 없는 폭력은 노골적인 도발에도 불구하고 관객의 충성심을 방해하기에는 충분치 않다. 그렇지만 이런 충성심은 토드의 변태적인 행위에 의해 상당히 완화되기는 한다. 한마디로, 기존에 확립된 수많은 요인 때문에 토드에 대한 공감은 영향을 받지 않는다 (가령 초두 효과, 스타 카리스마, 매핑된 스키마타, 도덕적 가치관의 위계 등).

우리가 도덕적으로 타락한 인물과 공감하도록 권유를 받는다면 상상이라는 무해한 행동이 해롭고 도덕적으로 오염된 효과를 생산할 위험은 없는가? 그레고리 커리는 오프라인에서 관객이 시뮬레이션한 신념과 욕망은 관객의 '통제 메커니즘' — 즉, 상상적 '유희'를 '정상적인' 활동과 반응으로부터 차단하는 디폴트 두뇌 활동 — 의 오류로 인해 온라인으로 불려올 수도 있음을 경고한다 (Currie 1997: 162). 커리는 주장한다.

> 파괴적이고, 부도덕한 욕망이 있는 캐릭터의 상황에 있다고 상상함으로써, 따라서 상상 속에서 그 캐릭터의 욕망을 갖게 됨으로써. 우리는 통제 메커니즘의 고장을 통해 그런 욕망을 실제로 획득할 위험에 빠질 수 있다.
>
> (Currie 1997: 163)

마찬가지로, 스티븐 프린스(Stephen Prince)는 영화에서 정당화된 폭력이 관객 속에 순전히 폭력적인 성향을 환기할 수 있다는 전망을 제안한다 (Prince 1998: 114). 따라서 〈스위니 토드〉에서 토드의 복수심에 찬 인지를 우리가 시뮬레이션해서 '시도'하게 되면 실제적인 신념과 욕망으로 현실화될 수 있고 잠재적으로 일상세계에서 우리의 도덕적 가치를 하락시킬 수 있다. 우리가 토드의 부도덕한 욕망을 취한다면, 더군다나 우리가 그에게 동정적인 생각을 계속 갖게 된다면, 이 경우 우리의 대응은 **왜곡된 충성심** — 부도덕한 특징과 행동에 근거하여 캐릭터에게 보이는 동정적 반응을 가리키는 머레이 스미스의 용어(Smith 1999b) — 이라는 특징을 가질 것이다. 커리가 보기에 이런 종류의 미심쩍은 대응은 '도덕적 피해'를 가져올 위험이 있다. 왜냐하면 부도덕한 정신 상태를 시뮬레이션하는 것이 우리가 실제 세계 상황에서 적용할 도덕적 스키마를 변형시킬 수 있기 때문이다.

스미스는 왜곡된 충성심은 사실상 매우 드문 종류의 관객 대응이라고 주장한다 (Smith 1999b). 진정으로 왜곡된 충성심은 관객이 도덕적으로 바람직하지 못한 특징이나 행동과 공감한다는 것을 의미한다. 그러나 종종 대중 영화에서 왜곡된 충성심처럼 보이는 것이 실상은 **겉으로만** 그렇다. 그 캐릭터에 대한 공감은 그의 변태성 때문이 아니라 **그것에도 불구하고** 얻어지는 것이다. 스위니 토드의 복수의 욕망에 대응하는 것은 관객이 '상상적으로 참여'하는 것이나 마찬가지이다. 우리는 우리가 '동일시'하는 행위자가 마음 깊은 곳에서는 도덕적으로 가치가 있는 사람이라고 스스로 재확인하면서 사악한 욕망(가령 터핀 판사에게 복수하는 것)을 시뮬레이션한다.

더구나 도덕적 타락은 '정신분열적 무감각'의 메커니즘에 의해 차단될 수 있다. 토드의 극악한 행위로 인해 관객이 주인공과 감정이입적인 동일시를 못하게 된다면 (즉 정신분열적 무감각이 발휘되기 위해) 관객은 토드의 불법적인 욕망을 시뮬레이션하지 않아도 되는 것이다. 그리고 관객이 부도덕한 욕망을 시뮬레이션하지 않으므로 그것을 통해 그런 욕망을 획득할 위험도 없는 것이다. 따라서 정신분열적 무감각은 시뮬레이션에 의한 도덕적 피해와 정말 왜곡된 종류의 충성심이 생길 가능성을 없애버린다.

〈스위니 토드〉의 관객은 또한 적절한 도덕적 판단을 수행하도록 도와줄 '정당화된 복수'의 스키마(감독이 보기에 작동될 것이라고 믿는 스키마)를 적용한다. 초두 효과와 같은 텍스트상의 큐와 함께 이런 스키마는 관객이 터핀 판사의 인과응보를 허용 가능한, 심지어 바람직한 수사로 간주하게 만든다. 더구나 중요한 것은 스키마는 토드가 무고한 고객들을 마음대로 살육하는 것처럼 정당화된 복수의 범위를 위반하는 행위에 주의를 집중한다는 점이다. 이번에도 진정으로 왜곡된 충성심은 생길 수가 없다. 정당화된 복수에 대한 관객의 스키마를 넘어서는 토드의 도덕적 변태행위는 우리의 도덕적 인정을 받지 못하며, 따라서 우리의 충성심을 끌어내지 않는다. 스키마타와 영화의 도덕적 구조로 인해 우리가 토드의 변태성을 인정하지 않게 되면 우리는 토드의 끔찍한 죽음을 도덕적으로 정당한 결과로 간주하게 된다. 주인공에 대한 우리의 전반적인 대응은 여전히 공감적이긴 하지만 말이다 (서사적 종결에 대한 관객의 스키마 — 특히 '시적인' 해결과 극적 균형의 원형 — 또한 여기서 작동하는 하나의 요인이 된다).

도덕적 타락에 대한 의혹에도 불구하고 몇몇 인지주의자들은 감정이입적 동일시가 낳게 될 긍정적인 도덕적 발전을 강조해왔다. 그들은 캐릭터의 인지적 정서적 상태를 시뮬레이션하는 것이 '도덕적'이며 '정서적인 학습'(Gaut 1999: 213; Smith 1999b: 228; Neill 1996: 180)의 형식, 관객의 도덕적 스키마타의 확장과 성숙을 제공한다고 주장한다. 노엘 캐롤의 제안대로 서사 예술작품은 '우리의 기존의 도덕적 능력'을 연습시키며 (따라서) "텍스트가 우리의 기존의 도덕적 이해를 고양시키는 기회가 될 수 있다"(Carroll 1996b: 237n4). 다시 말하자면 캐릭터에 대응하는 행동은 교육적인 가치가 있어서 관객의 도덕적 정서적 레퍼토리를 세련 확장시키며, 실제 세계 상황에서 이런 능력을 사용하도록 준비시킨다는 것이다.

그렇다고 감정이입적 대응을 통한 도덕적 가치의 하락이 일어날 가능성을 부인하는 것은 아니다. 또한 진정으로 왜곡된 충성심의 개념을 거부하는 것도 아니다 (스미스는 진정으로 왜곡된 충성심이 자주는 아니지만 영화 관람에서 발생한다고 주장한다). 단지 대개의 경우 관객들은 — 전략적 큐와 작동된 스키마타가 합쳐져서 — 도덕적으로 건전한 동일시로 유도된다는 말이다. 그렇지만 동정적 반사작용은 예기치 않은 방식으로 촉발될 수도 있다. 보드웰은 비호감 캐릭터의 감정표현 — 가령 슬픔이나 두려움의 얼굴 표정을 보이는 것 — 이 관객에게 **정서적 감염**, 즉 관객이 캐릭터의 얼굴에 새겨진 정서적 상태에 '감염'되는 무의식적인 감정적 반응 보일 수 있다고 시사했다 (Bordwell 2007). 비호감의 행위자에게 전반적으로 비난의 감정을 느끼면서도 그의 얼굴에 보이는 감정적 표현의 부산물로 '한가닥의 공감'을 느낄 수도 있다. 그러한 밑바닥에서 올라오는 공감의 반응은 감독이 예기치도, 노리지도 않은 것일 수 있지만 관객의 두뇌는 자극에 대한 반응으로 다소 자동적이고 고의적인 방식으로 계속해서 기능한다. 이러한 텍스트와 관객의 상호작용 — 영화가 우리에게 미치는 영향에 대한 인지적 연구에서 너무나 중요한 — 은 '감독에게 엄청난 책임과 함께 엄청난 힘'을 부여한다 (Bordwell 2007).

용어해설

- **보텀업 처리과정**: 데이터 위주의 인식에 사용하는 용어. 보텀업 처리과정은 자극에 대한 빠르고 강제적인 반응으로 일어난다. 탑다운 과정과 함께 작동하는 그러한 자동적 처리 과정은 인식의 오류에 취약하지만 긍정적인 발전 가치를 가지고 있다 (가령 예기치 않은 소음이나 움직이는 물체에 대한 즉각적인 판단은 우리를 다가올 위협에서 구하는 운동 반응을 촉발할 수 있다).

- **스키마**: 스키마/스키마타(복수): 관객이 예술작품에 가져오는 신념, 가정, 기대, 그리고 다른 기존의 연상 무더기들을 포괄하는 지식군. 관객 활동에 관한 인지주의자들의 설명에 매우 중요하게 등장하는 스키마는 영화에서 순간순간 펼쳐지는 사건에 관객이 방향설정을 할 수 있게 한다. 관객은 실제 세계의 스키마(일상경험에 관한 지식군)와 상호텍스트적 스키마(장르 관행, 서사 토포스, 스타일상의 기준 등에 대한 지식)를 적용하여 텍스트를 이해한다.

- **시뮬레이션**: 허구적 캐릭터의 경험을 상상하는 관객의 능력을 묘사하기 위해 인지주의에서 사용하는 용어. 인지주의자들은 약간 다른 의미에서 이 용어를 사용해왔지만 일반적으로 관객은 영화적 사건의 허구적 상태를 계속 인지한 상태에서 서사적 행위자의 정신 상태를 상상하거나 시뮬레이션한다. 정신분석에서 사용하는 '동일시' 개념과 대치되는 시뮬레이션을 인지주의자들은 자발적이고, 적극적이고, 의식적인 행위라고 생각하며, 또한 우리의 생물학적 유산의 기본적인 부분이라고 여긴다.

- **초두효과**: 영화에 의해 설정되는 강력한 첫 인상에 관한 서사구조와 이해의 양상. 초두효과는 텍스트에 대한 초기 방향설정을 관객에게 제공하고, 다가올 액션에 대해 기대를 하게 하는데 매우 중요하다. 영화는 관객의 초기 가정들을 약화시키고, 조정하고, 연장하는 등 여러 방법으로 초두효과를 활용한다. 이 개념은 관객의 활동을 인도하거나 제한하고 기본적 인지 작용을 활성화시키기 때문에 특히 인지주의자와 시학자들의 관심거리가 된다.

• **탑다운 처리과정**: 인지적으로 중재된 고의적 반응을 가리키는 용어. 보텀업 과정이 빠르고 무의식적인 방식으로 작동한다면 탑다운 과정은 인지자의 사전 지식과 스키마에 의해 구성된다. 그러한 고차원 인지는 가설-설정과 추론하기를 포함하며 인지자의 기대와 기억 기능을 작동시킨다.

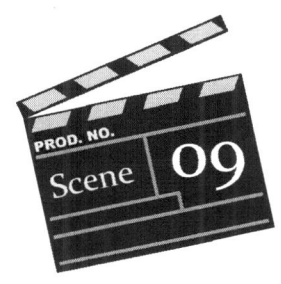

최근의 발전

_ 현 상 학 , 어 트 랙 션 과 관 객

1970년대와 1980년대에 그 분야를 활성화시켰던 '이론'(대문자로 쓴 Theory)
의 허세와 엄숙함을 지니지는 못하지만 영화이론은 사망했다는 소문에도
불구하고 오늘날 여전히 건재하다. 영화이론은 지금도 번성하고 있으며 대
륙의 철학의 영향을 받은 많은 새로운 제목들(최근 책들을 보려면 Beller
2006; Frampton 2006; Harbord 2007; McGowan 2007; Rodowick 2007;
Stadler 2008을 보라) 뿐 아니라 인지주의와 분석철학의 영향을 받은 책들
(가령 Branigan 2006; Grodal 2009; Plantinga 2009)도 계속해서 나오고
있다. 여기서 새로 나온 모든 책들을 섭렵할 수는 없지만 인지이론과 역사
적 시학에서의 발전과 함께 1980년대 후반 이래로 활발하게 이루어진 세
가지 이론적 연구 영역이 있는 것 같다. 이 새로운 영화이론 영역들은 제
각기 생명력을 증명해왔기 때문에 이 분야들의 미래가 의심스럽지는 않은
것 같다. 이 세 가지 분야는 **현상학**과 영화, **어트랙션** 영화, 그리고 관객 연
구이다.

현상학과 영화

(비비언 솝책[Vivian Sobchack], 『눈의 접근[*The Address of the Eye*]』[Sobchack 1992].)

현상학이 '물 자체로의 회귀'를 옹호하는 과학이라는 에드먼드 후설의 주장에 따라 영화이론을 '물 자체'로 회귀하려는 목적을 가지고 1990년대 초에 등장한 두 저서가 있었다. 그것은 출간 후 영화학에 지속적인 영향을 미쳐 온 비비언 솝책의 『눈의 접근』(Sobchack 1992)과, 유감스럽게도 별로 영향을 미치지 못한 앨런 케이스비어(Allan Casebier)의 『현상학과 영화(*Phenomenology and Film*)』(Casebier 1991)였다. 케이스비어의 책은 후설의 현상학에 굳게 기반을 둔 접근이며 영화가 우리에게 '물 자체'를 보여줄 능력이 있다는 리얼리즘 주장을 지지한다. 이 책의 중심 주장은 영화가 실제 세계를 우리에게 드러낼 능력이 있다는 것이다. 케이스비어의 결론적 주장 중 하나는 "영화 매체가 관객의 인식을 물 자체로 인도할 가장 귀중한 능력을 가졌다는 사실을 인식해야 한다"(Casebier 1991: 157-158)는 것이다. 영화의 세계가 이제 막 디지털 미래를 향해 여정을 시작하려고 할 때 —〈터미네이터 2(*Terminator 2*)〉(1992)와〈주라기 공원(*Jurassic Park*)〉(1993)라는 획기적 영화를 통해 — 나온 영화의 리얼리즘 이론에 대한 케이스비어의 주장은 아무도 귀를 기울여 듣지 않았다. 많은 사람들은 디지털 영화에는 '물 자체'가 더 이상 없다고 주장했다. 오히려 디지털 데이터의 합성만 있을 뿐이어서 '물 자체'로의 회귀에 대한 주장은 나오자마자 벌써 한 물 간 것처럼 보였을지 모른다.

좀 더 강하게 이의를 제기한 사람은 솝책이었다. 그녀가 선택한 현상학자는 후설이 아니라 『인식의 현상학(*Phenomenology of Perception*)』(Merlo-Ponty 1962)과 같은 저서를 남긴 프랑스 전후 철학자 모리스 메를로-퐁티(Maurice Merleau-Ponty)였다. 솝책의 『눈의 접근』에는 두 개의 중심 가닥이 있다. 첫째 구조주의, 기호학, 정신분석학에 대한 반박이 있다. 숍책의 주장에 의하면 이들 각자의 사유 영역들은 상징적 의미화에 경험의 기초를 두기 때문에 이런 방법을 사용하는 영화학자들에게 모든 경험은 코드, 상징, 의미화 체계로 귀결될 수 있다는 것이다 (1장에서 〈영 미스터 링컨〉과 〈새〉 논의를 보라). 숍책은 그러한 분석이 중요한 경험의 차원을 놓친다고 주장한다. 따라서 『눈의 접근』은 상징적, 문화적, 의미화적 과정에 의해 완전히 결정되지 않은 영화적 경험의 요소들을 추적한다.

둘째로 — 첫째에서 파생된 점이기는 하지만 — 숍책은 『눈의 접근』에서 영화가 상영되는 동안 관객이 자신의 몸을 경험하는 것의 중요성을 강조한다. 그녀는 영화이론이 영화 관람행위를 몸에서 분리된 눈(그리고 그 정도는 아니지만 귀)이 수행하는 과정으로 축소시켜 버렸다고 주장한다. 그런 주장에 맞서서 숍책은 관객들에게 몸을 돌려주려고 작정한다. 이 두 번째 점이 첫 번째와 밀접하게 연관되어 있음을 보는 것을 그렇게 어려운 일이 아니다. 관객의 대응에 있어서 신체적 영역은 상징적 결정이라는 제한에서 자유로운 곳이다. 혹은 적어도 암호화되고 의미화된 것의 이차적 경험에 대비된 신체적 대응의 일차적 경험에 숍책은 초점을 맞추고자 한다. 그녀가 어딘가에서 표현하듯이 "자아의 '생각'은 원래 주체의 이차적이고 반사적인 반영이다" (Sobchack 1992: 117). 생각 자아는 암호화되고 상징적인 반면 육체화된 자아는 언어와 다른 상징적 구조가 주체에 부과하는 문화변용의 층위로부터 자유롭다. 숍책의 영화 현상학이 회복하고자 하는 것은 존재의 상징적 껍질에 의해 숨겨지고 덮인 1차적 자아의 경험이다.

이런 주장들은 이 책에서 줄곧 설명된 현대 영화이론의 일부 주장들을 과격하게 재규정한다. 영화이론이 영화장치와 개별 영화에서의 상징적 층위를 지적하는데 분석의 대부분을 할애해 왔다면 숍책은 완전히 다른 전략을 따르는데서 보람을 찾는다. 다시 말하자면 숍책은 영화이론가들이 애써서 지적하려고 했던 암호화된 층위 밑에서 관객과 영화에 무슨 일이 벌어지고 있는지 알아내려고 하는 것이다. 암호화된 의미의 층위가 존재하며 그것이 영화적 경험에 중요하다는 사실을 솝책이 부정하는 것이 아니다. 하지만 그녀의 책(그리고 몇몇 후속 글들; Sobchack 2004를 보라)의 목표는 영화 관람의 상징적 구조 밑에 있는 다른 것 — 현상학적 영역 — 을 기록하는 것이다. 영화이론은 영화적 경험의 이런 양상을 그때까지 간과해온 것이다.

좀 더 논란이 되는 솝책의 주장은 관객의 몸과 함께 영화 자체에도 몸이 있다고 할 수 있다는 것이다. 처음에 이것은 말도 안되는 주장 같지만 솝책이 지적하고자 하는 바는 영화관람이 **상호주체적**(intersubjective) 경험이라는 것이다. 영화를 가는 것은 관객이 영화와 의사소통적 교환에 가담하는 과정이다. 그런 시각에서 볼 때 솝책은 영화 자체도 생각과 감정이 있다고 생각한다. 그렇다고 영화가 감각이 있는 존재라는 의미는 아니다. 오히려 그것은 영화가 의미가 있고 영화의 경험이 우리가 대응할 수 있는 경험이 되려면 우리가 영화 속에 생각과 감정을 부여해야 한다는 주장이다. 솝책은 다음과 같이 주장한다.

> 그렇다면 영화 경험에서 관객과 영화간의 직접적인 접촉은 보는 주체와 보이는 객체 사이의 일방적인 접촉이라고 생각할 수 없다. 오히려 그것은 보이는 객체로서 존재하기도 하는 두 개의 보는 주체의 변증법적 접촉이다. … 영화와 관객 모두 보는 것과 보이는 것을 할 수 있으며, 둘 다 시야의 주체와 객체로서 이 세상에 구현된다.
>
> (Sobchack 1992: 23)

이건 좀 미친 것처럼 들린다. 영화를 볼 때 영화가 나를 보다니! 그러나 솝책의 논리는 엄정하다. 관객으로서 우리가 영화의 세계, 서사, 캐릭터 등이 의미 있는 방식으로 존재함을 상정하기 위해서는 영화가 우리를 위해 보여주는 세계를 보는 관객으로서의 우리에게 영화가 **말을** 걸고 있음을 인정해야 한다는 것이다. 이것을 생각하는 또 다른 방법은 어떤 영화라도 영화가 펼쳐질 때 그 세계 속에 **우리를 포함한다**는 것을 깨닫는 것이다. 이 점에서 우리는 영화가 우리를 '본다'고 말할 수 있다. 솝책은 현상학자에게 어울리는 방식으로 주장한다. "영화를 관람하는 것은 중재로서의 직접적인 경험을 직접적이고 중재된 방식으로 모두 경험하는 것이다"(Sobchack 1992: 10). 이것은 무슨 의미인가?

솝책은 영화적 경험이 직접적인 느낌과 중재된 느낌의 합성이라고 주장한다. 우리가 영화에서 보고 듣는 것이 우리의 감각에 전해지는 직접적 느낌의 과정이라면 이런 직접적 느낌은 또한 전체로서의 영화의 전반적 의미-구조 안에서만 형태를 갖춘다. 다시 말하면 우리가 영화에서 받는 감각-인식은 — 가령 두 캐릭터가 키스하는 장면 — 우리의 신체적 인식에 육체적 느낌을 유발하겠지만 그 키스는 영화의 중재과정이라는 맥락에 놓였을 때에만 완전히 경험될 수 있다. **직접적 현상학적 경험은 매우 중요**하지만 그 경험의 일부에는 영화의 서사적 형식과 상황적 동기의 중재가 포함된다. 가령 이 캐릭터들은 예기치 않은 상황에 의해 몇 주간 헤어졌다가 키스를 할 수 있는 것이다. 직접적 경험과 중재된 경험의 과정들이 합쳐져야 영화적 경험을 더 완전하게 설명할 수 있는 것이다.

게다가, 솝책이 보기에는 **영화 자체**도 직접적인 경험과 중재된 경험을 할 수 있다. 셀루로이드에 새겨진 것은 이미지의 물적 소재이다. 영화에 묘사된 것들은 모든 의도와 목적에도 불구하고 **영화 자체의 직접적 경험**이다. 영화가 화면에 나무를 제시하면 우리는 그 이미지가 나무에 대한 영화의 직접적인 경험을 우리에게 보여준다고 말할 수 있다. 물론 나무는 영화 자체가 구축하는 영화적 '세계' 내에 위치할 것이다. 가령 이 나무는 두 연인이 만나기로 약속한 나무일 수 있다. 따라서 영화에 대한 관객의 관계가 직접적인 경험과 중재된 경험으로 구성되어 있는 것처럼, 영화 자체도 직접적이고 중재된 경우의 합성물이라 할 수 있다.

영화 경험에 대한 이처럼 복잡한 현상학으로 인해 솝책은 『스크린』과

장치 이론을 정면으로 공격할 수 있게 되었다. 그녀는 현대 영화이론의 지배적 양태가 모두 영화를 깊이 불신하는 것이며 영화의 많은 이론들이 영화의 기만적 특징에 초점을 맞추는 경향이 있다고 주장한다. 이 책의 앞장을 읽은 독자들은 솝책의 주장이 어느 정도 맞는지 판단할 수 있을 것이다. 우리는 그 주장이 어느 정도는 맞다고 생각한다. 왜냐하면『스크린』이론과 장치 이론 모두 영화제작의 어떤 형식이 환상을 조장하는 반면(주류 할리우드 영화가 주된 용의자이다) 다른 형식(대개 아방가르드나 정치적 성향의 영화)들은 그 환상을 깨뜨린다고 주장하기 때문이다 (메츠의 입장은 좀 더 복잡하다고 말할 수 있다). 그러나 솝책의 주장에서 빛나는 주안점은 그녀의 책이 어떤 영화가 좋거나 나쁘다고 판단하는 안내책자로 의도되지 않았다는 점이다. 그렇게 함으로써 그녀는 1970년대와 1980년대 영화이론의 주된 경향에 대해 반박한다.『눈의 접근』에서 그녀의 프로젝트는 화면과 관객의 변증법적 관계가 의사소통을 작동시키는 방식을 기록하는 것이다. 그런 방식들을 다수 기록함으로써 그녀의 책은 영화이론에 귀중한 기여를 하고 있다.

어트랙션 영화

(탐 거닝[Tom Gunning], 「어트랙션 영화: 초기 영화, 그 관객, 그리고 아방가르드 (The Cinema of Attraction: Early Film, its Spectator, and the Avant-Garde)」 [Gunning 1990].)

『스크린』이론이 주류 할리우드 영화의 기준에 반하는 영화 형식을 이론화하려고 했다면 '어트랙션 영화'의 이론화도 영화를 생각하는 대안적 방법을 발견하려고 시도했다. 엄격하게 말하자면,『스크린』이론이 옹호하는 아방가르드 영화와 달리 '어트랙션 영화'는 대항적 영화가 아니다. 어트랙션 영화의 이론가들은 아방가르드나 노골적으로 정치화된 영화제작 방식으로 할리우드에 대한 대안을 발견하기보다는 영화 제작의 초기, 즉 영화가 탄생하던 대략 1894~1895년에서부터 약 1906~1907년까지 지속되던 시기의 사례에서 대안적 실제를 발견해 왔다. 이론가들은 이 시기에서 많은 영화들을 발견했고 거기에는 1910년대 이후 대부분의 영화 개념을 지배하게 되었던 장편 서사영화에 완전히 반대되는 영화의 개념이 있었다. 메츠를 다룬 2장에서 보았듯이 '시네마'라는 용어로 일반적으로 이해되게 된 것은 관객들이 스토리의 세계에 빨려 들어가도록 권유를 받는 장편 서사영화였다. 그러나 초기 영화는 완전히 다른 욕망과 기대에 기초를 두고 있었다. 스토리를 따라가는 것이 가장 중요한 스토리 영화를 만드는 대신, 그리고 관객들이 공감하고 정서적으로 몰입하게 되는 캐릭터를 묘사하는 대신, 어트랙션 영화의 중심은 스토리나 심오하게 잘 구성된 혹은 '전인적인' 캐릭터가 아니었다. 대신, 어트랙션 영화는 트릭, 게임, 개그, 추격을 다룬 영화였다. 초기 영화는 복잡한 플롯과 정서적으로 몰입된 캐릭터보다는 관객을 위해 충격, 스릴, 볼거리를 제공하는 영화로 구성되어 있었다.

1980년대와 1990년대에 발표된 많은 논문에서 탐 거닝 ― 다른 저자들과 함께 (선구자는 버치 [Burch 1973, 1990]였지만 앙드레 고드로 [Andre Gaudreault 1990]와 찰스 무서 [Charles Musser 1990, 1991]의 귀중한 기고들도 있었다) ― 은 초기영화가 무엇이 아닌가 보다는 초기 영화가 무엇인가를 설명하려고 했다. 다시 말하자면 초기영화가 스토리텔링이나 캐릭터에 의해 움직이지 않았다면 초기 영화를 형성한 것은 무엇이었는가? 거닝이 보기에 열쇠가 되는 용어는 어트랙션이었다. 그는 소비에트 영화감독인 세르게이 에이젠슈테인이 1920년대에 이론화한 '어트랙션'의 개념 (Eisenstein 1988a, 1988b)과 초기 영화의 형식적 특징간의 연결고리를 만들려고 했다. 에이젠슈테인은 관객들에게 감각적으로나(에이젠슈테인이 찬양한 '키노-피스트[kino-fist]'처럼) 심리적으로 (Gunning 1990: 59를 보라) 충격을 주는 영화(혹은 연극, 에이젠슈테인이 '어트랙션'이라는 용어를 고안한 것은 극장에서 일할 때였기 때문이다)의 요소를 어트랙션이라고 정의했다. 이 주장에 따르면 관객에게 공격적으로 충격을 주거나 놀라게 하는 타입의 영화는 주류 극영화의 중심이 되는 관음주의, 몰입 혹은 서사적 개입의 목표와는 전혀 다른 목표를 지닌 영화 제작의 형식이다.

1986년에 처음 발표된 거닝의 논문 「어트랙션 영화」(Gunning 1990)는 그 후 그에 의해 자세하게 밝혀질 많은 주장들을 내놓았다. 어트랙션 영화의 주요한 주의는 거기에 자세히 설명되어 있다.

- 그것은 보여주기와 전시의 영화이다.
- 그것은 서사적 욕구를 회피하는 영화이며
- 극영화에서 기대하는 종류의 관객과는 전혀 다르게 인식된 관객이 있는 영화적 전시의 종류이다.

이 점을 분명히 설명하면서 거닝은 뤼미에르 형제의 영화와 조르주 멜리에스의 영화에 대해 일반적으로 생각되는 차이를 예로 들었다. 전자가 사실주의 서사적 전통의 선구자로 간주되며 후자가 환상적이고 마법적인 영화로 연상되지만 거닝은 차이보다는 유사성을 더 많이 보았다. 그는 "이야기를 들려주기 보다는 환상을 불러일으키는 능력으로 환상적인 일련의 볼거리를 관객에 제공하는 것으로 영화를 본다는 점에서 (뤼미에르와 멜리에스의) 영화의 개념은 같다"(Gunning 1990: 57)고 쓰고 있다. 여기서 강조할 점은 마침내 영화를 지배하게 된 서사영화의 관점에서 뤼미에르와 멜리에스의 영화를 판단하면 안된다는 것이다. 대신 그들의 영화제작 방식의 전체적 개념은 오늘날 우리에게 익숙한 영화의 종류와는 전혀 다른 성격을 띄었다. 무엇보다도 스크린과 관객 간의 관계가 확실히 달랐던 것이다.

거닝이 강조하는 초기 영화의 한 가지 특별한 특징은 많은 초기 영화에서 배우들이 카메라를 직접 바라본다는 사실이다. 그렇게 함으로써 그들은 자신들이 관객의 관찰 대상이라는 것을 인정한다. 그러므로 그런 배우들은 가상의 세계로 물러나지 않고, 우리가 그들을 볼 때 "헤이, 거기 당신들! 날 봐요!"라고 선언하기라도 하는 양 자신들이 영화적 볼거리의 한 부분이라는 사실을 공공연히 인식한다. 거닝은 주장한다.

> 영화 제작에 대한 이런 접근 방식을 규정하는 것은 관객에게 직접 말을 거는 방식인데 여기서는 볼거리가 시네마 쇼맨에 의해 관객에게 직접 제공된다. 연극적 보여주기가 서사적 몰입을 우선하여, 스토리 전개나 극적 세계 창조보다는 놀람이나 충격으로 직접 자극하는 것이 강조된다.
>
> (Gunning 1990: 59)

19세기 말이었던 이 시점에는 영화 자체가 신기한 것이었다. 오늘날 우리는 태어날 때부터 우리의 존재를 흠뻑 적셔온 미디어에 어쩌면 피곤할 정도이지만 19세기 말에 살았던 사람들에게는 영화적 동영상이란 이전에 존재한 적이 없었다. 초기의 영사물을 본다는 것이 얼마나 놀라웠을지는 오늘날 상상하기조차 불가능하다. 그것은 인식에 놀라운 충격이었다. 그러므로 거닝은 영화 자체가 볼거리였다고 주장한다. 사람들은 영화의 트릭이 무엇인지 보고 싶어했다. 영화가 어떤 일을 할 수 있는지 보고 싶었던 것이다. 그는 초기 영화의 주된 목적 중 하나가 영화의 트릭을 보여주고 이용하는 것이었다고 주장한다. 따라서 많은 영화들이 특히 영화 매체의 가능성을 탐색하는 쪽으로 방향을 맞추었다. 그는 "많은 트릭 영화들이 사실상 플롯이 없었고, 연관성이나 성격 묘사도 없이 변화하는 모습을 함께 연결시켜 놓은 것에 불과했다"(Gunning 1990: 58)고 말한다. '플롯이 없는' 영화의 구체적인 사례로 거닝은 멜리에스의 〈달나라 여행(*Voyage to the Moon*)〉(1902)을 언급한다. "스토리는 영화의 마술적 가능성을 연이어 보여줄 틀을 제공할 뿐이다"(Gunning 1990: 58). 영화의 마술적 가능성을 보여주는 것이 어트랙션 영화에서 가장 중요했다.

어트랙션 영화는 겨우 10년이 가지 못했다. 거닝은 영화의 서사 형식이 약 1907년 이후에 우세를 점하기 시작했다고 주장 ─ D. W. 그리피스의 단편 영화에 대한 연구에서 특히 설득력 있게 (Gunning 1991을 보라) ─ 한다. 1916년 경에는 (보드웰, 스타이거와 톰슨이 고전 할리우드 영화에 대한 권위 있는 연구에서 주장한 바에 의하면 [Bordwell, Staiger and Thompson 1985]) 우리가 '영화'라고 부르는 것을 지배하게 될 대부분의 테크닉과 기법들이 자리를 잡았다. 이 두 시점 사이에 있는 기간은 일반적으로 '전환'의 시기라고 간주된다 (Keil and Stamp 2004를 보라). 역사적 시기와 영화의 다른 양태에 초점을 맞추는 이유는 영화적 경험의 **역사적** 면에 대한 이해가 **이론적**인 것만큼이나 어트랙션 영화 연구의 동기가 되었다는 점을 강조하기 위해서이다. 거닝은 분명히 어트랙션 영화 개념의 이론적인 면을 강조하는 사람이지만 이론에 덜 치중하는 역사가들은 영화 초기에 대한 역사적 연구에서 많은 것을 찾았다 (Abel 1999, 2006; and Grieveson 2004).

따라서 어트랙션 영화의 개념은 영화 연구에서 역사 쪽으로의 방향 전환이 일어났다는 사실에 우리의 관심을 집중시키며 이것은 전에 영화 이론이 차지했던 많은 학문 영역을 대치해왔다. 거닝은 "영화사에서 모든 변화는 관객에 대한 접근의 변화를 의미하며 매 시기마다 영화는 관객을 새로운 방법으로 구축한다"(Gunning 1990:61)라고 주장하면서 "어트랙션 영화" 논문에서 영화 이론의 역사적 접근의 중요성을 지적한다. 이 주장은 영화 이론에서 역사적 전환에 대한 많은 영감을 주었던 이론가인 발터 벤야민 (Walter Benjamin) 을 직접 떠올리게 만든다. 벤야민은 20세기 전반에 영화이론의 위대한 예언가 중의 한사람이었으며 "인간집단의 전체적 존재 양식이 긴 역사적 기간 동안 변함에 따라 그들의 인식의 양식도 변화한다" (Benjamin 2003: 255)는 논쟁적인 주장을 했던 사람이다. 이런 주장은 어트랙션 영화에서 중심이 되는 많은 주장들의 토대가 된다. 이런 주장은 어떤 역사적 시기의 **문화적·인식적 기대**가 다른 시기와 비교할 때 극단적으로 다를 수 있다는 생각에 기반을 두고 있다. 단순하게 말하자면 초기 영화에서는 사람들이 오늘날 영화를 보는 것과는 **다른 방식으로 영화를 보았다.**

거닝의 또 다른 획기적인 글 「놀람의 미학(An Aesthetic of Astonishment)」(Gunning 1989)에서는 초기 영화에 대한 주장이 최초의 영화 상영에 대한 관객의 반응을 논의하면서 진행된다. 거닝은 최초의 영화 상영과 관련해서 전설 같은 것이 생겨났다고 주장하며, 그 전설은 초기 영화 관객들을 순진하고 어린이처럼 묘사한다. 뤼미에르의 〈열차의 도착(*Arrival of a Train at the Station*)〉(1896)에 대한 동화적인 반응은 특히 과장이 심하다. 기차가 역에 다가오자 기차가 스크린을 뚫고 자기들을 깔아 죽일까 봐 두려워 한 관객들이 비명을 지르며 도망쳤다고 알려져 있다 (그림 9.1). 그러나 거닝은 그러한 가설을 뒷받침할 만한 당시 영화 상영에 관한 어떤 기사도 발견할 수 없었다. 따라서 그는 이렇게 질문한다. 왜 많은 역사가들은 영화의 최초 관객들이 그런 식으로 반응을 보였다고 생각해 왔는가? 관객들이 만약 그런 식으로 반응하지 않았다면 어떤 반응을 보였을까?

거닝은 많은 역사가들이 초기 영화에 어울리지 않는 사고를 초기 영화 관객에게 강제로 부여했다고 주장한다. 이들은 고전 서사 영화관람의 전제를 취해서 그 조건을 초기 영화 관객에게 부과한 것이다. 만약 오늘날 영화에서 — 그리고 크리스티앙 메츠의 이론이 여기서 좋은 길잡이가 될 것이다 — 관객이 영화적 환상에 참여하기 위해서 자발적으로 불신을 중지해야 한다면 (혹은 메츠의 주장처럼 '믿음을 배가한다면') 역사가들은 그러한 생각을 영화의 초기 관객들에게 단순히 투사해왔던 것이다. 만약 오늘날 우리가 영화를 볼 때 불신을 중지한다면 그들도 그 당시에 불신을 중지했음에 틀림없다는 것이다. 따라서 영화적 메커니즘을 믿는 것은 영화의 리얼리티와 영화 상영 중에 관객을 향해 돌진하는 기차처럼 영화에 찍힌 물체의 리얼리티를 모두 믿는 것을 의미한다. 거닝의 주장은 그러한 설명에 거

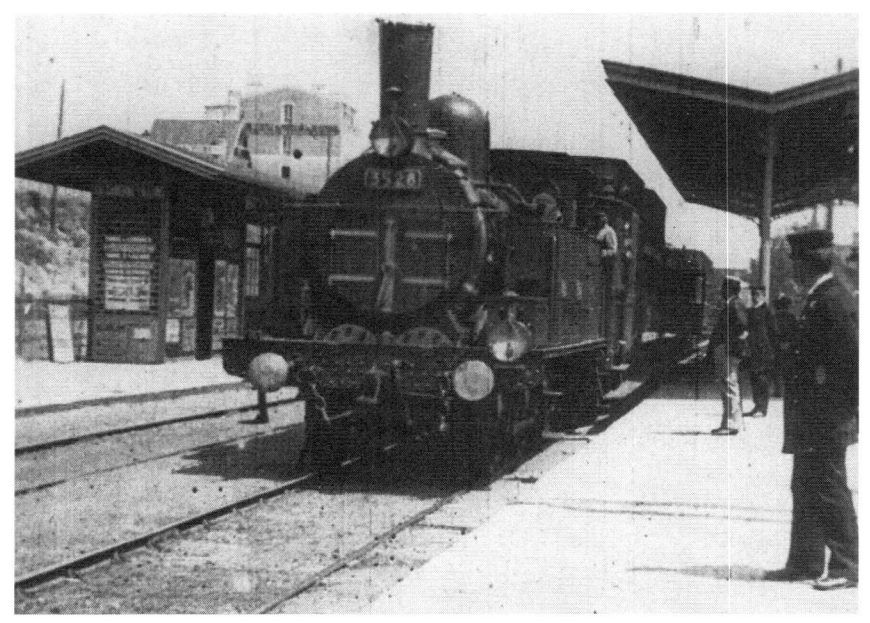

그림 9.1   뤼미에르 형제의 〈열차의 도착〉에서.
출처: 영국영화연구소 제공.

세계 반발한다. 그는 최초 상영시의 관객들이 자발적인 불신의 중지에 가담하지 않았다고 확신한다. 왜냐하면 영화는 메츠가 부여한 의미로서의 '상징적 기표'가 아직 아니었기 때문이다. 따라서 어트랙션 영화에 대한 거닝의 이론화는 장치 이론에 대한 본격적인 비판이다.

> 그랜드 카페(처음 영화를 상영한 장소)의 겁에 질린 관객은 아직도 영화이론가들의 상상 속을 걸어 다닌다. 이 이론가들은 모든 것을 지배하는 장치에 수동적으로 복종하며 그것의 환상적 힘에 홀리고 꼼짝 못하는 존재로 관객을 떠올린다.
>
> (Gunning 1989: 32)

메츠의 페티시즘적 관객 — "나는 (그게 **진짜가 아닌 것을**) 잘 알고 있다. … 하지만 (그게 **진짜라고 믿을 것이다**)" — 대신에 거닝은 자신의 등식을 배치한다. 그것은 "나는 안다, 하지만 본다" (Gunning 1989: 33)이다. 거닝의 등식은 페티시즘을 뒤집은 것이다. 왜냐하면 페티시즘이 자신이 보는 것을 부인하는 것이라면(그것이 **진짜가 아니라는 걸** 알지만 그럼에도 **불구하고 진짜라고 믿을** 것이다), 거닝은 영화에 대한 최초의 접근이 불신으로부터 시작한다고 주장한다. 나는 그것인 진짜가 아닌 걸 알지만 … 그게 내 앞에 나타난다는 사실에 놀란다! 영화의 최초 관객들에게 있어서 영화를 보러 가는 것은 불신의 중지나 환상의 부인의 문제가 아니었다. 그것은 영화가 가진 환상의 놀라운 능력을 받아들이고 맛보는 문제였다.

따라서 결국 초기 영화는 환상을 연출하고, 환상을 제시하고 보여주는 데 집중하였으며, 환상을 그럴 듯하게 만드는 방법을 찾는데 집중하지 않았다. 이런 면에서 영화는 놀이공원과 그것의 볼거리 뿐 아니라 마술쇼의 전통에도 많은 빚을 지고 있다. 실제로 영화의 최초 천재 중 한사람인 조르주 멜리에스는 영화를 만들기 전에는 마술사였다.

> 19세기 무대 환상의 기술은 존재하지 않는 무언가를 보이게 하는 것,
> 논리와 경험의 기대를 뒤엎기 위해 그럴 듯한 외양을 만들어내는 것
> 이었다. 이런 극장이 상대한 관객은 어리숙한 시골 촌뜨기가 아니라
> 닳고 닳은 도시의 쾌락을 찾는 사람이었고, 그들은 무대 기술에서 가
> 장 현대적인 테크닉을 자신들이 보고 있음을 잘 알고 있었다.
>
> (Gunning 1989: 33)

거닝 등이 영화이론의 지평에 외친 소리는 영화학의 풍경을 완전히 바꿔놓고 말았다. 영화 수용에서 극단적인 역사적 변이성의 발견은 영화이론가들이 좀처럼 생각하지 못했던 것이며 전혀 다른 양태의 관객 대응이 초기 영화 관객에게서 발견되었다는 사실은 영화이론, 특히 장치 이론의 기본 전제를 실질적으로 다시 생각해야 할 필요성을 대두시켰다.

관객 연구

(마틴 바커[Martin Barker], 「'오프비트' 영화 관람의 즐거움: 〈존 말코비치 되기〉의 사례[The Pleasures of Watching an 'Off-Beat' film: The Case of *Being John Malkovich*]」[Barker 2008]).

관객 연구(audience research)는 영화의 '효과'를 조사하는 첫 번째 방법 중 하나였다. 에밀리에 알텐로(Emilie Altenloh)가 독일의 두 도시에서 영화 관람을 연구한 1914년도 연구(Altenloh 2001)는 영화 초기 관객들의 습관과 기대에 대한 놀라운 통찰을 제공하며, 1920년대에서 1950년대에 나온 다양한 다른 연구들은 이런 저런 형식의 관객 연구가 상당한 역사를 가지고 있음을 보여준다 (가령 Blumer 1933, Mayer 1948을 보라). 동시에 그런 식의 많은 관객 연구들은 영화 관람의 잠재적 폐해를 강조할 목적으로 '공중 도덕'이라는 취지에서 진행되었다. 그중 가장 유명한 것이 1920년대 말과 1930년대에 미국에서 진행되었던 페인 재단(Payne Fund) 연구이다 (Forman 1933을 보라). 그러나 관객 연구는 영화학의 학문적 과정들이 미학적 취향의 문제에 집중하거나, 이 책의 앞장에서 보았듯이 구조주의와 기호학의 경향을 취하면서 1960년대와 1970년대에는 거의 존재하지 않게 되었다.

관객 연구는 1970년대 말에 다시 등장했다. 이것은 많은 부분 영화보다는 텔레비전에 대해 직접적인 노력을 기울였던 버밍엄 현대문화연구센터(Birmingham Centre for Contemporary Cultural Studies)의 연구진들의 노력의 결과였다. 획기적인 연구서는 데이비드 몰리(David Morley)의 『'전국적인' 관객(*The 'Nationwide' Audience*)』(영국의 시사프로그램인 〈전국적인〉에 관한 책)와 이엔 앙(Ien Ang)의 『댈러스 보기(*Watching Dallas*)』(1980년대의 인기 드라마 〈댈러스〉를 다룬 책) (Morley 1980; Ang 1985)였다. 이 책들의 초점은 텔레비전이었지만, 그들의 이론적 접근은 1970년대에 영화와 미디어 이론에서 영미의 논의를 지배했던 당시의 지배적인『스크린』과 장치 이론과 대치되는 것이었다. 여기에는 중요한 이유가 있다. 첫째, 이 작가들은 구조주의,『스크린』과 장치 이론에서의 텍스트 중심의 접근이 영화(그리고 텔레비전) 수용의 더 넓은 요인들을 무시한다고 주장했다. 학자들은 '텍스트'의 형식적 특성들이 의미를 생성하는 방식에 너무 편협하게 초점을 맞춤으로써 영화 상영이나 텔레비전 방영을 둘러싼 맥락적, 역사적 그리고 다른 요인들이 그런 텍스트를 이해하고 해석하는 방식에 영향을 미칠 수 있음을 간과해 왔던 것이다. 이점에 대해 생각할 수 있는 쉬운 방법은 왜 어떤 사람이 특정 영화를 보러 가는지 질문하는 것이다. 대개 그 이유는 그 영화에 대해 미리 정보를 들었기 때문에 영화의 장르가 무엇인지(갱스터 영화나 뮤지컬), 누가 나오는지에 대해 알고 있으며, 리뷰나 예고편을 통해 플롯의 내용에 대해 들어보았으며, 아니면 영화를 감독한 사람에 대해 알거나 관심을 가졌기 때문이다. 이런 종류의 기대는 영화에 대해 관객이 어떤 반응을 보일지에 영향을 미치는 역할을 한다. 그렇기 때문에 관객이 어떤 영화를 해석하고 경험하는 방식에 영향을 미치는 것은 영화의 구체적인 **텍스트적 특징** ― 서사나 편집 기법 등 ― 만이 아니다. 오히려 관객이 영화에 어떻게 반응하는가를 결정짓는 것은 **텍스트 너머**의 다양한 요인들이다.

관객 연구자들이『스크린』이론을 비판한 또 다른 이유는 그것의 입증 불가능성 때문이다. 콜린 맥케이브와 로라 멀비와 같은『스크린』이론가들은 자신들의 가설과 추정에 의존하여 그런 추정이 프로이드나 다른 이론의 뒷받침만 받는다면 설득력이 있을 것이라고 희망했다. 그들의 주장은 실제 관객이 아니라 순전히 가상적인 관객과 관련된 것이었다. 따라서 관객 연구자들은 자신들의 결론을 경험적으로 입증이 가능하도록 만들려고 애쓴다. 즉, 그들의 결론은 '진짜' 관객들의 실제 증언에 기초한다.

관객 연구는 바로 그것, 즉 관객의 행동과 반응에 대한 연구이다. 버밍

엄 스쿨의 영향 때문에 영국에서 이런 타입의 연구는 실제 관객들에게 배부한 설문지나 그들에게 행한 인터뷰를 이용하는 경향이 있었다. 그와 대조적으로 미국에서는 이런 접근이 흔하지 않다. 미국의 연구자들은 **수용학**이라고 알려진 것과 연관된 방법론을 사용해 온 경향이 있다. 이런 연구 전략은 실제 관객의 개인적 증언이나 인터뷰보다는 영화 수용을 둘러싸고 그에 영향을 미친 역사적, 홍보적, 전시적 요인들에 더 의존한다. 그런 작업은 종종 역사적 요인에 초점을 맞춘다. 가령 당시의 리뷰나 검열 관행, 혹은 구체적 역사적 사건과 특정 영화의 제작과 개봉 간의 관계 등이 그것이다. 최근 영화학에서 최고의 연구들이 수용학, 특히 자넷 스타이거(Janet Staiger 1992, 2000, 2005)와 초기 무성 영화에 집중하는 학자들 (Petro 1989; Hansen 1991; Klinger 1994; Smoodin 2004)이 수행한 선도적인 연구들이었다는 사실에는 의심의 여지가 없다. 이 연구들은 분명히 **역사**와 **이론** 간의 간극을 메우고 이론 그 **자체**에 대해서는 도전을 가하는 기능을 한다. 수용학은 영화학의 '역사로의 전환'에 중심 분야로 당연히 간주될 수 있다.

4장에서 보았듯이 영국에서는 재키 스테이시의 『별 바라보기』(Stacey 1994)가 많은 경계를 가로지르는 주요 저작이다. 그것은 첫 번째로 페미니즘 영화이론서이지만, 둘째로는 지금까지 출판된 책 중 가장 **효과적으로** 관객 연구를 활용한다. 셋째, 이 책의 결론은 관객 연구 방법론의 중심인 인터뷰와 설문지에 과도하게 의존하지만 이 책은 주장을 다듬기 위해 다양한 이론적 영감들에게 기대고 있는 철저히 이론적인 저작이다. 『별 바라보기』의 출판으로 관객 연구는 영화 연구 분야에서 확실히 제대로 자리를 잡게 되었다.

마틴 바커는 특히 영국에서 시행되는 관객 연구에 관한 한 그것의 패러다임을 옹호하는데 가장 힘있고 열정적인 학자일 것이다. 다양한 저작을 통해 ―『저지 드레드(*Judge Dredd*)』(Barker and Brooks 1998), 데이비드 크로넨버그(David Cronenberg)의 『크래쉬(*Crash*)』(Barker et al. 2001)와 같은 영화에 대해서, 또『앤츠에서 타이타닉까지(*From Antz to Titanic*)』 (Barker 2000)에서와 더 최근에는『반지의 제왕』에 관한 글로벌 프로젝트 (Barker and Mathjis 2007)에서 ― 바커는『스크린』이론에서부터 인지주의 그 너머까지 영화이론의 주요 흐름들을 계속 겨냥하면서 자신의 방법론을 다듬고, 자신의 결론을 확장하고 입증해왔다. 그의 연구의 대부분은 대중 영화와 대중 영화 관람을 다루고 있지만 최근의 글 ― 우리가 여기서 집중하려고 하는 글 ― 에서는 완전 주류가 아닌 영화〈존 말코비치 되기〉(스파이크 존즈[Spike Jonze] 감독, 1999)의 의미를 탐색하고 있다. 그는 이것이 꼭 '예술' 영화는 아니지만 완전 주류 제작물도 아닌 영화로 이 영화를 묘사한다. 바커는 이 영화를 오히려 '색다른(off-beat)' 혹은 '오프 주류'로 묘사한다. 이 영화를 연구하면서 바커는 이런 영화를 사람들이 왜 보러 가는가를 발견하는데 관심을 가지면서 또한 관객들이 이 영화에 보이는 구체적 반응을 세심하게 고려하여 이들이 영화로부터 무엇을 '얻는 지'와 영화에 대한 그들의 경험이 무엇인지를 확인하려 했다.

연구는 작은 샘플 그룹을 대상으로 했다. 17명과의 면담을 기록했을 뿐이다. 바커의 글은 그가 비교 대조하는 네 개의 반응에 자세히 초점을 맞춘다. 그의 주요 질문은 매우 직설적이다. "〈존 말코비치 되기〉를 보고 논의하는 과정에서 어떤 즐거움이 포함되었으며 어떤 정체성과 커뮤니티가 소환되었는가?" 영화에 대한 반응은 텍스트상으로 결정되어야 한다는 ― 혹은 데이비드 보드웰 같은 사람이 강조하는 (8장을 보라) 일종의 '큐'에 의해 결정되어야 한다는 ― 주장에 맞서서 바커는 관객이 이 영화에 대응하는 방식을 다르게 생각하는 방법을 찾았다. 그는 이 영화가 재미있고 끌린다고 생각한 많은 사람들에게 '어떤 커뮤니티에 속하고 싶은 소망'이 동기가 되었으며 그러한 소망이 그들의 반응에 핵심이라고 주장했다. 다시 말하면 〈존 말코비치 되기〉를 보러가는 과정은 그런 영화를 보러 가는 '사람들의 부류' ― 색다르고, 기발하고, 주류의 가장자리에 있는 ― 의 커뮤니티를 상상하는 과정이 포함되었다는 것이다. 많은 관객들에게는 그런 커뮤니티에 자신들이 속한다고 생각하는 것이 〈존 말코비치 되기〉 관람 경험의 중요한 부분인 것이다.

　응답자 중 한 사람인 캐서린에게는 영화를 보는 것이 자신을 '대안적' 커뮤니티, 주류나 '기준'과는 다른 커뮤니티와 동일시하려는 시도였다. 영화를 보기 전에는 〈존 말코비치 되기〉라는 영화를 그녀가 즐기고 이해할 수만 있다면 일종의 색다른 커뮤니티로의 진입을 보장할 수 있는 미학적 사례로 상상되었다. 따라서 그 영화는 자신의 자기가치를 측정할 수 있는 중요한 영화였다. 어떤 면에서 그녀는 자기가 그 영화를 볼 만큼 괜찮은 사람이고 싶었다. 그 영화를 즐기고 이해할 수 있다는 것은 — 그리고 그건 쉽게 이해할 수 있는 영화가 아니다! — 자신의 능력, 심지어 자신의 '우월성'의 표시일 수 있다고 그녀는 주장한다. 다른 건 몰라도 캐서린의 응답은 어떤 영화에 관객들이 얼마만큼의 투자와 희망을 쏟아 부을 수 있는지를 보여준다는 점에서 중요하다. 왜냐하면 그녀는 〈존 말코비치 되기〉에 상당한 만큼의 개인적 기대를 투자하기 때문이다. 그리고 인지주의자의 주장대로 영화는 이해를 촉진하며 동시에 방해하는 '큐'들을 분명히 포함하고 있다. 하지만 그 이해의 중요성은 단지 영화를 내용을 이해하는데 있는 것이 아니다. 오히려, 캐서린에게 영화를 이해한다는 것은 자기 가치를 측정할 수 있는 자아정체성의 복잡한 구조를 형성한다. 많은 관객 — 특히 난해하거나 색다른 영화에 관심이 있는 관객들 — 들이 비슷한 관심 때문에 그런 영화를 본다고 믿는 것은 절대 과장이 아니다. 그런 점이 영화학이나 영화이론 분야에서 거의 언급된 적이 없다는 사실도 지적할 가치가 있다.

　두 명의 응답자는 특정 캐릭터에 대해 아주 부정적인 반응을 보였다. 엠마는 존 쿠색(John Cusack)(크레이그 슈워츠 역의 배우)에게 매우 끌린다는 사실을 인정하면서도 그의 캐릭터가 역겹다고 생각했으며, 플롯의 어떤 요소들이 약간 마음에 걸린다고 — "나쁜 의미에서 괴상하다"고 적절하

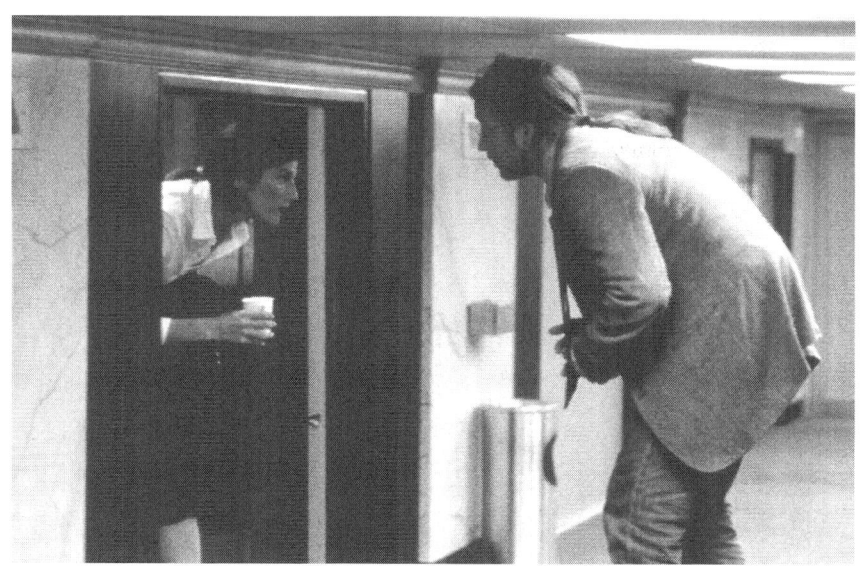

그림 9.2 〈존 말코비치 되기〉에서 맥신 룬드(캐서린 키너)와 크레이그 슈워츠 (존 쿠색).

출처: 영국영화연구소 제공. 그레이머시 영화사.

게 표현했듯이 ― 생각했다. 그녀에게 영화를 보고 감상하는 것은 영화가 자신의 사전 기대에 얼마나 들어맞는가의 문제이다. 사실 이 영화는 그런 기대에 못 미치기 때문에 그녀에게 실망을 주었다. 따라서 영화에 대한 반응은 '텍스트'의 특정 양상에 전적으로 바탕을 두지 않고 오히려 형식적 서사적 특징들이 관객의 기대라는 필터를 통과한 것이다. 리처드도 한 명의 캐릭터인 맥신(캐서린 키너[Catherine Keener])(사진 9.2)을 분명히 좋아하지 않았던 또 다른 응답자였다. 그도 플롯의 어떤 면이 마음에 걸렸으며 그의 결론은 엠마의 결론과 약간 비슷하다. 즉 영화가 그의 기대를 실망시켰으며, 그는 영화에 '몰입'하지 못했다.

네 번째 응답자인 그레이엄은 〈존 말코비치 되기〉의 지적인 트릭이 너무 재미있었다. 영화의 재미에 빠져 거기 '몰입'하고 싶어 안달인 다른 응답자들과 달리 그레이엄은 거리두기를 선호했으며, 이것은 그가 대부분의 영화를 볼 때 하는 일이었다. 브레히트식으로 그는 영화를 볼 때 '캐릭터가 되는 놀이'를 하는 배우들을 만족스럽게 즐겼으며, 따라서 정체성, 정체성 혼합, 시뮬레이션의 문제를 포함하고 있는 이 영화를 그는 특히 재미있게 보았다. 따라서 이번에도 영화에 대한 그레이엄의 반응에 중요한 표지 역할을 한 것은 그의 기호와 기대였다.

결론에서 바커는 한 영화에 대해 가질 수 있는 매우 넓고 다양한 범위의 반응에 강한 인상을 받고 있다 (이 점에 대해서 더 알기 원하면 Barker 2005를 보라). 그러나 〈존 말코비치 되기〉에 대한 반응은 몇몇 일반화할 수 있는 특징을 보여주었다. 관객들은 대개 이 영화가 도전적인 영화, 많은 생각을 해야 할 영화라는 것을 미리 알았고, 이런 도전을 즐기면서 그것이 이 영화관람 경험에 포함되기를 원했다. 따라서 바커는 이 영화가 '어떤 종류의 경험에 대한 소망'을 주는 촉매 혹은 환경 역할을 했다고 주장한다. 게다가 이런 종류의 경험을 하고 싶다는 소망은 또한 응답자들이 자신을 주체로 생각하는 방식과 연관이 있다. 그들은 스스로를 똑똑하고, 색다르고 대안적인 사람으로 생각하며 다른 사람들이 그렇게 인식해주기를 원한다. 바커의 표현대로 "나의 관객들은 영화를 즐기면서 자신들이 이런 일을 하는 사람이라는 생각에 투자하는 것 같았다."

바커는 문학 비평의 '독자 반응' 연구에서 따온 점을 마지막으로 언급한다. 그는 영화 경험의 어떤 면이 자신의 삶의 경험의 기억을 촉발하는 지를 밝혀내려고 노력한다. 이 점에서 그는 〈피아노〉의 한 장면에 대한 바바라 클링거의 반응(4장을 보라)에서 다루었던 것과 거의 같은 영역을 다루고 있다. 그러나 클링거의 논평이 매우 사변적이고 개인적이라면 바커는 여기서 그런 논평을 영화 관람의 좀 더 일반적인 패턴으로 만들 수 있는 길을 찾고 있다. 사실은 그 자신의 결론도 상당히 사변적이고 잠정적이며, 이 점을 자신도 인정하고 있다. 그러나 그는 영화를 갈 때 관객이 갖는 기대와 일상에서 갖는 기대 사이의 연관성이라는 면에서 자기주장을 표현한다. 그의 주장은 "어떤 상상적 형식이 우리가 되고 싶은 사람과 우리가 살고 있다고 상상하고 싶은 세상을 상기시켜 줄 수 있다"는 것이다. 그런 주장과 함께라면 영화이론은 분명히 살아있고 번성할 것이다.

용 어 해 설

- **현상학**: 현상학은 20세기 초 에드먼드 후설이 개발한 철학적 방법이다. 그것은 엄격한 관찰에 의해, 그리고 모든 외부적 영향이나 선입견을 중지함으로써, 사물을 핵심으로 축약하는 것에 기반을 두고 있다. 따라서 그것은 의식이 접근할 수 있는 대상에 대한 체계적 명상과 비판적 분석을 포함한다. 모리스 메를로-퐁티는 후설의 연구를 확장하여 의식의 대상뿐 아니라 신체적, 육체적 경험도 포함시켰다.

- **어트랙션**: 극장에 대해 쓰면서 세르게이 에이젠슈테인이 처음 사용했던 용어. 어트랙션은 육체적 동작, 쇼크, 트릭이 유발하는 구체적 효과를 지칭한다. 이 용어는 롤러코스터나 회전목마처럼 놀이공원 '볼거리'에서 파생한 용어이다. 영화에서 그것은 일반적으로 관객에게 육체적 반응을 끌어내기 위해 고안한 활동의 순간(슬랩스틱 코미디와 폭발)이나 강조된 편집을 지칭한다.

주

서 론

1. 이 표현은 스탠리 카우프만(Stanley Kauffmann)이 만들어냈다. Kauffmann (1966: 415-428)을 보라.

5장 타자의 영화

1. 의미심장하게도, 반 샌트의 〈밀크〉(Milk, 2007)는 미국 최초의 게이 시의원 하비 밀크(Harvey Milk)를 다룬 바이오픽(biopic)이다.

6장 철학자들과 영화

1. 『시네마 1』에 나오는 다음 장은 A-S-A′를 공식으로 가지는 액션 이미지의 '작은 형식'을 다루고 있다.

참고문헌

Abel, R. (1999) *The Red Rooster Scare: Making Cinema American, 1900~1910.* Berkeley, CA: University of California Press.

Abel, R. (2006) *Americanizing the Movies and 'Movie-Mad' Audiences, 1910~1914.* Berkeley, CA: University of California Press.

Altenloh, E. (2001) A sociology of the cinema: the audience, trans. K. Cross, *Screen,* 42(3): 249~93.

Althusser, L. (1971) Ideology and Ideological State Apparatuses (notestoward an investigation), in *Lenin and Philosophy and Other Essays.* New York: Monthly Review Press, pp. 85~126.

Althusser, L. and Balibar, E. (1970) *Reading Capital,* trans. B. Brewster. London: New Left Books.

Anderson, J.D. (1996) *The Reality of Illusion: An Ecological Approach to Cognitive Film Theory.* Carbondale, IL: University of Southern Illinois Press.

Anderson, J.D. and Anderson, B. F. (eds) (2007) *Moving Image Theory: Ecological Considerations.* Carbondale: Southern Illinois University Press.

Ang, I. (1985) *Watching 'Dallas': Soap Opera and the Melodramatic Imagination.* London: Methuen.

Arnheim, R. (1957) *Film as Art.* Berkeley: University of California Press.

Baker, H.A. (1993) Spike Lee and the culture of commerce, in M. Diawara, *Black American Cinema.* New York: Routledge, pp. 154~76.

Barker, M. (2000) *From Antz to Titanic: Reinventing Film Analysis.* London: Pluto Press.

Barker, M. (2005) The Lord of the Rings and 'identification', *European Journal of Communication,* 20(3): 353~78.

Barker, M. (2008) The pleasures of watching an 'off-beat' film: the case of *Being John Malkovich, Scope: an Online Journal of Film Studies* 12, October 2008. http://www.scope.nottingham.ac.uk/issue.php?issue=11.

Barker, M., Arthurs, J. and Harindranath, R. (2001) *The Crash Controversy: Censorship Campaigns and Film Reception.* London: Wallflower.

Barker, M. and Brooks, K. (1998) *Knowing Audiences: Judge Dredd, Its Friends, Fans and Foes.* Luton: University of Luton Press.

Barker, M. and Mathijs, E. (eds) (2007) *Watching The Lord of the Rings: Tolkein's World Audiences.* New York: Peter Lang.

Barratt, D. (2009) 'Twist blindness': the role of primacy, priming, schemas, and reconstructive memory in a first-time viewing of *The Sixth Sense*, in W. Buckland (ed.) *Puzzle Films: Complex Storytelling in Contemporary Cinema*. Oxford: Blackwell, pp. 62~86.

Barthes, R. (1972) *Mythologies*, trans. A. Lavers. London: Jonathan Cape.

Barthes, R. (1975) *S/Z*, trans. R. Miller. London: Jonathan Cape.

Barthes, R. (1977a) Diderot, Brecht, Eisenstein, in S. Heath (ed.) *Image-Music-Text*. New York: Farrar, Strauss and Giroux, pp. 69~78.

Barthes, R. (1977b) *Image-Music-Text*, ed. S. Heath. New York: Farrar, Strauss and Giroux.

Barthes, R. (1981) *Camera Lucida: Reflections on Photography*, trans. R. Howard. New York: Hill and Wang.

Barthes, R. (1983) *The Fashion System, trans*. M.Ward and R. Howard. New York: Hill and Wang.

Baudry, J-L. (1976) The apparatus, *Camera Obscura*, 1: 104~26.

Baudry, J-L. (1985) Ideological effects of the basic cinematographic apparatus, trans. A. Williams in B. Nichols (ed.) *Movies and Methods*, Volume II. Berkeley, CA: University of California Press, pp. 531~42.

Bazin, A. (1967) *What is Cinema?* trans. H. Gray. Berkeley, CA: University of California Press.

Bazin, A. (1971) *What is Cinema?* Volume II, trans. H. Gray. Berkeley, CA: University of California Press.

Bazin, A. (1997) *Germany Year Zero*, in B. Cardullo, *Bazin at Work: Major Essays and Reviews from the Forties and Fifties*. London: Routledge, pp. 121~24.

Beller, J. (2006) *The Cinematic Mode of Production: Attention Economy and the Society of the Spectacle*. Hanover, NH: University Press of New Hampshire.

Bellour, R. (1985) Analysis in flames, *Diacritics*, Spring, 54~6.

Bellour, R. (2000a) System of a fragment (on *The Birds*), in *The Analysis of Film*. Bloomington, IN: Indiana University Press, pp. 28~68.

Bellour, R. (2000b) The unattainable text, in *The Analysis of Film*. Bloomington, IN: Indiana University Press, pp. 21~7.

Benjamin, J. (1990) *The Bonds of Love: Psychoanalysis, Feminism and the Problem of Domination*. London: Routledge.

Benjamin, W. (2003) The work of art in the age of its technological reproducibility (third version), in H. Eiland and M.W. Jennings, *Walter*

Benjamin, *Selected Writings*, Volume 4, 1938~1940. Cambridge, MA: Harvard University Press, pp. 251~83.

Bettinson, G. (2008) New blood: an interview with Soi Cheang, *Journal of Chinese Cinemas*, 2(3): 211~24.

Bhabha, H. (1994) *The Location of Culture*. London: Routledge.

Blumer, H. (1933) *Movies and Conduct*. New York: Macmillan.

Bogue, R. (2003) *Deleuze on Cinema*. London: Routledge.

Bordwell, D. (1981) *The Films of Carl-Theodor Dreyer*. Berkeley, CA: University of California Press.

Bordwell, D. (1983) Lowering the stakes: prospects for a historical poetics of cinema, *Iris*, 1(1): 5~18.

Bordwell, D. (1985) *Narration in the Fiction Film*. London: Methuen.

Bordwell, D. (1988) *Ozu and the Poetics of Cinema*. Princeton, NJ: Princeton University Press.

Bordwell, D. (1989a) *Making Meaning: Inference and Rhetoric in the Interpretation of Cinema*. Cambridge, MA: Harvard University Press.

Bordwell, D. (1989b) A case for cognitivism, *Iris*, 9 (Spring): 11~40.

Bordwell, D. (1989c) Historical poetics of cinema, in R. Barton Palmer (ed.) *The Cinematic Text: Methods and Approaches*. New York: AMS Press, pp. 369~98.

Bordwell, D. (1993) *The Cinema of Eisenstein*. Cambridge, MA: Harvard University Press.

Bordwell, D. (2000) *Planet Hong Kong: Popular Cinema and the Art of Entertainment*. Cambridge, MA: Harvard University Press.

Bordwell, D. (2003) Who blinked first? How film style streamlines nonverbal interaction, in L. Højbjerg and P. Schepelern (eds) *Film Style and Story: A Tribute to Torben Grodal*. Copenhagen: Museum Tusculanum Press, pp. 45~58.

Bordwell, D. (2007) This is your brain on movies, maybe (March 7). Online at: http://www.davidbordwell.net/blog/?p=300

Bordwell, D. (2008) *Poetics of Cinema*. New York: Routledge.

Bordwell, D. and Carroll, N. (eds) (1995) *Post-Theory: Reconstructing Film Studies*. Madison, WI: University of Wisconsin Press.

Bordwell, D., Staiger, J. and Thompson, K. (1985) *The Classical Hollywood Cinema: Film Style and Mode of Production to 1960*. London: Routledge and Kegan Paul.

Bordwell, D. and Thompson, K. (1979) *Film Art*: An Introduction. Reading, MA: Addison-Wesley.

Branigan, E. (2006) *Projecting a Camera: Language-Games in Film Theory*. London: Routledge.

Brecht, B. (1964) *Brecht on Theatre*, trans. J. Willet. London: Methuen.

Burch, N. (1973) *Theory of Film Practice*. London: Secker and Warburg.

Burch, N. (1990) *Life to Those Shadows*. London: BFI.

Butler, J. (1990) *Gender Trouble: Feminism and the Subversion of Identity*. New York: Routledge.

Butler, J. (1993) *Bodies that Matter: On the Discursive Limits of 'Sex'*. New

York: Routledge.

Carroll, N. (1982) Address to the Heathen, *October*, 23 (Winter): 89~163.

Carroll, N. (1990) *The Philosophy of Horror, or Paradoxes of the Heart*. New York: Routledge.

Carroll, N. (1996a) *Theorizing the Moving Image*. Cambridge: Cambridge University Press.

Carroll, N. (1996b) 'Moderate Moralism', *British Journal of Aesthetics*, 36(3): 223~38.

Casebier, A. (1991) *Phenomenology and Film: Toward a Realist Theory of Cinematic Representation*. Cambridge: Cambridge University Press.

Cavell, S. (1979a) *The World Viewed: Reflections on the Ontology of Film*, enlarged edn. Cambridge, MA: Harvard University Press.

Cavell, S. (1979b) *The Claim of Reason: Wittgenstein, Skepticism, Morality, and Tragedy*. New York: Oxford University Press.

Cavell, S. (1981) *Pursuits of Happiness: The Hollywood Comedy of Remarriage*. Cambridge, MA: Harvard University Press.

Cavell, S. (1996) *Contesting Tears: The Hollywood Melodrama of the Unknown Woman*. Chicago: University of Chicago Press.

Cavell, S. (2004) *Cities of Words: Pedagogical Letters on a Register of the Moral Life*. Cambridge, MA: Harvard University Press.

Cavell, S. (2005) *Cavell on Film*, ed. W. Rothman. New York: SUNY Press.

Clover, C.J. (1992) *Men, Women and Chain Saws: Gender in the Modern Horror Film*. Princeton, NJ: Princeton University Press.

Comolli, J-L., and Narboni, J. (1990) Cinema/ideology/criticism, in N. Browne, (ed.) *Cahiers du cin´ema*, Volume III: *The Politics of Representation*. London: BFI, pp. 58~67.

Cowie, E. (1997) Fantasia, in *Representing the Woman: Cinema and Psychoanalysis*. London: Macmillan, pp. 123~65.

Creed, B. (1993) *The Monstrous-Feminine: Film, Feminism, Psychoanalysis*. London: Routledge.

Currie, G. (1997) *Image and Mind: Film, Philosophy and Cognitive Science*. Cambridge: Cambridge University Press.

De Lauretis, T. and Heath, S. (1980) *The Cinematic Apparatus*. New York: St. Martin's Press.

De Saussure, F. (1966) *Course in General Lingustics*. New York: McGraw-Hill.

Deleuze, G. (1986) *Cinema 1: The Movement-Image*, trans. H. Tomlinson and B. Habberjam. London: Athlone.

Deleuze, G. (1988a) *Bergsonism*, trans. H. Tomlinson and B. Habberjam. New York: Zone Books.

Deleuze, G. (1988b) *Foucault*, trans. S. Hand. London: Athlone.

Deleuze, G. (1989) *Cinema 2: The Time-Image*, trans. H. Tomlinson and R. Galeta. London: Athlone.

Deleuze, G. (2000) *Proust and Signs: The Complete Text*, trans. R. Howard. Minneapolis: University of Minnesota Press.

Deleuze, G. and Guattari, F. (1977) *Anti-Oedipus: Capitalism and Schizophrenia*, trans. R. Hurley, M. Seem and H. Lane. New York: Viking.

Deleuze, G. and Guattari, F. (1987) *A Thousand Plateaus: Capitalism and Schizophrenia*, trans. B. Massumi. Minneapolis: University of Minnesota Press.

Doane, M.A. (1988) *The Desire to Desire: The Woman's Film of the 1940s*. London: Macmillan.

Doane, M.A. (1991) *Femmes Fatales: Feminism, Film Theory, Psychoanalysis*. New York: Routledge.

Doty, A. (2000) *Flaming Classics: Queering the Film Canon*. New York: Routledge.

Dyer, R. (1990) *Now You See It: Studies on Gay and Lesbian Film*. London: Routledge.

Edgerton, S.Y. (1975) *The Renaissance Rediscovery of Linear Perspective*. New York: Basic Books.

Editors of *Cahiers du cinéma*. (1976) John Ford's *Young Mr. Lincoln*, in B. Nichols, *Movies and Methods*, Volume I, Los Angeles: University of California Press, pp. 493~529.

Eikhenbaum, B. (1927) Leskov and contemporary prose, in *Literatura. Teoriya. Kritika. Polemika*. Leningrad, pp. 210~25.

Eisenstein, S.M. (1988a) The montage of attractions, in *Selected Writings* Volume 1 *1922~1924*. London: BFI, pp. 33~8.

Eisenstein, S.M. (1988b) The montage of film attractions, in *Selected Writings* Volume 1, *1922~1924*, London: BFI, pp. 39~58.

Feuer, J. (1986) The self-reflexive musical and the myth of entertainment, in B.K. Grant (ed.) *Film Genre Reader*. Austin, TX: University of Texas Press, pp. 329~43.

Flaxman, G. (ed.) (2000) *The Brain is the Screen: Gilles Deleuze and the Philosophy of Cinema*. Minneapolis: University of Minnesota Press.

Forman, H.J. (1933) *Our Movie Made Children*. New York: Macmillan.

Foucault, M. (1970) *The Order of Things: An Archaeology of the Human Sciences*. London: Tavistock.

Foucault, M. (1984) Nietzsche, genealogy, history, in P. Rabinow (ed.) *The Foucault Reader*. London: Penguin, pp. 76~100.

Frampton, D. (2006) *Filmosophy*. London: Wallflower Press.

Freud, S. (1955) 'A child is being beaten': a contribution to the study of the origin of sexual perversions, in J. Strachey (ed.) *The Standard Edition of the Complete Psychological Works of Sigmund Freud*, Vol. XVII. London: Hogarth Press, pp. 179~204.

Freud, S. (1977a) *Three Essays on Sexuality*, in *On Sexuality: Three Essays on the Theory of Sexuality and Other Works*. Harmondsworth: Penguin, pp. 31~169.

Freud, S. (1977b) Fetishism, in *On Sexuality: Three Essays on the Theory of Sexuality and Other Works*. Harmondsworth: Penguin, pp. 345~57.

Freud, S. (1977c) The dissolution of the Oedipus complex, in *On Sexuality: Three Essays on the Theory of Sexuality and Other Works*. Harmondsworth: Penguin, pp. 313~22.

Freud, S. (1977d) Some psychical consequences of the anatomical distinction between the *sexes, in On Sexuality: Three Essays on the Theory of Sexuality and Other Works*. Harmondsworth: Penguin, pp. 323~43.

Freud, S. (1984) On narcissism: an introduction, in *On Metapsychology: The Theory of Psychoanalysis*. Harmondsworth: Penguin, pp. 59~98.

Freud, S. (1985) Creative writers and day-dreaming, in *Art and Literature: Jensen's Gradiva, Leonardo Da Vinci and OtherWorks*. Harmondsworth: Penguin, pp. 129~41.

Frome, J. (2006) Representation, reality, and emotions across media, *Film Studies: An International Review*, 8 (Summer): 12~25.

Gaudreault, A. (1990) Film, narrative, narration: the cinema of the Lumi ere brothers, in T. Elsaesser (ed.) *Early Cinema: Space, Frame, Narrative*. London: BFI.

Gaut, B. (1999) Identification and emotion in narrative film, in C. Plantinga and G.M. Smith (eds) *Passionate Views: Film, Cognition, and Emotion*. Baltimore, MD: The Johns Hopkins University Press, pp. 200~16.

Godard, J-L. (1972) *Godard on Godard*, trans. Tom Milne. New York: Secker and Warburg.

Grieveson, L. (2004) *Policing Cinema: Movies and Censorship in Early Twentieth-Century America*. Berkeley, CA: University of California Press.

Grodal, T. (1997) *Moving Pictures: A New Theory of Film Genres, Feelings, and Cognition*. Oxford: Oxford University Press.

Grodal, T. (1999) Emotions, cognitions, and narrative patterns in film, in C. Plantinga and G.M. Smith (eds) *Passionate Views: Film, Cognition, and Emotion*. Baltimore, MD: The Johns Hopkins University Press, pp. 127~45.

Grodal, T. (2009) *Embodied Visions: Evolution, Emotion, Culture, and Film*, New York: Oxford University Press.

Guerrero, E. (2001) *Do the Right Thing*. London: BFI.

Gunning, T. (1989) An aesthetic of astonishment: early film and the (in) credulous spectator, *Art & Text*, 34, (Spring): 31~45.

Gunning, T. (1990) The cinema of attractions: early film, its spectator, and the avant-garde, in T. Elsaesser and A. Barker (eds) *Early Cinema: Space, Frame, Narrative*. London: BFI, pp. 56~62.

Gunning, T. (1991) *D. W. Griffith and the Origins of American Narrative Film:*

The Early Years at Biograph. Urbana, IL: University of Illinois Press.

Hall, S. (2000) Cultural identity and cinematic representation, in R. Stam and T. Miller, *Film and Theory: An Anthology.* Oxford: Blackwell, pp. 704~14.

Hansen, M. (1991) *Babel and Babylon: Spectatorship in American Silent Film.* Cambridge, MA: Harvard University Press.

Harbord, J. (2007) *The Evolution of Film: Rethinking Film Studies.* London: Polity.

Heath, S. (1981) *Questions of Cinema.* London: Macmillan, pp. 113~30.

Heath, S. (1992) Lessons from Brecht, in F. Mulhern (ed.) *Contemporary Marxist Literary Criticism.* London: Longmans, pp. 230~57.

Henderson, B. (1973) Critique of Cine-Structuralism (Part 1), *Film Quarterly,* 27(1): 25~34.

Henderson, B. (1973~74) Critique of Cine-Structuralism (Part 2), *Film Quarterly,* 27(2): 37~46.

Henderson, B. (1985) *The Searchers:* an American dilemma, in B. Nichols (ed.) *Movies and Methods,* Volume II. Berkeley: University of California Press, pp. 429~49.

Jakobson, R. (1935) The dominant, in L. Matejka and K. Pomorska (eds) *Readings in Russian Poetics: Formalist and Structuralist Views.* Cambridge. MA: MIT Press, pp. 82~7.

Kauffmann, S. (1966) The film generation: celebration and concern, in *A World on Film: Criticism and Comment.* New York: Delta, pp. 415~28.

Keil, C. and Stamp, S. (eds) (2004) *American Cinema's Transitional Era: Audiences, Institutions, Practices.* Berkeley, CA: University of California Press.

Kellner, D. (1997) Aesthetics, ethics, and politics in the films of Spike Lee, in M.A. Reid (ed.) *Spike Lee's* Do the Right Thing. Cambridge: Cambridge University Press, pp. 73~106.

Klinger, B. (1994) *Melodrama and Meaning: History, Culture, and the Films of Douglas Sirk.* Bloomington, IN: Indiana University Press.

Klinger, B. (2006) The art film, affect and the female viewer: *The Piano* revisited, *Screen,* 47(1): 19~41.

Kristeva, J. (1998) The subject in process, in P. French and R-F. Lack (eds) *The Tel Quel Reader.* New York: Routledge, pp. 133~78.

Kuhn, A. (2004) The state of media and film feminism, *Signs: Journal of Women in Culture and Society,* 30(1): 1221~9.

Lacan, J. (2006a) The function and field of speech and language in psychoanalysis., in *Écrits: The First Complete Edition in English,* trans. B. Fink. New York: Norton, pp. 197~268.

Lacan, J. (2006b) The signification of the phallus, in *Écrits: The First Complete Edition in English,* trans. B. Fink. New York: Norton, pp. 575~84.

Lacan, J. (2006c) The mirror stage as formative of the I function as revealed in psychoanalytic experience, in *Écrits: The First Complete Edition in English*, trans. B. Fink. New York: Norton, pp. 75~81.

Laplanche, J. and Pontalis, J-B. (1986) Fantasy and the origins of sexuality, in V. Burgin, J. Donald and C. Kaplan (eds) *Formations of Fantasy*. London: Methuen, pp. 5~34.

L'evi-Strauss, C. (1977) *Structural Anthropology*, trans. C. Jacobson. Harmondsworth: Penguin.

MacCabe, C. (1975) The politics of separation, *Screen*, 16(4): 46~57.

MacCabe, C. (1985a) Realism in the cinema: notes on some Brechtian theses, in *Theoretical Essays: Film, Linguistics, Literature*. Manchester: Manchester University Press, pp. 33~57.

MacCabe, C. (1985b) Class of '68: elements of an intellectual biography 1967~81, in *Theoretical Essays: Film, Linguistics, Literature*. Manchester: Manchester University Press, pp. 1~32.

MacCabe, C. (2003) *Godard: A Portrait of the Artist at 70*. London: Bloomsbury.

Mannoni, O. (1969) Je sais bien, mais quand même…, in *Clefs pour l'imaginaire de l'autre scène*. Paris: Seuil.

Mayer, J.P. (1948) *British Cinema and Their Audiences*. London: Dennis Dobson.

McGowan, T. (2007) *The Real Gaze: Film Theory After Lacan*. New York: SUNY Press.

Mehler, C.E. (2007) *Brokeback Mountain* at the Oscars, in J. Stacy (ed.) *Reading Brokeback Mountain: Essays on the Story and the Film*. Jefferson, NC: McFarland and Co., pp. 135~51.

Merck, M. (2007) Mulvey's manifesto, *Camera Obscura*, 22(3): 1~23.

Merleau-Ponty, M. (1962) *Phenomenology of Perception*, trans. C. Smith. London: Routledge.

Metz, C. (1974) The cinema: language or language-system, trans. M. Taylor. *Film Language: A Semiotics of the Cinema*. New York: Oxford University Press, pp. 31~91.

Metz, C. (1979) The cinematic apparatus as a social institution: an interview with Christian Metz, *Discourse: Journal for Theoretical Studies in Media and Culture*, 3: 7~38.

Metz, C. (1982) The imaginary signifier, in *Psychoanalysis and Cinema: The Imaginary Signifier*, trans. C. Britton, A. Williams, B. Brewster, et al. London: Macmillan, pp. 1~87.

Miller, D.A. (2007) On the universality of *Brokeback*, *Film Quarterly*, 60(3): 50~60.

Morley, D. (1980) *The 'Nationwide'Audience*. London: BFI.

Mulhall, S. (2008) *On Film*, 2nd edn. London: Routledge.

Mulvey, L. (1989a) Visual pleasure and narrative cinema, in *Visual and Other Pleasures*, London: Macmillan, pp. 14~26.

Mulvey, L. (1989b) Film, feminism and the avant-garde, in *Visual and Other Pleasures*. London: Macmillan, pp. 111~26.

Mulvey, L. (1989c) Afterthoughts on 'Visual Pleasure and Narrative Cinema' inspired by King Vidor's *Duel in the Sun* (1946), in *Visual and Other Pleasures*. London: Macmillan, pp. 29~38.

M"unsterberg, H. (1970) *The Film: A Psychological Study*. Mineola, New York: Dover Publications.

Musser, C. (1990) *The Emergence of Cinema: The American Screen to 1907*. New York: Scribner's.

Musser, C. (1991) *Before the Nickelodeon: Edwin S. Porter and the Edison Manufacturing Company*. Berkeley, CA: University of California Press.

Myrdal, G. ([1944] 1962) *An American Dilemma: The Negro Problem and Modern Democracy*. New York: Harper and Row.

Neill, A. (1996) Empathy and (film) fiction, in D. Bordwell and N. Carroll (eds) *Post Theory: Reconstructing Film Studies*. Madison, WI: University of Wisconsin Press, pp. 175~94.

Penley, C. (1989) *The Future of an Illusion: Film, Feminism, and Psychoanalysis*. Minneapolis: University of Minnesota Press.

Perez, H. (2007) Gay cowboys close to home: Ennis Del Mar on the Q. T., in J. Stacy (ed.) Reading Brokeback Mountain: *Essays on the Story and the Film*. Jefferson, NC: McFarland and Co, pp. 71~87.

Petro, P. (1989) *Joyless Streets: Women and Melodramatic Representation in Weimar Germany*. Princeton, NJ: Princeton University Press.

Pisters, P. (2003) *The Matrix of Visual Culture: Working with Deleuze in Film Theory*. Stanford, CA: Stanford University Press.

Plantinga, C. (1999) Notes on spectator emotion and ideological film criticism, in R. Allen and M. Smith (eds) *Film Theory and Philosophy*. Oxford: Oxford University Press, pp. 372~93.

Plantinga, C. (2009) *Moving Viewers: American Film and the Spectator's Experience*, Los Angeles: University of California Press.

Prince, S. (1998) *Savage Cinema: Sam Peckinpah and the Rise of Ultraviolent Movies*. London: Athlone Press.

Proust, M. (1998) *Swann's Way* (*In Search of Lost Time*, Vol. 1), New York: Modern Library.

Rich, B.R. (2004) New Queer Cinema, in M. Aaron (ed.) *New Queer Cinema: A Critical Reader*. Edinburgh: Edinburgh University Press, pp. 15~22.

Rich, B.R. (2007) Brokering *Brokeback:* Jokes, backlashes, and other anxieties. *Film Quarterly*, 60(3): 44~8.

Rodowick, D.N. (1997) *Gilles Deleuze's Time Machine*. Durham, NC: Duke University Press.

Rodowick, D.N. (2007) *The Virtual Life of Film.* Cambridge, MA: Harvard University Press.

Rosenbaum, J. (1997) Say the right thing (*Do the Right Thing*), in *Movies as Politics,* Chicago: University of Chicago Press, pp. 13~21.

Rothman, W. and Keane, M. (2000) *Reading Cavell's 'The World Viewed': A Philosophical Perspective on Film.* Detroit: Wayne State University Press.

Said, E. (1978) *Orientalism.* London: Routledge.

Said, E. (1993) *Culture and Imperialism.* New York: Knopf.

Samuels, S. (1983) *Midnight Movies.* New York: Macmillan.

Sarris, A. (1996) Toward a theory of film history, in *The American Cinema: Directors and Directions 1929~1968.* New York: DaCapo Press, pp. 19~37.

Shklovsky, V. (1965) Art as technique, in L.T. Lemon and M.J. Reis (eds) *Russian Formalist Criticism: Four Essays.* Lincoln, NE: University of Nebraska, pp. 3~24.

Smith, G.M. (2007) *Film Structure and the Emotion System.* Cambridge: Cambridge University Press.

Smith, M. (1995) *Engaging Characters: Fiction, Emotion, and the Cinema.* Clarendon: Oxford University Press.

Smith, M. (1999a) Imagining from the inside, in R. Allen and M. Smith (eds) *Film Theory and Philosophy.* Oxford: Oxford University Press, pp. 412~30.

Smith, M. (1999b) Gangsters, cannibals, aesthetes, or apparently perverse allegiances, in C. Plantinga and G.M. Smith (eds) *Passionate Views: Film, Cognition, and Emotion.* Baltimore, MD: The Johns Hopkins University Press, pp. 217~38.

Smith, M. (2003) Darwin and the directors: film, emotion and the face in the age of evolution. *Times Literary Supplement* (7 February), 13~15.

Smoodin, E. (2004) *Regarding Frank Capra: Audience, Celebrity and American Film Studies, 1930~1960.* Durham, NC: Duke University Press.

Sobchack, V. (1992) *The Address of the Eye: A Phenomenology of Film Experience.* Princeton, NJ: Princeton University Press.

Sobchack, V. (2004) *Carnal Thoughts: Embodiment and the Moving Image.* Berkeley, CA: University of California Press.

Stacey, J. (1994) *Star Gazing: Hollywood Cinema and Female Spectatorship.* London: Routledge.

Stadler, J. (2008) *Pulling Focus: Intersubjective Experience, Narrative Film, and Ethics.* New York: Continuum.

Staiger, J. (1992) *Interpreting Films: Studies in the Historical Reception of American Films.* Princeton, NJ: Princeton University Press.

Staiger, J. (2000) *Perverse Spectators: The Practices of Film Reception.* New York: New York University Press.

Staiger, J. (2005) *Media Reception Studies.* New York: New York University Press.

Stam, R. and Spence, L. (1985) Colonialism, racism, and representation, in B. Nichols (ed.) *Movies and Methods* Volume II. Berkeley, CA: University of California Press, pp. 632~49.

Studlar, G. (1988) *In the Realm of Pleasure: Von Sternberg, Dietrich, and the Masochistic Aesthetic.* Urbana, IL: University of Illinois Press.

Tan, E.S. (1996) *Emotion and the Structure of Narrative Film: Film as an Emotion Machine.* Teaneck, Princeton, NJ: Erlbaum.

Thompson, K. (1981) *Eisenstein's Ivan the Terrible: A Neoformalist Analysis.* Princeton, N-Princeton University Press.

Thompson, K. (1988) *Breaking the Glass Armor: Neoformalist Film Analysis.* Princeton, NJ: Princeton University Press.

Thompson, K. (1999) *Storytelling in the New Hollywood: Understanding Classical Film Technique.* Cambridge, MA: Harvard University Press.

White, J. (1972) *The Birth and Rebirth of Pictorial Space.* London: Faber.

Williams, L. (1989) *Hard Core: Power, Pleasure, and the 'Frenzy of the Visible'.* Berkeley, CA: University of California Press.

Wollen, P. (1998) *Signs and Meaning in the Cinema.* London: BFI.

Wollheim, R. (1984) *The Thread of Life. Cambridge,* MA: Harvard University Press.

Wood, R. (2007) On and around *Brokeback Mountain, Film Quarterly,* 60(3): 28~31.

찾아보기

번역자 소개

이형식

경북대학교 문리대 영문과 졸업
서울대학교 대학원 영문과 졸업 (문학석사)
플로리다주립대학교 대학원 영문과 졸업 (Ph.D.)

현 건국대학교 문과대학 영문과 교수
『문학과 영상』 책임편집인

문학과 영상학회 회장, 현대영미드라마학회 회장 역임
한국영어영문학회, 한국아메리카학회 이사 역임

_주요 논저

    『영화의 이해』(건대출판부)
    『문학텍스트에서 영화텍스트로』(공저, 동인)
    『미국연극의 대안적 이해』(건대출판부),
    『현대미국희곡론』(신아사)

    『숭배에서 강간까지: 영화에 나타난 여성상』(역서, 나남)
    『히치콕의 영화 50년』(역서, 동인)
    『미국영화/미국문화』(역서, 경문사)
    『영화의 이론』(역서, 동문선)
    『하드바디』(역서, 동문선)
    『영화에 대해 생각하기: 보고, 질문하고, 즐기기 』(역서, 명인문화사)

    「1980년대 할리우드 영화에 나타난 가족: 〈위험한 정사〉 페미니즘 시각으로 다시 읽기」『문학과 영상』 2008년 겨울호, 외 다수